CB141610

O COMPARTILHAMENTO DE COMPETÊNCIAS NO PROCESSO CIVIL

um estudo do sistema de competências sob o paradigma da cooperação nacional

Maria Gabriela Campos

O COMPARTILHAMENTO DE COMPETÊNCIAS NO PROCESSO CIVIL

um estudo do sistema de competências sob o paradigma da cooperação nacional

2020

EDITORA *Jus*PODIVM

www.editorajuspodivm.com.br

EDITORA *Jus*PODIVM
www.editorajuspodivm.com.br

Rua Território Rio Branco, 87 – Pituba – CEP: 41830-530 – Salvador – Bahia
Tel: (71) 3045.9051
• Contato: https://www.editorajuspodivm.com.br/sac

Capa: Ana Caquetti

C198 Campos, Maria Gabriela.
O compartilhamento de competências no processo civil: um estudo do sistema de competências sob o paradigma da cooperação nacional / Maria Gabriela Campos– Salvador: Editora JusPodivm, 2020.
224 p. (Eduardo Espínola / Coordenador Fredie Didier)

Inclui bibliografia
ISBN 978-65-5680-096-7

1. Processo Civil. 2. Cooperação nacional. 3. Competência processual. I. Campos, Maria Gabriela. II. Título.

CDD 341.418

Primeiramente, e para sempre, a Deus.
À minha família, por ser a razão de tudo
que faço nessa vida.

AGRADECIMENTOS

Agradecer é, antes de mais nada, um ato de reconhecimento e de amor. Atrevo-me a escrever esses agradecimentos já sabendo que minhas palavras serão insuficientes para expressar o apreço, o amor, o reconhecimento e o carinho que nutro por cada uma das pessoas que passaram na minha vida durante a elaboração deste trabalho e que, de alguma forma, serviram de incentivo para o meu progresso pessoal, profissional e acadêmico.

O presente trabalho despertou-me múltiplos sentimentos, de diferentes intensidades. Primeiro, veio a curiosidade para estudar um tema novo; a possibilidade de desbravar um terreno até então inexplorado (que é o tema da cooperação nacional) me conquistou e me motivou para a pesquisa. Depois vieram outras tantas ondas de sentimentos: inquietação, excitação, às vezes um pouco de desespero, em decorrência de provocações aparentemente sem respostas imediatas.

Nunca me faltou, porém, a paixão. Eu, verdadeiramente, me apaixonei pelo tema da cooperação nacional, especialmente quando passei a investigar suas repercussões sobre o sistema de competências. Lembro-me que meu primeiro pensamento ao me deparar com a temática foi: nossa, essa previsão é revolucionária! É a peça que faltava para ajustar o quebra-cabeças (ao menos, assim, sempre me pareceu) que é o sistema de competências.

Eu me apaixonei tanto pelo tema que foi difícil largá-lo. Por se tratar de uma temática ainda nova, o meu desejo era investigar mais, desbravar mais, observar sua aplicação, coletar dados empíricos, encontrar seus limites de aplicação e levar ao leitor a obra mais completa que eu tivesse condições de elaborar...

Convenci-me, porém, de que se me deixasse levar por esse desejo, este trabalho nunca seria publicado, ele nunca teria fim.

A ciência processual está em constante evolução. É bem verdade que qualquer produção científica que pretenda esgotar um tema, para torná-lo insuperável, ou livre de críticas, não é verdadeiramente ciência; é dogma. E a minha pretensão com o presente estudo foi fazer ciência. Foi, exatamente, questionar o sistema de competências a partir do paradigma da cooperação nacional, para tentar clarificá-lo, fornecendo elementos aproveitáveis para sua análise.

Os instrumentos de cooperação nacional são uma realidade. Suas potencialidades e repercussões tomam seu espaço na prática forense e já chamam a atenção da doutrina, que atualmente se debruça sobre ele. O meu trabalho é apenas um contributo para o debate, o que, para mim, já é motivo de grande felicidade e gratidão.

É por isso que agradeço primeiramente a Deus e à espiritualidade amiga por guiarem meus passos e me orientarem em cada decisão tomada, fortalecendo-me com a fé necessária para seguir em frente e encorajando-me nas horas que foi preciso recuar.

Agradeço imensamente aos meus pais e ao meu irmão, por serem meu bem mais precioso. Obrigada pela compreensão nos momentos em que precisei me ausentar, por me oferecerem colos e ombros amigos para eu recarregar minhas energias. Eu sou muito grata a Deus por ter cruzado nossos destinos e me proporcionado a alegria de vivermos em família. Espero, ainda nesta vida, retribuir todo o bem que me proporcionam.

Agradeço à Darinha, minha vozinha do coração, pelo amor, carinho e por me ensinar tanto sobre a vida.

Agradeço ao meu orientador, professor Leonardo Carneiro da Cunha, pela orientação atenta e criteriosa do trabalho. Obrigada por ter despertado em mim a paixão pela pesquisa e a vontade de ensinar. Por ter estado presente nos momentos mais importantes de minha vida profissional e acadêmica. Espero um dia poder representar na vida de um aluno um pouco daquilo que você representa na vida dos seus. Serei eternamente grata.

Agradeço aos professores Antonio do Passo Cabral, Alexandre Freire Pimentel e Francisco Antônio de Barros e Silva Neto por terem aceito o convite de compor a banca de defesa do mestrado. Agradeço, sobretudo, pela leitura criteriosa do trabalho, pelas arguições, correções e críticas, que foram extremamente importantes para o aperfeiçoamento do texto.

Agradeço a Gustavo Azevedo pela companhia diária no escritório, especialmente pelo empréstimo dos livros, que foram indispensáveis para que eu pudesse finalizar este trabalho. Agradeço a Sther Almeida que se dispôs a ler todo o trabalho e fazer suas críticas e sugestões.

Registro, por fim, minha gratidão ao escritório Carneiro da Cunha Advogados, por me proporcionar o espaço ideal para desempenhar e desenvolver, com paixão, a advocacia e a academia.

A todos vocês, muito obrigada!

APRESENTAÇÃO DA COLEÇÃO EDUARDO ESPÍNOLA

A coleção Eduardo Espínola tem o objetivo de servir de veículo de divulgação de monografias sobre temas importantes e controvertidos do processo civil; obras enxutas, porém completas, que visam atingir não só o estudante, nos seus diversos níveis (concursandos, graduandos e pós-graduandos), mas também o profissional, que precisa de livros que "verticalizem" determinados temas, não encontráveis com a profundidade almejada nos "manuais".

Embora baiana, dirigida aos baianos e coordenada por um baiano, essa coleção não deseja ser provinciana. Autores de outros Estados, principalmente aqueles que participam dos cursos de pós-graduação coordenados por Fredie Didier, coordenador também da coleção, foram convidados a colaborar com o projeto e aceitaram, prontamente. A distribuição da obra, é bom que se diga, também não ficará restrita ao território baiano.

[...]

Essa homenagem tem o objetivo claro de resgatar a memória do soteropolitano, que honrou e inaugurou as letras processuais na Bahia: Eduardo Espínola.

Fredie Didier Jr.
(Coordenador)

PREFÁCIO

Costuma-se dizer que a empolgação é inimiga da perfeição. Quando conheci Maria Gabriela Campos, na graduação da Faculdade de Direito do Recife (UFPE), descobri que essa frase não é verdadeira. Logo percebi nela o entusiasmo com as novidades de um novo Código de Processo Civil, que havia sido aprovado e que ainda iria entrar em vigor.

Tal entusiasmo fez com que ela se interessasse em ingressar no meu grupo de pesquisa da faculdade. A partir daí, fascinou-se pela arbitragem e participou de eventos, competições, *moots* – algumas vezes como competidora, outras como *coach* ou treinadora dos competidores, além de árbitra.

Arbitragem, novo Código de Processo Civil, sistema multiportas, precedentes, negócios processuais, tudo isso despertava o interesse de Maria Gabriela. Fui, então, seu orientador no Trabalho de Conclusão de Curso. O trabalho, que versou sobre *A tutela antecipada no incidente de desconsideração da personalidade jurídica,* foi muito bem defendido perante a banca examinadora.

Durante esse período de convivência na graduação, Maria Gabriela, que já havia feito um estágio no Tribunal Regional Federal da 5ª Região, revelou-me que sempre quis fazer concurso público, a fim de ocupar um cargo na área jurídica. O estudo da arbitragem e a participação em eventos, competições e *moots* fizeram com que ela passasse a pensar na advocacia e em ser advogada.

Foi aí que a convidei para trabalhar comigo no escritório. Com o tempo, sua empolgação com novos desafios fez com que ela se tornasse minha sócia no escritório e, até hoje, atuamos juntos em processos arbitrais e judiciais.

O interesse por temas novos não parou por aí.

A competência é um assunto muito relevante no direito processual civil. Costuma-se dizer que há competência absoluta e competência relativa. A competência absoluta, quase sempre relacionada pela doutrina tradicional à garantia do juiz natural, é considerada como inderrogável e fundada em norma cogente ou de ordem pública.

A partir do princípio da eficiência e de flexibilizações feitas ao longo do tempo pelos tribunais, o legislador introduziu um importante dispositivo no atual Código de Processo Civil, qual seja, o artigo 69, que trata do compartilhamento de competências por atos concertados dos órgãos jurisdicionais.

Esse tema não despertou, inicialmente, a atenção da doutrina brasileira. Aprovado o atual CPC, os estudos voltaram-se para os precedentes, os negócios jurídicos processuais, o microssistema de causas repetitivas, a cooperação, a boa-fé, a fundamentação da sentença, as normas fundamentais do processo, entre outros assuntos.

O compartilhamento de competências, que contém um grande potencial para garantir eficiência e interferir no tratamento de diversos outros institutos, começou aos poucos a ser pesquisado por alguns estudiosos.

Já começam a despontar importantes estudos doutrinários dedicados a examinar o compartilhamento de competências por atos concertados dos órgãos jurisdicionais.

A novidade voltou a despertar a atenção de Gabriela. Ela ingressou no Programa de Pós-Graduação em Direito da UFPE e resolveu pesquisar o compartilhamento de competências. Eis aqui o resultado de seu esforço de pesquisa: é com alento que se vê a publicação do livro de Maria Gabriela Campos.

O livro é muito bem estruturado, consistindo na versão comercial de sua dissertação de mestrado, defendida no Programa de Pós-Graduação em Direito da UFPE com segurança, rigor e brilho, perante exigente banca composta pelos Professores Doutores Antonio do Passo Cabral, Alexandre Freire Pimentel e Francisco Antônio de Barros e Silva Neto.

Mesmo com os elogios recebidos pela banca, Maria Gabriela não estava ainda plenamente satisfeita com seu trabalho. Encerrado o curso de mestrado, voltou a estudar o tema e a examinar sua própria dissertação. Reviu o texto e fez acréscimos importantes. A versão comercial que ora se publica é, então, uma versão aprimorada e ampliada da dissertação originária.

Tive o privilégio e a satisfação de ser o orientador do trabalho, com o qual aprendi bastante. Tenho, neste momento, a honra de prefaciá-lo. Resolvi, porém, não falar só do trabalho. Falo aqui também, como se percebe, da sua autora, pois penso ser importante que o leitor conheça não apenas o trabalho, mas igualmente quem o escreve. Conhecer este livro sem saber um pouco de Maria Gabriela é conhecer apenas parte da obra. O livro contém suas ideias, seu entusiasmo, seu esforço, sua dedicação... é fruto dela.

A autora, partindo da teoria dos fatos jurídicos, defende a natureza negocial dos atos concertados entre os órgãos jurisdicionais e apresenta uma detalhada análise dogmática sobre o compartilhamento de competências, apresentando exemplos de casos concretos em que já houve tal compartilhamento. Relaciona o tema com o princípio da competência adequada, com o do juiz natural, com o da eficiência e com tantas outras normas fundamentais que contribuem para melhor compreensão e aplicação do compartilhamento de competências. Também trata do compartilhamento de competências entre juízos estatais e juízos arbitrais.

O trabalho de Maria Gabriela já é conhecido. Há alguns estudos que já se baseiam nele; há debates em programas de pós-graduação que o tomam como referência. Por isso, precisa ser publicado e mais bem divulgado!

A bibliografia também é digna de registro. A autora consultou, referiu e dialogou com as obras clássicas e, bem assim, com os autores mais atuais.

Num de seus romances, Giorgio Faletti, na voz de uma de suas personagens, afirma: "*Na verdade, os livros são uma maldição. Os otimistas estão convencidos de que, lendo livros, combatem a própria ignorância, os realistas sabem que têm apenas uma prova da própria ignorância. A medida da falta de conhecimento é, na verdade, o que distingue as pessoas. A idade, o dinheiro e a aparência não têm importância alguma: a verdadeira diferença está na ignorância.*" (Memórias de um vendedor de mulheres, p. 93).

Identifiquei-me nesse trecho do livro de Faletti. Ao orientar o trabalho de Maria Gabriela Campos, enchi-me de otimismo e fiquei convencido de que combateria minha própria ignorância sobre assunto tão novo e importante. Quando li o trabalho pronto ao final de tudo, caí num realismo e soube efetivamente que tinha apenas uma prova da minha própria ignorância; percebi, enfim, que o tema é vasto, precisa ser estudado, aprofundado e divulgado.

Por isso, recomendei a Gabriela que publicasse o livro e cuido, agora, de estimular os leitores a adquiri-lo e lê-lo.

Precisamos vencer nossa ignorância quanto a esse tema, para que tenhamos, com o compartilhamento das competências, uma justiça melhor e mais eficiente. Precisamos, nesse contexto, avançar nas reflexões sobre o tema e nas repercussões que ele gera em tantos outros assuntos, com redefinição, até mesmo, na dimensão do juiz natural e na inderrogabilidade da competência absoluta.

No livro ora lançado, a autora mostra entusiasmo pelo tema tratado. Também mostra entusiasmo pelo novo, concretizado na atualidade do conteúdo da norma que disseca, investiga, explica e ajuda a todos nós a compreendê-lo.

A obra já nasce como uma ótima referência. É tema que precisa e merece ser estudado.

Este é um momento de felicidade e de orgulho para mim. Sinto-me feliz de ver publicado o livro de minha sócia e amiga, companheira na advocacia, na atuação em arbitragens, na intermediação de negociações, na elaboração de trabalhos forenses. Orgulha-me ter sido seu orientador e ter, de algum modo, contribuído para um trabalho diferenciado, excepcional, que norteará todos que pretendam se debruçar sobre esse interessante e instigante tema.

Recife, fevereiro de 2020.

Leonardo Carneiro da Cunha

Mestre em Direito pela UFPE. Doutor em Direito pela PUC/SP, com pós-doutorado pela Universidade de Lisboa. Professor associado da Faculdade de Direito do Recife (UFPE), nos cursos de graduação, especialização, mestrado e doutorado.

SUMÁRIO

TÁBUA DE ABREVIATURAS **21**

INTRODUÇÃO **23**

Capítulo 1

NOTAS INICIAIS SOBRE JURISDIÇÃO E COMPETÊNCIA **27**

1.1 Jurisdição e competência na dogmática tradicional 27

1.1.1 Noções gerais de jurisdição 27

1.2 Breves considerações sobre a correlação entre a garantia do juiz natural e a competência jurisdicional 35

1.3 Noções preliminares de competência 37

1.4 Critérios de distribuição da competência 39

1.5 Competência absoluta e competência relativa 40

1.6 Os atributos tradicionais do sistema de competências 43

1.7 Competência e institutos afins 47

1.7.1 Competência, capacidade e poder 47

1.7.2 Competência e legitimidade 52

1.8 Conclusão parcial 54

Capítulo 2

O SISTEMA DE COMPETÊNCIAS NO PROCESSO CIVIL CONTEMPORÂNEO **57**

2.1 A insuficiência da concepção tradicional de competência 57

2.1.1 Institutos que infirmam os atributos tradicionais da competência 57

2.1.1.1 A translatio iudicii (CPC, art.64, § 4º) 57

2.1.1.2 A flexibilização da perpetuatio jurisdicionis 62

2.1.1.2.1 O conteúdo da regra 62

2.1.1.2.2 Criação de varas especializadas 64

2.1.1.2.3 Reunião de processos para julgamento conjunto 65

2.1.1.2.4 A previsão do art. 516, parágrafo único do CPC 66

2.1.1.3 As disposições sobre a competência 67

2.1.1.3.1 A regra Kompetenz-Kompetenz 67

2.1.1.3.2 Forum shopping. A teoria do forum non conveniens. O princípio da competência adequada 68

2.2 Os atributos do sistema de competências no processo civil contemporâneo. Uma questão de organização judiciária 73

2.2.1 Funcionalidade, adaptabilidade e flexibilidade do sistema de competências em sua dinâmica contemporânea. A eficiência como baliza do sistema 73

2.2.2 A posição de Antonio do Passo Cabral. A competência adequada, a análise das "capacidades institucionais" e a competência *ad actum* 76

2.2.3 Retomando os atributos do sistema de competências no processo civil contemporâneo. O princípio da competência adequada como "ponto de partida" 80

2.3 Conclusão parcial 83

Capítulo 3

OS APORTES TEÓRICOS PARA UMA COMPREENSÃO DO COMPARTILHAMENTO DE COMPETÊNCIAS **85**

3.1 Comunicação transjudicial 85

3.1.1 Conceito 85

3.1.2 As formas de comunicação transjudicial no sistema processual brasileiro. O sistema de cartas e o pedido de cooperação 88

3.1.3 Flexibilização e adaptabilidade dos meios de comunicação interjudicial 90

3.2 Do modelo de processo assimétrico ao modelo processual cooperativo 92

3.3 Os poderes do juiz no processo 95

3.3.1 Redimensionamento do papel do juiz no processo........ 95
3.3.2 Gestão judicial, gestão processual e gestão das decisões. O *case management*... 98
3.3.2.1 Gestão da competência (case assignment management)... 102
3.3.3 Flexibilização e adaptação procedimental.................... 104
3.3.4 Implementação de medidas estruturantes..................... 106
3.3.4.1 Processo e decisão estruturais. Generalidades... 106
3.3.4.2 Quebra do paradigma racionalista da separação dos poderes.. 109
3.4 Conclusão parcial.. 111

Capítulo 4

O COMPARTILHAMENTO DE COMPETÊNCIAS NO PROCESSO CIVIL BRASILEIRO **113**

4.1 Generalidades.. 113
4.2 Alguns conceitos afins.. 115
4.2.1 Compartilhamento de competências e delegação de competência... 115
4.2.2 Compartilhamento de competências e competência concorrente... 119
4.2.3 Compartilhamento de competências e competência adequada.. 120
4.3 O fundamento normativo para o compartilhamento de competências: a cooperação judiciária nacional................................ 121
4.3.1 Cooperação judiciária nacional: objetivos e antecedentes.. 121
4.3.2 A cooperação judiciária nacional e o dever de recíproca cooperação.. 124
4.3.3. O modelo de cooperação judiciária nacional: a proposta de Fredie Didier Jr. 125
4.3.3.1 A previsão contida no art. 69 do CPC 128
4.3.4 A cooperação judiciária e seus reflexos sobre o sistema de competência. Reforço aos atributos da flexibilidade e adaptabilidade da competência................................ 132
4.3.5 O objeto do pedido de cooperação judiciária. (Im)possibilidade de serem praticados atos de natureza decisória........ 133

4.4 Síntese dos atributos que informam a cooperação judiciária.... 136

4.4.1 Reconhecimento quanto a existência de objetivos comuns aos juízos cooperantes. Eficiência como baliza para as trocas interjudiciais 136

4.4.2 Informalidade, flexibilidade e atipicidade da cooperação 137

4.4.3 Foco no estímulo à formação de uma rede judiciária de cooperação, permeada pela consensualidade.......... 138

4.5 O compartilhamento de competências decorrente das interações colaborativas entre os órgãos jurisdicionais 139

4.5.1 As interações entre árbitro e juiz.......... 140

4.5.2 A atuação jurisdicional nos processos falimentares e de recuperação judicial 146

4.6 Conclusão parcial.......... 150

Capítulo 5

O COMPARTILHAMENTO DE COMPETÊNCIAS DECORRENTE DO CONCERTO DE ATOS ENTRE JUÍZES COOPERANTES.......... 153

5.1 Notas preliminares do capítulo 153

5.2 Atos concertados: uma convenção processual entre juízos 154

5.2.1 Uma breve introdução acerca dos fatos jurídicos.......... 154

5.2.1.1 Os negócios jurídicos processuais. A cláusula geral do art. 190 do CPC e os sujeitos do negócio jurídico 156

5.2.1.2 Classificação dos negócios jurídicos processuais.......... 158

5.2.1.3 O objeto dos negócios jurídicos processuais 159

5.2.1.4 Os negócios jurídicos processuais sobre competência.......... 161

5.2.1.4.1 A extensão dos negócios processuais sobre a competência: uma questão aparentemente tormentosa.......... 163

5.2.1.4.2 O momento limite para as convenções sobre competência.......... 165

5.2.1.5 A possibilidade de o juiz celebrar negócio jurídico processual.......... 167

5.2.1.6 Os negócios jurídicos processuais judiciais 171

5.2.2 A natureza jurídica do ato concertado: uma abordagem sistemática 173

5.3 Os atos concertados e o compartilhamento de competências ... 176

5.3.1 O *multidistrict litigation* norte-americano 178

5.3.1.1 Panorama histórico 178

5.3.1.2 Aspectos gerais do multidistrict litigation 180

5.3.1.3 Requisitos para a consolidação de demandas no multidistrict litigation 182

5.3.1.4 Alguns inconvenientes do MDL 185

5.3.1.5 As lições do multidistrict litigation e a possibilidade de agregação de demandas no processo civil brasileiro 187

5.3.2 A utilização dos atos concertados como mecanismo de gestão da competência no sistema processual contemporâneo. Possibilidades de centralização e separação de demandas com fundamento na eficiência processual 190

5.3.2.1 Casuística 193

5.3.3 *Standards* para uma adequada compreensão dos atos concertados 195

5.4 Conclusão Parcial 197

CONCLUSÃO 199

BIBLIOGRAFIA 201

TÁBUA DE ABREVIATURAS

ADI – Ação Direta de Inconstitucionalidade
AgInt – Agravo Interno
AgRg – Agravo Regimental
Art. – Artigo
CC – Conflito de Competência
CF – Constituição Federal
CNJ – Conselho Nacional de Justiça
Coord. – Coordenador
CPC – Código de Processo Civil de 2015
CPC-1973 – Código de Processo Civil de 1973
DF – Distrito Federal
DJ – Diário de Justiça
DJe – Diário de Justiça Eletrônico
DJU – Diário de Justiça da União
DOE – Diário Oficial do Estado
EUA – Estados Unidos da América
FPPC – Fórum Permanentes de Processualistas Civis
HC – Habeas Corpus
IRDR – Incidente de Resolução de Demandas Repetitivas
ISS – Imposto sobre Serviços
MG – Minas Gerais
Min. – Ministro
Nº – Número
Org. – Organizador
P – Página
Par. Ún. – Parágrafo Único
PE – Pernambuco

Rcl – Reclamação Constitucional

RE – Recurso Extraordinário

Rel. – Relator

REsp – Recurso Especial

RISTF – Regimento Interno do Supremo Tribunal Federal

RISTJ – Regimento Interno do Superior Tribunal de Justiça

RS – Rio Grande do Sul

RO – Rondônia

RT – Revista dos Tribunais

SP – São Paulo

STF – Supremo Tribunal Federal

STJ – Superior Tribunal de Justiça

TJPE – Tribunal de Justiça de Pernambuco

Trad. – Traduzido por

TRF – Tribunal Regional Federal

TRT – Tribunal Regional do Trabalho

V. – Volume

INTRODUÇÃO

O sistema processual civil contemporâneo apresenta novos contornos, sendo estruturado em bases dialógicas e de consenso[1]. A lógica do processo civil contemporâneo não é a lógica do conflito, mas a lógica da consensualidade, do diálogo e da cooperação.

O processo civil atual é orquestrado para admitir maior interação entre os sujeitos processuais, abrindo espaços para possibilitar adaptações consensuais dos procedimentos e formas processuais. A atuação dos sujeitos no processo passa a ser cooperativamente orientada, transformando-o numa verdadeira comunidade de comunicação[2].

A exigência de se pensar o processo cooperativamente faz emergir a necessidade de serem ressignificados institutos tradicionais do direito processual civil, que adquirem nova dimensão sob o paradigma da cooperação. O sistema processual atual requer uma racionalidade capaz de recompor noções clássicas relativas ao processo civil, reconhecendo suas insuficiências, a fim de ressignificá-las[3]. Daí por que optamos por concentrar nossa análise no exercício compartilhado de competências como resultado das interações cooperativas entre os órgãos jurisdicionais.

O compartilhamento de competências insere-se no estudo da teoria da competência. Esta, por sua vez, engloba um complexo de regras (por vezes rígidas) de alocação de competências, algumas das quais derivam de anos de tradição e, outras, mais recentes, das próprias transformações sociais, que fazem emergir novas tendências. E o compartilhamento de competências está inserido nesse contexto.

O compartilhamento de competências decorre do ajustamento das regras abstratas, gerais e apriorísticas de alocação de competências diante de um caso concreto. Tal constatação fornece ao próprio sistema de competências uma coloração nova.

---

1 De fato, conforme determina o art. 3º, § 2º do CPC "o Estado promoverá, sempre que possível, a solução consensual dos conflitos".

2 SILVA, Paula Costa e. *Acto e processo*. Coimbra: Coimbra Editora, 2013. p. 578-579.

3 ARENHART, Sérgio Cruz; OSNA, Gustavo. Complexity, proportionality and the 'pan-procedural approach': some basis of contemporary civil litigation. International Journal of Procedural Law, v. 4, 2014. Disponível em: https://ssrn.com/abstract=2779681 Data de acesso: 20/1/2019. p. 11.

É preciso que se esclareça que o foco deste estudo é direcionado ao compartilhamento de competências *jurisdicionais*. Não se desconhece a possibilidade de haver o compartilhamento de competências entre órgãos jurisdicionais e terceiros que não exercem função jurisdicional, a exemplo de entidades especializadas da sociedade civil e segmentos do Poder Executivo. Todavia, o presente trabalho limita-se a desenvolver o estudo do compartilhamento de competências jurisdicionais no processo.

De fato, o êxito de um modelo processual cooperativo depende do modo como os diversos *players* interagem (partes, terceiros, Ministério Público, juízes etc.). O esforço está em garantir que, por meio das atitudes cooperativas, seja obtida, em tempo razoável, uma decisão de mérito, justa e efetiva (CPC, arts. 4º e 6º).

No que diz respeito à figura do julgador, o Código estabelece um dever de recíproca cooperação (CPC, art. 67). Significa dizer que, no exercício da função jurisdicional, os órgãos jurisdicionais têm o dever de cooperar entre si, como forma de emprestar eficiência no desempenho de suas funções.

O dever de recíproca cooperação instituído pelo Código de Processo Civil chama a atenção para uma nova dinâmica da atividade jurisdicional, que revela crescentes esforços no sentido de direcionar a atuação jurisdicional de forma eficiente[4], seja no âmbito institucional – da própria gestão dos tribunais –, seja no âmbito processual, de gestão do processo (*case management*).

A dinâmica processual atual sinaliza uma tendência para o exercício compartilhado de competências, com vistas ao alcance de resultados mais eficientes para o procedimento, sobretudo quando examinada a partir da perspectiva do modelo cooperativo de processo. A título de exemplo, no direito internacional, é possível citar a celebração de acordos e tratados de cooperação jurídica internacional, por meio dos quais se permite solicitar a outro Estado alguma medida judicial, investigativa ou administrativa necessária para o andamento do processo.

Cita-se, ademais, a clássica relação entre juízos estatais e juízos arbitrais. A jurisdição exercida pelos árbitros não prescinde do aparato do Poder Judi-

---

4 A eficiência pode ser encarada sob duas perspectivas: uma quantitativa e uma qualitativa. Numa perspectiva quantitativa, "eficiência" define-se em termos de celeridade dos procedimentos e redução de custos; quanto mais barata e rápida for a resolução do conflito, maior eficiência será obtida. Por outro lado, numa perspectiva qualitativa, "eficiência" define-se pela qualidade da decisão e de sua fundamentação, conduzindo à necessidade de técnicas processuais adequadas, justas, equânimes e, portanto, democráticas. Ambas as perspectivas são faces de uma mesma moeda, muito embora não seja raro que haja algum descompasso entre elas. (THEODORO JR., Humberto; NUNES, Dierle; BAHIA, Alexandre. Breves considerações sobre a politização do judiciário e sobre o panorama de aplicação no direito brasileiro – Análise da convergência entre o *civil law* e o *common law* e dos problemas da padronização decisória. *Revista de Processo*. v. 189. nov./2010. p. 21-22).

ciário, para garantir o cumprimento de suas decisões. Essas são executadas a partir do necessário exercício colaborativo dos juízos estatais. Uma boa arbitragem precisa de um bom Judiciário, que se faça presente para apoiar e controlar as decisões dos juízos arbitrais.

Os casos submetidos ao Judiciário demandam, cada vez mais, respostas céleres, adequadas e eficientes de seus órgãos, sendo crescente a exigência de especialidade e capacitação de cada centro decisório. O exercício compartilhado de competências no processo possibilita a adequação e gestão do procedimento, permitindo que haja maior interação entre os órgãos jurisdicionais, que contribuirão para a prestação de uma tutela jurisdicional adequada, eficiente e em tempo razoável.

Para o atingimento desses fins, são previstos instrumentos fluidos, informais e flexíveis de cooperação entre os juízos, que incrementam as interações interjudiciais, auxiliando na gestão das atividades administrativas e jurisdicionais. Alguns desses instrumentos são os *pedidos de cooperação* (CPC, art. 69), que prescindem de forma específica, e podem ser executados como prestação de informações, auxílio direto, reunião ou apensamento de processos e, por fim, atos concertados.

Os atos concertados constituem excelente ferramenta de gestão do procedimento, permitindo que os juízes façam adaptações procedimentais, a fim de tutelar adequadamente os interesses em conflito. Por meio do concerto de atos, os órgãos jurisdicionais podem compartilhar competências para o atingimento de uma finalidade comum. Nessa perspectiva, tangenciamos a temática dos atos concertados e do compartilhamento de competências, de modo a delimitar o objeto do presente trabalho.

Dividimos o trabalho em cinco capítulos. O primeiro capítulo destina-se a apresentar o repertório teórico tradicional que se desenvolveu sobre a competência. Apontaremos, em linhas gerais, as noções tradicionais atribuídas à jurisdição e à competência. Posteriormente, cotejaremos a competência com alguns institutos correlatos para, então, identificarmos a noção de competência a ser trabalhada.

No segundo capítulo, analisaremos a competência sob o paradigma do processo civil contemporâneo. Para tanto, apresentaremos institutos que infirmam os atributos tradicionais do sistema de competências, demonstrando que esse sistema deve ser examinado sob uma perspectiva dinâmica, de flexibilidade e adaptabilidade.

No terceiro capítulo, fixaremos as premissas teóricas necessárias à compreensão do compartilhamento de competências. Trabalharemos o conceito de comunicação transjudicial e os instrumentos nacionais de comunicação entre juízos. Apontaremos as características gerais do modelo de processo cooperativo, focando a atenção para o redimensionamento da figura do juiz no processo.

No quarto capítulo, trataremos, especificamente, do compartilhamento de competências. Inicialmente, analisaremos o compartilhamento de competências em contraponto com algumas noções e institutos afins. Demonstraremos que o compartilhamento de competências fundamenta-se na cooperação judiciária, razão pela qual retrataremos os contornos normativos da cooperação ao nível jurisdicional. Ao fim, apresentaremos algumas situações que permitem haja o exercício compartilhado de competências como resultado das interações colaborativas entre juízos.

Por fim, no quinto capítulo, trataremos especificamente do compartilhamento de competências decorrente do concerto de atos processuais entre juízos. Considerando que o Código não define o que são os atos concertados, realizaremos, inicialmente, uma análise sistemática, usando a tipologia dos fatos jurídicos processuais como ponto de partida, a fim de identificar a natureza jurídica dos atos concertados. Após essa análise, trataremos do exercício compartilhado de competências fruto do concerto de atos entre juízos, demonstrando que o concerto de atos enseja uma adequação das competências para uma mesma finalidade. Apresentaremos um panorama geral do procedimento do *multidistrict litigation* norte-americano, extraindo alguns parâmetros para demonstrar a possibilidade de serem concertados atos tendentes à centralização ou à separação de procedimentos, conforme padrões de eficiência.

Por fim, gostaríamos de fazer um alerta ao leitor. O presente livro contempla a versão comercial da dissertação de mestrado. Após a defesa, tivemos a oportunidade de revisar o texto, debater ideias, testar argumentos e repensar alguns posicionamentos.

Na versão não comercial do presente trabalho, defendemos que os negócios jurídicos processuais sobre a competência seriam restritos às hipóteses de competência relativa, não sendo possível a modificação convencional da competência absoluta, sob pena de violar regras constitucionais expressas,. Todavia, essa se tornou uma meia verdade.

Após o lançamento do livro "cooperação judiciária nacional – esboço de uma teoria para o direito brasileiro", de Fredie Didier Jr., passamos a aderir ao seu posicionamento, admitindo a convenção processual que implique modificação da competência absoluta para resolução de *questões incidentais* aos processos.

No mais, mantemos nosso posicionamento quanto aos temas cerne do presente trabalho, na esperança de que o presente livro seja útil ao leitor.

NOTAS INICIAIS SOBRE JURISDIÇÃO E COMPETÊNCIA

1.1 JURISDIÇÃO E COMPETÊNCIA NA DOGMÁTICA TRADICIONAL

1.1.1 Noções gerais de jurisdição

É comum que os manuais de direito processual civil e as obras específicas sobre competência façam a distinção entre ela e a jurisdição. Não será diferente com o presente trabalho.

Esta pesquisa tem como objeto de estudo o sistema de competência, com o intuito de examinar a possibilidade de seu compartilhamento pelos órgãos jurisdicionais no atual estágio do processo civil brasileiro. O presente trabalho é, enfim, um estudo sobre a competência jurisdicional, e não sobre a própria jurisdição.

Porém, reconhece-se que não há como avançar no estudo sobre a competência jurisdicional, sem antes referenciar, ainda que superficialmente e sem qualquer pretensão de esgotar o tema, a jurisdição, principalmente quando o conceito tradicional de competência é aquele que a apresenta como *medida, fração* ou *parcela* da jurisdição[1].

Não se nega que há uma relação intrínseca entre jurisdição e competência, porém esses institutos não se confundem[2].

---

1 Assim é a definição apresentada por José Frederico Marques, para quem a "competência é a medida da jurisdição, uma vez que determina a esfera de atribuições dos órgãos que exercem funções jurisdicionais" (MARQUES, José Frederico. *Manual de direito processual civil.* v.1. São Paulo: Saraiva, 1974).

2 Interessante é o apontamento de Daniel Mitidiero: "Se fôssemos levados a entender a competência como uma "medida da jurisdição", como proclama a doutrina, então seríamos forçados a concluir que quando estivéssemos diante de um juiz absolutamente incompetente este não estaria investido de jurisdição, posto que não a deteria em sua exata medida. Se a competência é a medida da jurisdição, ausente competência, privado de jurisdição está o órgão judicial." (MITIDIERO, Daniel Francisco. Comentários ao Código de Processo Civil. tomo 1. São Paulo: Memória Jurídica Editora, 2004. p. 413-415)

No início dos novecentos, Giuseppe Chiovenda definiu a jurisdição como função exclusivamente estatal, que teria por escopo a atuação da *vontade concreta* da lei por meio da substituição, pela atividade de órgãos públicos, da atividade de particulares ou de outros órgãos públicos[3]. Chiovenda preocupou-se em definir a jurisdição, a partir de um critério orgânico das funções estatais, de modo a ressaltar o caráter instrumental da jurisdição, que seria sempre uma atividade de substituição[4-5].

Não se nega o mérito da teoria chiovendiana sobre jurisdição, fruto das influências das correntes jurídico-filosóficas do século XIX que pregavam a separação estática de Poderes. Daí por que, para Chiovenda, ao juiz caberia, tão-somente, aplicar ao caso concreto as leis postas pelo legislador, que já se mostravam prontas, acabadas e perfeitas.[6]

Contudo, conforme será aprofundado no Capítulo 3, no direito atual, essa separação estática não tem mais lugar. O paradigma racionalista da separação dos poderes, que prega o exercício exclusivo das funções do Estado por Executivo, Legislativo e Judiciário, isoladamente, já não deve ser aplicado. A atividade jurisdicional é criativa, e não meramente declaratória. A visão de que o juiz seria apenas a "boca da lei" está ultrapassada, não se devendo confundir texto e norma. Esta só surge após a atividade integrativa do intérprete.

Ao contrário de Chiovenda, Francesco Carnelutti reconheceu a insuficiência do elemento "lei" para disciplinar e dar respostas efetivas para todos os conflitos e controvérsias. Para Carnelutti, a lei não predetermina todas as respostas a serem dadas pelo juiz diante de um conflito, mas, antes, prenuncia as possíveis soluções que podem, ou não, serem consideradas pelo juiz ao decidir uma controvérsia.[7]

---

3 Em suas palavras, a jurisdição *"é a função do Estado que tem por escopo a atuação da vontade concreta da lei por meio de substituição, pela atividade de órgãos públicos, da atividade de particulares ou de outros órgãos públicos, já no afirmar a vontade concreta da lei, já no torná-la, praticamente, efetiva."* (CHIOVENDA, Giuseppe. *Instituições de direito processual civil*. v. 2. São Paulo: Saraiva, 1969. p. 37)

4 Seguindo Chiovenda: CALAMANDREI, Piero. *Instituciones de derecho procesal civil*. v. 1. Trad. Santiago Sentís Melendo. Buenos Aires: EJEA, 1973. SEGNI, Antonio. Giurisdizione (parte generale). In. *Novissimo digesto italiano*. v. 7. Turim: VTET, 1961.

5 Deve-se ressaltar, porém, que a jurisdição nem sempre será exercida em substituição à atividade das partes. Há questões processuais que dizem respeito, tão-somente, à atividade do próprio órgão jurisdicional, sem que haja qualquer substituição à atividade das partes, a exemplo das questões relativas à competência. (LACERDA, Galeno. *Despacho saneador*. 2. ed. Porto Alegre: Fabris, 1985. p. 102 e ss.

6 *"Como função da soberania, a jurisdição tem a mesma extensão dela. Mas, pois que a jurisdição é a atuação de lei, não pode haver sujeição à jurisdição senão onde pode haver sujeição à lei; e, vice-versa, em regra, onde há sujeição à lei, aí há sujeição à jurisdição."* (CHIOVENDA, Giuseppe. *Instituições de direito processual civil*, cit., p. 55).

7 *"Anche la legge è un giudizio e pertanto un collegamento tra due termini, il soggetto e il predicato, attraverso il verbo. Ma è un giudizio che ha per soggetto un possible, invece di un essistente; pertanto*

Assim é que Carnelutti aproxima a jurisdição à noção de lide, afirmando que a atividade jurisdicional consistiria na *justa composição da lide.*[8] Para o autor, portanto, não haveria de se falar em jurisdição sem que houvesse lide.[9]

Tal qual a teoria chiovendiana, o pensamento de Carnelutti também é objeto de ressalvas. A redução da atividade jurisdicional à *composição da lide* é precária e exclui, inadequadamente, atividades que, embora de natureza jurisdicional, não possuem qualquer lide subjacente. São exemplos as ações preventivas, as demandas envolvendo direitos da personalidade, as hipóteses de jurisdição voluntária, dentre outras.

A verdade é que o termo jurisdição pode adquirir acepções diversas no vocabulário jurídico.[10-11]

Eduardo Couture, por exemplo, afirma ser possível identificar no direito dos países latino-americanos, pelo menos, quatro significados de jurisdição: jurisdição como *âmbito territorial*[12]; como *sinônimo de competência*[13]; como

---

è un giudizio di valore non preceduto da un giudizio di esistenza. La legge non disse che qualque cosa esistente ha un certo valore; ma che avrà tale valore qualche cosa se esistirà." (CARNELUTTI, Francesco. *Diritto e processo*. Nápoles: Morano, 1958. p. 6).

– Trad. livre: "A lei também é um juízo e, portanto, um coligamento entre dois termos, o sujeito e o predicado, através do verbo. Mas é um juízo que tem como sujeito uma possibilidade, ao invés de uma existência; portanto, é um juízo de valor que não precedido por um juízo de existência. A lei não diz que qualquer coisa existente tem um certo valor, mas que poderá haver tais valores se qualquer coisa existir."

8 CARNELUTTI, Francesco. *Sistema di diritto processuale civile*. v. 1. Padova: CEDAM, 1936. p. 131.

9 Galeno Lacerda, por exemplo, define a jurisdição como *"o poder de declarar o direito e aplicá-lo ao caso concreto, resolvendo de forma definitiva a lide ou qualquer questão de direito."* (LACERDA, Galeno. *Teoria geral do processo*. Rio de Janeiro: Forense, 2006, p. 75-76.). No mesmo sentido: MARQUES, José Frederico. *Manual de direito processual civil*. v. 1. São Paulo: Saraiva, 1976. P. 62 e ss. GRECO, Leonardo. Instituições de processo civil. v. 1. Rio de Janeiro: Forense, 2015. p. 75.

10 COUTURE, Eduardo. *Fundamentos del derecho procesal civil*. Buenos Aires: Roque Depalma, 1958. p. 27.

11 Como bem observou Italo Andolina, *"il termine 'giurisdizione', per quanto dotato di una trasparenza etimologica que lo rende immediatamente significativo anche a qui non se occupa professionalmente di diritto, è poi, fra i meno facilmente definibili nell'ambito di un discorso tecnico-giuridico. Le numerose definizione formali che in dottrina sono state via proposte è vero rinviano tutte, più o meno espressamente , alla funzione oggetivamente concretizzatricedell'ordinamento la quale implica a sua volta il generico richiamo alla garanzie di giustizia del procedimento."* (ANDOLINA, Italo. Giurisdizionalità originaria e giurisdizionalità indotta dei procedimenti. *Rivista di diritto processuale*, v. XLV, II Serie. Padova: CEDAM, 1990, p. 135-136).

– Trad. livre: "o termo 'jurisdição', muito embora seja dotado de uma transparência etimológica que o torna, imediatamente, significativo até para quem não lida profissionalmente com o direito, está entre os menos facilmente definidos no contexto de um discurso técnico-jurídico. As numerosas definições formais que foram gradualmente propostas pela doutrina são verdadeiras, todas se referem, mais ou menos explicitamente, à função objetivamente concreta do ordenamento, o que implica, por sua vez, a referência genérica às garantias de justiça do procedimento."

12 Essa acepção é mais frequentemente encontrada no âmbito do direito internacional, em que se investiga, por exemplo, as regras sobre fixação da jurisdição, os limites e extensão da jurisdição brasileira em determinada matéria etc.

13 Eduardo Couture aponta que até o século XIX, os conceitos de jurisdição e competência aparecem como sinônimos; fazia-se alusão indistintamente à falta de jurisdição como falta de competência em

conjunto de poderes ou autoridades de certos órgãos do Poder Público[14] e no sentido preciso e técnico de *função pública de fazer justiça.*

O próprio Couture define a jurisdição como uma *função pública exercida por órgãos estatais, em observância às formas prescritas em lei, por meio de ato judicial que determina o direito das partes, a fim de dirimir o conflito, prolatando decisão que faz coisa julgada e é passível de ser executada.*[15]

Enrico Redenti e Mario Vellani, por sua vez, identificam a jurisdição como função-atividade por meio da qual "se explica e se atua uma função típica do Estado, denominada *jurisdicional*"[16].

Patricia Miranda Pizzol afirma que a jurisdição seria um poder-dever[17]. A inafastabilidade do poder judiciário e o direito de acesso à justiça fazem do exercício da jurisdição, além de mero poder, um dever dos agentes públicos legitimados, sob pena de responsabilização. No âmbito do direito público, os poderes são outorgados ao Poder Público no interesse da coletividade, sendo irrenunciáveis e de exercício obrigatório. As prerrogativas públicas vedam a inércia porque o reflexo desta atinge, em última instância, toda a coletividade[18].

Ao serem analisadas as teorias até então existentes sobre jurisdição, é quase impossível não desvincular a jurisdição da figura do Estado. Seja qual for o conceito clássico de jurisdição adotado (jurisdição como poder, função, poder-dever, atividade etc.), a jurisdição sempre foi definida como expressão da soberania estatal. Pelas teorias clássicas, o Estado exerceria o monopólio da jurisdição, atribuindo ao Poder Judiciário a função jurisdicional por meio de seus juízes e tribunais. Justificar-se-ia, assim, a afirmação de

---

sentido material ou territorial. A partir do século XX esses conceitos foram desmembrados, porém, segundo o autor, ainda permanecem resíduos da antiga confusão na legislação e na linguagem forense (COUTURE, Eduardo. *Fundamentos del derecho procesal civil*, cit., p. 28-29).

14 Ainda segundo Couture, essa acepção identifica a jurisdição enquanto prerrogativa, autoridade ou poder de determinados órgãos públicos, de modo que se fala mais em investidura e em hierarquia, do que, propriamente, em função. Para Couture essa significação é insuficiente, porquanto a jurisdição é um poder-dever; junto à faculdade de julgar, o juiz tem o dever administrativo de fazê-lo. (COUTURE, Eduardo. *Fundamentos del derecho procesal civil*, cit., p. 29-30)

15 Nas palavras de Couture, a jurisdição é a "*función pública, realizada por órganos competentes del Estado, con las formas requeridas por la ley, en virtud de la cual, por acto de juicio, se determina el derecho de las partes, con el objeto de dirimir sus conflitos y controvérsias de relevancia jurídica, mediante decisiones con autoridade de cosa juzgada, eventualmente factibles de ejecución*".(COUTURE, Eduardo. *Fundamentos del derecho procesal civil*, cit., p. 40).

– Trad. livre: "função pública, exercida por órgãos competentes do Estado, através das formas requeridas pela lei, em virtude da qual, por ato do juízo, se determina o direito das partes com o objetivo de dirimir conflitos e controvérsias de relevância jurídica, mediante decisões com autoridade de coisa julgada, eventualmente susceptível de execução."

16 REDENTI, Enrico; VELLANI, Mario. *Diritto Processuale Civile*. Milano: Giuffrè Editore, 2011, p. 3.

17 PIZZOL, Patricia Miranda. *A competência no processo civil.* São Paulo: Revista dos Tribunais, 2003, p. 34.

18 CARVALHO FILHO, José dos Santos. *Manual de direito administrativo*. São Paulo: Atlas, 2017, p. 65-66.

que a jurisdição é una[19]; não comporta divisões[20], sendo uma das formas de expressão do poder estatal.[21]

Não obstante, a atividade tipicamente estatal não nos parece ser uma característica elementar da jurisdição. Pelo menos não atualmente. O conceito de jurisdição é, na verdade, um conceito em evolução[22]; possui conotação histórica. Ele acompanha a evolução da sociedade e da interação entre os indivíduos, para dar resposta adequada e efetiva aos conflitos emergentes.

No contexto pós-moderno, por exemplo, – principalmente quando se parte de uma perspectiva internacional –, é possível vislumbrar uma tendência a desvincular a jurisdição do aparelho estatal. É a percepção que se tem quando se vislumbra a existência dos tribunais supranacionais, como no caso da União Europeia; há uma jurisdição supranacional, que, por sua vez, não é vinculada a poder estatal algum. É o que ocorre, igualmente, quando se atenta para a arbitragem, em que os árbitros exercem a atividade jurisdicional sem que haja uma vinculação direta ao Poder Judiciário, esse sim ligado à soberania do Estado.

Interessante é o caso da Bolívia, em que houve a criação de uma jurisdição representativa dos povos indígenas (*Jurisdição Indígena Originária Campesina*). A Constituição boliviana (Constitución Política del Estado - CPE)[23] reconhece, em seu art. 30[24], o direito dos povos indígenas estabe-

---

19 *"A Jurisdição, como expressão do poder estatal soberano, a rigor não comporta divisões, pois falar em diversas jurisdições num mesmo Estado significaria afirmar a existência, aí, de uma pluralidade de soberanias, o que não faria sentido; a jurisdição é, em si mesma, tão una e indivisível quanto o próprio poder soberano."* (GRINOVER, Ada Pellegrini; CINTRA, Antônio Carlos de Araújo; DINAMARCO, Cândido Rangel. *Teoria geral do processo*. São Paulo: Malheiros, 2010. p. 160).

20 Tratando da jurisdição nacional, o Ministro do Supremo Tribunal Federal, Cezar Peluso, afirmou no julgamento da ADI nº 3.367: "O pacto federativo não se desenha nem expressa, em relação ao Poder Judiciário, de forma normativa idêntica à que atua sobre os demais Poderes da República. Porque a Jurisdição, enquanto manifestação da unidade do poder soberano do Estado, tampouco pode deixar de ser una e indivisível, é doutrina assente que o Poder Judiciário tem caráter nacional, não existindo senão por metáforas e metonímias, "Judiciários estaduais" ao lado de um "Judiciário federal".

21 Nesse sentido: FAGUNDES, Miguel Seabra. *O controle dos atos administrativos pelo Poder Judiciário*. Rio de Janeiro: Forense, p. 3.; SANTOS, Moacyr Amaral. *Primeiras linhas de direito processual civil*. v.1. São Paulo: Saraiva, 2007.

22 GRECO, Leonardo. *Instituições de direito processual civil*, cit., p. 70.

23 A CPE pode ser acessada no seguinte endereço eletrônico: https://www.oas.org/dil/esp/Constitucion_Bolivia.pdf

24 Artículo 30. I. Es nación y pueblo indígena originario campesino toda la colectividad humana que comparta identidad cultural, idioma, tradición histórica, instituciones, territorialidad y cosmovisión, cuya existencia es anterior a la invasión colonial española. II. En el marco de la unidad del Estado y de acuerdo con esta Constitución las naciones y pueblos indígena originario campesinos gozan de los siguientes derechos:

(...) III. El Estado garantiza, respeta y protege los derechos de las naciones y pueblos indígena originario campesinos consagrados en esta Constitución y la ley.

lecerem sistemas jurídicos próprios. O art. 179 da CPE, inclusive, prevê que a jurisdição indígena será exercida por suas próprias autoridades, possuindo igual hierarquia em relação à jurisdição ordinária[25].

Leornardo Greco, ao definir jurisdição, conceitua-a como função *preponderantemente* estatal, e não exclusiva. No estágio atual de desenvolvimento das relações Estado-cidadão, após a Segunda Guerra e, no caso do Brasil, após a Constituição de 1988, muitos entendem que a jurisdição não é função necessariamente do Estado. A composição de litígios e a tutela de interesses de particulares podem ser exercidas por outros órgãos da Administração Pública ou até mesmo por sujeitos privados[26]. Flávio Luiz Yarshell exclui o domínio estatal dos elementos conceituais de jurisdição[27].

Segundo José Luis Bolzan de Morais, esse processo de desvinculação é resultado da crise funcional, uma das crises contemporâneas do Estado. A crise funcional representa uma crise de identidade, em virtude da perda de centralidade e exclusividade das funções estatais, com abertura de espaço para outros lugares de produção ou solução de conflitos diversos do Estado. No caso do Judiciário, há perda da exclusividade em face da existência de outros meios adequados, autocompositivos (conciliação, mediação, negociação direta, *dispute boards* etc.) e heterocompositivos (arbitragem), de resolução de disputas[28].

Igualmente nesse sentido, Heitor Sica[29] aponta que a evolução do ordenamento jurídico pôs em crise o conceito de jurisdição. Para tanto, apresenta como argumentos: a) a importância que o ordenamento dá para os meios consensuais de resolução de conflitos; b) o aprimoramento das normas relativas à arbitragem; c) a previsão de mecanismos de execução extrajudiciais, a exemplo do Decreto-lei nº 70/1966 (execução de cédula hipotecária) e da Lei nº 9.514/1997 (execução de contrato de alienação fiduciária de bens imóveis), que oferecem instrumentos para expropriação de bens imóveis por atos realizados unilateralmente pelo credor; e, d) por último, entendendo, talvez, ser um aspecto que altera substancialmente o conceito tradicional de

---

25 Artículo 179. I.La función judicial es única. La jurisdicción ordinaria se ejerce por el Tribunal Supremo de Justicia, los tribunales departamentales de justicia, los tribunales de sentencia y los jueces; la jurisdicción agroambiental por el Tribunal y jueces agroambientales; la jurisdicción indígena originaria campesina se ejerce por sus propias autoridades; existirán jurisdicciones especializadas reguladas por la ley. II. La jurisdicción ordinaria y la jurisdicción indígena originario campesina gozarán de igual jerarquía. III. La justicia constitucional se ejerce por el Tribunal Constitucional Plurinacional. IV. El Consejo de la Magistratura es parte del Órgano Judicial.

26 GRECO, Leonardo. *Instituições de direito processual civil*, cit., p. 69

27 YARSHELL, Flávio Luiz. *Curso de direito processual civil*. São Paulo: Marcial Pons, 2014, p. 147.

28 MORAIS, José Luis Bolzan. *As crises do Estado e da Constituição e a transformação espacial dos direitos humanos*. Porto Alegre: Livraria do Advogado, 2002, p. 58.

29 SICA, Heitor Vitor Mendonça. Velhos e novos institutos fundamentais do direito processual civil. In: *40 anos da teoria geral do processo no Brasil: passado, presente e futuro*[S.l: s.n.], 2013.

jurisdição, o autor pontua as hipóteses em que os tribunais julgam questões jurídicas, em tese, com diferentes graus de abstração e referibilidade a um caso concreto, como acontece nos âmbitos do controle concentrado de constitucionalidade, em que o grau de abstração é maior e do julgamento das causas repetitivas, cujo grau de abstração é menor.

Leonardo Greco, contudo, reconhece que, no atual cenário, a jurisdição ainda é função tipicamente estatal. Sustenta que o desprendimento do vínculo entre jurisdição e Estado encontra óbice na limitação de poderes conferidos aos mecanismos privados de solução de conflitos[30] Embora se constate que a jurisdição ainda é precipuamente associada ao aparelho estatal, entende-se que já há respaldo legal para sua emancipação, dependendo apenas da familiarização com o sistema multiportas e da compreensão dos ganhos de eficiência que podem ser alcançados.

A restrição que se faz em relação à possibilidade do exercício da jurisdição fora do aparato estatal muito se deve à tradicional correlação entre o exercício da jurisdição e o poder de império. A impossibilidade de execução da sentença arbitral, pelo árbitro, é um dos argumentos utilizados pela doutrina tradicional para afastar a natureza jurisdicional do processo arbitral. Todavia, a questão é de incompetência, e não de falta de jurisdição. A lei atribui ao árbitro a competência para certificar direitos, mas não para efetivá-los. Essa opção legislativa, aliás, não é exclusiva do processo arbitral. Em regra, a competência para execução da sentença penal (efetivação do direito) nao é do juízo que a proferiu (certificação do direito).

Em diversos países, a execução de títulos executivos judiciais e extrajudiciais é feita sem intervenção do juiz. Nesses sistemas, preenchidos os requisitos formais dos títulos, cumpre aos *agentes de execução* processar os pedidos de execução. Esses agentes podem ser públicos ou privados e, nem por isso, a atividade exercida para consecução dos títulos executivos deixa de ser considerada como um efetivo exercício da jurisdição. Na França, por exemplo, a execução forçada dos títulos judiciais é realizada exclusivamente pelo *huissier de justice*, profissional liberal que atua independentemente de autorização judiciária[31].

A justiça estatal não é o único meio adequado para solução das controvérsias. Nos litígios que permitem a autocomposição, a juridicização do conflito parece ser a *ultima ratio*. Observa-se uma migração do sistema jurídico nacional que parte do acesso à justiça dos tribunais para o *acesso aos*

30 GRECO, Leonardo. *Instituições de direito processual civil*, cit., p. 69

31 RIBEIRO, Flávia Pereira. *Desjudicialização da execução civil*. Tese para obtenção do título de Doutora em Direito Processual Civil na PUC/SP, 2012, p. 93. Disponível em: https://sapientia.pucsp.br/bitstream/handle/5910/1/Flavia%20Pereira%20Ribeiro.pdf . Acesso em 28/1/2019.

direitos pela via adequada de composição. Essa passagem é necessária para buscar a tutela adequada, tempestiva e efetiva dos direitos, abandonando-se, em prol do escopo de pacificação social, a aplicação do direito objetivo como única finalidade do modelo de justiça[32].

Seja poder, função ou atividade, a jurisdição é una. A jurisdição é exercida pelos órgãos jurisdicionais em igual medida, apresentando o mesmo conteúdo e a mesma finalidade[33]. Um juiz da justiça do trabalho não possui menos jurisdição do que um juiz da justiça comum, por exemplo.

Embora una, a jurisdição não tem condições materiais de ser exercida de forma rigorosamente unificada, impondo seu "fracionamento" em órgãos[34]. O exercício racional da jurisdição pressupõe a repartição de tarefas entre os órgãos competentes, sendo tradicionalmente definida a competência como a medida, fração ou parcela da jurisdição denominada de competência[35].

Contudo, o conceito tradicional está superado, uma vez que a jurisdição é una e indivisível, não sendo passível de divisão em pedaços ou porções. Ao órgão jurisdicional, nunca faltará jurisdição, hipótese que levaria à inexistência do ato processual praticado[36].

Em verdade, a repartição de competência é uma técnica de racionalização da atividade jurisdicional, não implicando o seu fatiamento. Especializam-se setores da função jurisdicional por questões de conveniência[37]. É medida inserida na administração gerencial do Poder Judiciário, visando conferir à atividade judicial o máximo ganho de eficiência.

A partir dos critérios eleitos pelo legislador, a jurisdição é distribuída entre os órgãos competentes, estatais ou não, que, a princípio, apresentem maior capacidade para solucionar o litígio. Tradicionalmente, os critérios são o objetivo – em razão da matéria, da pessoa ou do valor da causa – o funcional e o territorial, que serão tratados adiante.

Todavia, conforme será visto no decorrer do trabalho, os critérios abstratamente eleitos são falíveis, a depender do caso concreto, razão pela

---

32 DIDIER JR., Fredie; ZANETI JR., Hermes. *Justiça multiportas e tutela constitucional adequada: autocomposição em direitos coletivos.* Estudos de derecho procesal: en homenaje a Eduardo J. Couture, Tomo II, Constitución y processo: principios y garantías. Montevideo, 2017.

33 SANTOS, Moacyr Amaral. *Primeiras linhas de direito processual civil.* v.1. São Paulo: Saraiva, 2012, p.67.

34 YARSHELL, Flávio Luiz. *Curso de direito processual civil.* São Paulo: Marcial Pons, 2014, p. 177.

35 Assim é a definição apresentada por José Frederico Marques, para quem a "competência é a medida da jurisdição, uma vez que determina a esfera de atribuições dos órgãos que exercem funções jurisdicionais" (MARQUES, José Frederico. Manual de direito processual civil. v. 1. São Paulo: Saraiva, 1974, p. 179).

36 NEVES, Daniel Amorim Assumpção. *Manual de direito processual civil.* Salvador: JusPodivm, 2016, p. 155

37 DIDIER JR., Fredie. *Curso de direito processual civil.* v.1. Salvador: JusPodivm, 2016, p. 198.

qual o legislador outorga ao órgão jurisdicional a possibilidade de readequar o exercício da competência.

1.2 BREVES CONSIDERAÇÕES SOBRE A CORRELAÇÃO ENTRE A GARANTIA DO JUIZ NATURAL E A COMPETÊNCIA JURISDICIONAL

No presente tópico, não pretendemos abordar o surgimento e a evolução histórica da garantia constitucional do juiz natural, o que, inevitavelmente, tornaria o presente trabalho reducionista e incompleto[38]. Nossa pretensão não é outra senão perscrutar a correlação entre a garantia do juiz natural e o sistema de competências jurisdicionais, para, então, traçar as bases que informam tal sistema numa perspectiva contemporânea. Daí por que, nos limitaremos a tratar da dimensão *objetiva* da garantia do juiz natural.[39]

A tentativa, ainda que breve, de definir ou conceituar a garantia do juiz natural suscita profundas reflexões e requer um certo grau de abstração, sobretudo quando se considera que o termo "juiz natural" não é sequer utilizado expressamente pela Constituição da República de 1988.

Como salienta Gustavo Henrique Badaró, no sistema jurídico brasileiro, a expressão adotada que mais se aproximaria do termo "juiz natural" seria "autoridade judiciária competente", conforme consta do texto do inciso LIII do art. 5º da Constituição de 1988. Contudo, o autor adverte que tal expressão não seria, nem de longe, capaz de exprimir o verdadeiro conteúdo daquilo que a doutrina passou a entender por "juiz natural"[40]. Na verdade, partindo da Constituição de 1988, é possível extrair o conteúdo do juiz na-

38 Convém esclarecer que o termo "juiz natural" surgiu na França. Nicola Picardi explica que o termo surge no contexto do *Ancien Régime,* em que o rei, na qualidade de *fons iustitiae* poderia intervir, quando bem desejasse, nos julgamentos submetidos aos "seus juízes" (o poder jurisdicional era delegado – e não "alienado"– pelo soberano aos juízes), entregando a justiça pessoalmente. A noção de um "juiz natural" surge, então, como uma reação às intervenções do rei na administração da justiça, de modo a garantir independência judicial, pelo que foi assegurado pela primeira vez, no pós-revolução francesa, por meio da previsão do art. 17 da Lei 16-24 de agosto de 1790 (PICARDI, Nicola. Le juge naturel – principe fondamental en Europe. In: *Revue internationale de droit comparé.* v. 62. nº1, 2010. p. 27-73).

Interessante observar que, enquanto nos demais países europeus, o direito ou garantia do juiz natural é objeto de disposição constitucional (tal como no Brasil), na França, a alocação de competência é uma questão de organização judiciária, insusceptível de recurso, a cargo do poder discricionário do "président de la juridiction", o que evidencia a preocupação em se garantir independência judicial naquele país. (por todos: JEULAND, Emmanuel. Le droit au juge naturel et l'organisation judiciaire. In: *Revue française d'administration publique.* v. 125. nº 1, 2008. p. 36).

39 As considerações acerca da independência e da imparcialidade do juiz, atributos que compõem o substrato *subjetivo* da garantia do juiz natural, não serão trabalhadas, por fugirem ao escopo do presente estudo.

40 BADARÓ, Gustavo Henrique. *Juiz natural no processo penal.* São Paulo: Revista dos Tribunais, 2014. p. 99.

tural conjugando os incisos XXXVII e LII do seu art. 5º, que estabelecem, respectivamente, que "não haverá juízo ou tribunal de exceção" e que "ninguém será processado ou sentenciado senão pela autoridade competente".[41]

Em termos bastante genéricos, pode-se afirmar que a garantia do juiz natural está relacionada à impossibilidade de serem criados tribunais de exceção e instituídos juízos extraordinários (ou *post factum*), não sendo possível determinar, antes de judicializado um conflito, o juiz que deverá conhecer e julgar o caso, ou seja, o juiz competente. Nesse sentido, é necessário o estabelecimento de critérios prévios, abstratos e objetivos de atribuição da competência jurisdicional, a fim de garantir a observância do juiz natural.

Para Leonardo Carneiro da Cunha, a garantia do juiz natural pode ser desdobrada em 4 (quatro) *sub*garantias: a) exigência de *determinabilidade,* por meio do estabelecimento de regras gerais de individualização dos juízes; b) garantia de justiça material, que se desdobra nas exigências de independência e imparcialidade do julgador; c) fixação da competência, por meio da previsão de critérios objetivos previstos em lei; e d) observância das determinações de procedimento referentes à divisão funcional interna.[42]

A preocupação é, justamente, *garantir* que o juiz competente para julgar uma determinada causa será aquele pré-determinado por lei, evitando-se, assim, qualquer manipulação ou escolha do órgão julgador. Assim, passou-se a conceber o juiz natural como aquele competente para julgar uma causa segundo critérios gerais, abstratos, objetivos e previamente estabelecidos em lei, não sendo admitida qualquer alteração discricionária posterior para a definição do juiz competente.

Essa visão *estática* do juiz natural repercutiu na própria teorização do sistema de competências jurisdicionais, que – como visto no capítulo anterior – mostra-se marcadamente rígido, com pouca possibilidade de adequação no curso do processo; a imutabilidade da competência passou a ser a regra geral.

Ocorre que o sistema de competências adquire novos contornos quando se parte de uma perspectiva dinâmica, que considera o contexto contemporâneo de litigância e, no particular, as singularidades de cada demanda deduzidas em juízo. E essa constatação repercute na própria percepção do juiz natural.

Conforme defendido por Antonio do Passo Cabral, em sua tese intitulada "Juiz natural e eficiência processual: flexibilização, delegação e coordenação

---

41 MOREIRA, José Carlos Barbosa. Aspectos processuais civis na nova Constituição. In: *Revista de Direito da Procuradoria-Geral de Justiça do Estado do Rio de Janeiro*. Rio de Janeiro, ano XV, v. 29, p. 56-66, jan.-jun. 1989. p. 56.

42 CUNHA, Leonardo Carneiro da. *Jurisdição e competência*, cit., p. 64-65.

de competências no processo civil"[43], o juiz natural adquire nova dimensão sob o enfoque da eficiência processual, passando a admitir maior flexibilidade e adaptabilidade das regras de atribuição e alocação de competências, sem, todavia, comprometer seu núcleo essencial[44].

Considerado o contexto do direito processual contemporâneo, o sistema de competências é estruturado para melhor apreender e se adequar à própria dinâmica e abrangência dos conflitos submetidos ao Judiciário; especialmente quando são consideradas as novas tendências em matéria de gestão judiciária, que têm na eficiência sua "pedra de toque".

1.3 NOÇÕES PRELIMINARES DE COMPETÊNCIA

Numa perspectiva *macro*, a competência relaciona-se à necessidade de distribuição das atividades decorrentes das funções desempenhadas pelo Estado (legislativa, administrativa e jurisdicional) entre seus diversos agentes[45]. Daí ser possível falar em competência legislativa, competência administrativa, e competência jurisdicional.

Interessa ao presente trabalho, especificamente, a competência jurisdicional; essa relacionada ao direito processual.

Já se adiantou que não se confundem os conceitos de jurisdição e competência. Rigorosamente, para que a jurisdição e a competência pudessem se sobrepor, seria necessário haver um só órgão, a quem coubesse o exercício da jurisdição; aí sim, seria possível assimilar os dois conceitos.

A noção de competência jurisdicional surge, justamente, do fato de haver mais de um órgão investido de jurisdição. Bem se sabe que são vários os órgãos jurisdicionais. O exercício da jurisdição é conferido indistintamente a todos eles, incumbindo-lhes as atribuições de conhecer a causa e julgar, proferindo uma decisão com atributo de definitividade.

Como forma de racionalizar o exercício da jurisdição entre os vários órgãos, o ordenamento jurídico delimita o âmbito de atuação de cada um deles, através das regras de competência, determinando onde e quando cada

43 CABRAL, Antonio do Passo. *Juiz natural e eficiência processual: flexibilização, delegação e coordenação de competências no processo civil.* Tese apresentada no concurso de provas e títulos para provimento do cargo de Professor Titular. Faculdade de Direito da Universidade do Estado do Rio de Janeiro. Rio de Janeiro: edição do autor, 2017.

44 De acordo com Antonio do Passo Cabral, preserva-se o núcleo essencial do juiz natural garantindo-se (i) objetividade; (ii) impessoalidade; (iii) invariância; e (iv) possibilidade de controle das regras de atribuição e alocação de competências (CABRAL, Antonio do Passo. *Juiz natural e eficiência processual: flexibilização, delegação e coordenação de competências no processo civil.* Tese apresentada no concurso de provas e títulos para provimento do cargo de Professor Titular. Faculdade de Direito da Universidade do Estado do Rio de Janeiro. Rio de Janeiro: edição do autor, 2017, p. 310-19).

45 CARVALHO FILHO, José dos Santos. *Manual de direito administrativo*. São Paulo: Atlas, 2017, p. 102.

órgão deverá exercer sua função. Daí por que, tradicionalmente, passou-se a afirmar que a competência seria a medida ou fração da jurisdição[46], como se a jurisdição pudesse ser fracionada. Em virtude desse equívoco, há quem diga, inclusive, que a diferença entre jurisdição e competência é quantitativa[47].

Na verdade, essa diferenciação é qualitativa. O fato de a função jurisdicional ser a mesma para qualquer juiz, de qualquer instância ou especialidade, não permite concluir que o exercício jurisdicional será sempre legítimo.[48] É dizer, todos os juízes detêm jurisdição, porém nem sempre todos serão competentes para a prática de determinado ato jurisdicional.

A competência relaciona-se aos limites impostos ao exercício da jurisdição[49]. Isto é, aos limites dentro dos quais o exercício jurisdicional será considerado legítimo[50]. Por isso é correto dizer que um juiz competente é aquele que tem jurisdição e a exerce de forma legítima, enquanto que um juiz incompetente possui, igualmente, jurisdição, porém seu exercício é considerado ilegítimo, porquanto transborda dos limites fixados pelo ordenamento, invadindo o âmbito de atuação de outro órgão jurisdicional.

Como ressaltado por Leonardo Carneiro da Cunha, a atribuição de competência corresponde, num só tempo, a uma autorização e a uma limitação; a competência atribuída a um determinado órgão jurisdicional, ao tempo em que lhe outorga uma autorização para o exercício de uma função específica, igualmente limita essa atuação.[51] É, desse modo, que as regras de competência cumprem seu objetivo de organizar e racionalizar o exercício da função jurisdicional entre os órgãos jurisdicionais.

---

46 A esse respeito, esclarece Ovídio Baptista da Silva: "*Os juristas costumam dizer, numa proposição que se tornou clássica, que a competência é a medida da jurisdição, ou a parcela dela atribuída pelo sistema processual a um determinado órgão judicial, com o que se pretende significar que o poder jurisdicional exercido pelos magistrados deve conter-se dentro dos limites da respectiva competência, não apenas como um princípio orgânico do sistema, mas igualmente como garantia para os cidadãos, que podem prever, com relativa segurança, no órgão da jurisdição estatal em que terão suas causas decididas, a existência de seu juiz natural.*" (SILVA, Ovídio A. Baptista. *Comentários ao Código de Processo Civil*. v. 1. São Paulo: Revista dos Tribunais, 2000, p. 394).

47 VELLOSO, Adolfo Alvarado. Jurisdiccion y competência. *Revista del Intituto Colombiano de Derecho Procesal*. v. 3. (versión virtual). ISSN 2346-3473, 1985. p. 37. LACOPPOLA, Vito. *La competenza civile nella pratica e nella giurisprudenza*. 4. ed. Milano: Giuffrè, 1998, p. 1.

48 NEVES, Daniel Amorim Assumpção. *Competência no processo civil*. São Paulo: Método, 2005, p. 16.

49 Ibidem.

50 Alexandre Freitas Câmara assim define a competência, definição essa consentânea à adotada no presente trabalho: "*Competência são os limites dentro dos quais cada juízo pode, legitimamente, exercer a função jurisdicional. É, em outros termos, a legitimidade do órgão jurisdicional para atuar em um processo, devendo ser compreendida como sua específica aptidão para exercer função jurisdicional naquele processo específico que perante ele tenha se instaurado.*" (CÂMARA, Alexandre Freitas. *O novo processo civil brasileiro*. São Paulo: Atlas, 2018, p. 49.).

51 CUNHA, Leonardo Carneiro da. *Jurisdição e competência*. São Paulo: Revista dos Tribunais, 2013, p. 22.

1.4 CRITÉRIOS DE DISTRIBUIÇÃO DA COMPETÊNCIA

Como já foi esclarecido, a repartição de competências constitui técnica de racionalização da atividade jurisdicional. Organização das tarefas e racionalização do trabalho são os dois principais objetivos das regras de competência[52]. A partir de critérios eleitos pelo legislador, a competência é distribuída entre os órgãos jurisdicionais[53].

A doutrina sistematiza os critérios em objetivo, funcional e territorial. O critério objetivo considera a matéria discutida, as pessoas envolvidas ou o valor da causa[54]. São exemplos da competência em razão da pessoa (*ratione personae*) as varas privativas da Fazenda Pública e a competência dos Tribunais Superiores para processar e julgar os mandados de segurança contra atos de algumas autoridades federais[55]. A competência em razão da matéria (*ratione materiae*) é pertinente à relação jurídica controvertida, como a competência das varas de família, cível, penal etc. A competência em razão do valor da causa (*ratione pecuniae*), por fim, toma por base a valoração econômica dos pedidos. Exemplo clássico é a competência dos Juizados Especiais[56].

---

52 NEVES, Daniel Amorim Assumpção. *Manual de direito processual civil*. Salvador: JusPodivm, 2016, p. 156.

53 Girolamo Monteleone afirma que "si impone, pertanto, un sistema de regole legislative quanto più precise e dettagliate che stabiliscano *a priori ed in astratto* qual giudice sia competente a decidere sulle varie possibili controversie, o sui vari affari, rientranti nel potere del giudice ordinario." (MONTELEONE, Girolamo. *Diritto processuale civile*. v. 1. Padova: CEDAM, 2018, p. 52).

– Trad.livre: "é necessário , portanto, um sistema de regras legislativas mais preciso e detalhado que estabeleça *a priori e de maneira abstrata* qual juízo seja competente para decidir sobre as várias controvérsias possíveis, ou sobre os vários assuntos, que se enquadram no poder do juiz comum."

Não podemos concordar com a afirmação do autor italiano, pois o legislador, em toda sua abstração, não consegue antever os tipos de controvérsias a serem submetidos ao Judiciário, de modo a enquadrar a complexidade das interações humanas em normas abstratas; não consegue, portanto, atribuir previamente a competência que se mostre mais adequada para resolver determinados tipos de conflito, pois a adequação da competência, conforme será visto no presente trabalho, não prescinde das circunstâncias do caso concreto.

54 DIDIER JR., Fredie. *Curso de direito processual civil*. v. 1. Salvador: Ed. JusPodivm, 2016, p. 215.

55 Art. 102. Compete ao Supremo Tribunal Federal, precipuamente, a guarda da Constituição, cabendo-lhe:

I - processar e julgar, originariamente: [...]

d) o habeas corpus, sendo paciente qualquer das pessoas referidas nas alíneas anteriores; o mandado de segurança e o habeas data contra atos do Presidente da República, das Mesas da Câmara dos Deputados e do Senado Federal, do Tribunal de Contas da União, do Procurador-Geral da República e do próprio Supremo Tribunal Federal; [...]

56 Art. 3º da Lei nº 9.099/95: O Juizado Especial Cível tem competência para conciliação, processo e julgamento das causas cíveis de menor complexidade, assim consideradas:

I - as causas cujo valor não exceda a quarenta vezes o salário mínimo; [...]

Art. 2º da Lei nº 12.153/09: É de competência dos Juizados Especiais da Fazenda Pública processar, conciliar e julgar causas cíveis de interesse dos Estados, do Distrito Federal, dos Territórios e dos Municípios, até o valor de 60 (sessenta) salários mínimos.

O critério funcional estabelece as atribuições dos diversos órgãos que devem funcionar em um mesmo processo, seja em grau originário ou recursal, em fase de conhecimento ou de execução. Ademais, é pelo critério funcional que se estabelecem quais a câmara e o respectivo relator que atuarão nos julgamentos pelos tribunais[57].

O critério territorial se refere à circunscrição do território nacional em que cada órgão judicante pode exercer sua atividade jurisdicional. Esse critério visa a facilitar o acesso à justiça, resguardando, em regra, o direito de ação ou o exercício do contraditório da parte que se encontra em desvantagem aparente. Por essa razão, em regra, a competência territorial é definida pelo domicílio do réu, como forma de garantir seu direito de defesa. É o réu quem, pelo menos a princípio, se encontra em condições menos favoráveis[58], tendo o autor a prerrogativa de preparar-se mais detidamente para a demanda[59].

1.5 COMPETÊNCIA ABSOLUTA E COMPETÊNCIA RELATIVA

Tradicionalmente, classificam-se os critérios de fixação da competência em absolutos e relativos, considerando o interesse que se busca proteger no processo. Entende-se que as regras de competência absoluta são criadas para atender ao interesse público, enquanto que as regras de competência relativa se destinam à proteção do interesse particular[60]-[61]. Enquanto as primeiras são imperativas, as segundas são dispositivas[62]; a competência absoluta não poderá ser alterada ou prorrogada, ao passo que a competência relativa poderá ser modificada ou prorrogada, seja por vontade das partes, seja em decorrência de previsão legal.

Art. 3º da Lei nº 10.259/01: Compete ao Juizado Especial Federal Cível processar, conciliar e julgar causas de competência da Justiça Federal até o valor de sessenta salários mínimos, bem como executar as suas sentenças.

57 THEODORO JÚNIOR, Humberto. *Curso de direito processual civil.* v. 1. Rio de Janeiro: Forense, 2017, p. 264.

58. Não se desconhece, porém, que haverá casos em que será o autor a parte mais vulnerável, cabendo ao sistema fornecer ferramentas aptas a garantir-lhe o acesso à justiça. Não é sem razão, aliás, que a Lei nº 13.894, de 2019 alterou o art. 53 do CPC, para prever a competência do foro do domicílio da vítima de violência doméstica e familiar para as ações de divórcio, separação, anulação de casamento e reconhecimento ou dissolução de união estável.

59 GRECO, Leonardo. *Instituições de direito processual civil*, cit., p. 134.

60 DIDIER JR., Fredie. *Curso de direito processual civil.* v. 1. Salvador: JusPodivm, 2016, p. 206.

61 Para nós, todavia, essa classificação é problemática, sobretudo quando se considera absoluta a competência que busca atender ao "interesse público". Termos como "interesse público" e "ordem pública" são imprecisos, e, portanto, maleáveis e adaptáveis a circunstâncias diversas, tornando difícil uma classificação segura para a competência relativa e a competência absoluta. Além disso, bem se sabe que as normas processuais são de Direito Público, de modo que, em alguma medida, buscam salvaguardar o interesse público ao assegurar a prestação da justiça em respeito às normas constitucionais.

62 GRECO, Leonardo. *Instituições de direito processual civil*, cit., p. 135.

As competências em razão da função, da matéria e da pessoa são, tradicionalmente, classificadas como espécies de competência absoluta. As competências territoriais e em razão do valor da causa, por sua vez, são tidas por espécies de competência relativa.

Todavia, essa classificação não se mostra rígida. No caso das ações fundadas em direito real imobiliário, a competência territorial, que, seguindo a tradição, deveria ser classificada como relativa, é absoluta: a competência é a do foro no qual esteja situado o imóvel[63]. Parcela da doutrina entende tratar-se de hipótese excepcional de competência territorial absoluta[64]. Por outro lado, há doutrinadores que entendem se tratar de hipótese de competência funcional[65]. Por fim, há mesmo quem entenda se tratar de hipótese de competência material[66].

O Código de Processo Civil de 2015 aproximou procedimentalmente as competências absolutas e relativas[67]. Ambas devem ser alegadas como preliminar de contestação[68] e, caso acolhidas, ensejam a remessa dos autos ao juízo competente[69]. Registre-se que, ainda sob a vigência do CPC-1973, por força do princípio da instrumentalidade, o Superior Tribunal de Justiça já vinha admitindo a alegação da incompetência relativa como preliminar da contestação[70].

Contudo, a despeito das aproximações procedimentais, há diferenças no tratamento entre as espécies de incompetência que merecem ser mencionadas.

A incompetência absoluta pode ser alegada em qualquer tempo e grau de jurisdição e deve ser declarada de ofício pelo juiz[71]. Seu reconhecimento pode

---

63 Art. 47. Para as ações fundadas em direito real sobre imóveis é competente o foro de situação da coisa.

§ 1o O autor pode optar pelo foro de domicílio do réu ou pelo foro de eleição se o litígio não recair sobre direito de propriedade, vizinhança, servidão, divisão e demarcação de terras e de nunciação de obra nova.

§ 2o A ação possessória imobiliária será proposta no foro de situação da coisa, cujo juízo tem competência absoluta.

64 NEVES, Daniel Amorim Assumpção. *Manual de direito processual civil.* Salvador: JusPodivm, 2016, p. 174.

65 NERY JR., Nelson e NERY, Rosa. *Código de Processo Civil Comentado e legislação processual civil extravagante.* São Paulo: Revista dos Tribunais, 2010, p. 1.439.

66 SANTOS, Ernane Fidélis dos. *Manual de direito processual civil.* v. 1. São Paulo: Saraiva, 2017, p. 105.

67 NEVES, Daniel Amorim Assumpção. *Manual de direito processual civil.* Salvador: JusPodivm, 2016, p. 157.

68 Art. 64, caput, do CPC: A incompetência, absoluta ou relativa, será alegada como questão preliminar de contestação.

69 Art. 64, §3º, do CPC: Caso a alegação de incompetência seja acolhida, os autos serão remetidos ao juízo competente.

70 STJ, CC 8.692/RO, Rel. Ministro Humberto Gomes de Barros, 2ª Seção, j. 13.2.2008, DJ 3.3.2018.

71 Art. 64, §1º, do CPC: A incompetência absoluta pode ser alegada em qualquer tempo e grau de jurisdição e deve ser declarada de ofício.

se dar, até mesmo, após o trânsito em julgado, por meio da ação rescisória[72]. Todavia, o Supremo Tribunal Federal e o Superior Tribunal de Justiça entendem que, ainda que se trate de incompetência absoluta, o conhecimento dos recursos extraordinário e especial depende do prévio pré-questionamento[73].

Em virtude da possibilidade de ser conhecida até mesmo de ofício, é possível haver a suscitação da incompetência absoluta por qualquer das partes, o que deverá ser feito como preliminar de contestação. Embora o CPC-2015 não tenha reproduzido a regra do art. 113, §1º do CPC-1973, que responsabilizava o réu pelas custas acrescidas pela falta de alegação da incompetência absoluta[74], é possível a responsabilização do réu por perdas e danos processuais, caso deixe de alegá-la dolosamente[75], por força do art. 81 e seguintes do CPC-2015.

Dada a sua natureza cogente, a competência absoluta não pode ser alterada pela vontade das partes[76], por conexão ou por continência[77], e tampouco se prorroga no caso de não ser alegada pelo réu.

O reconhecimento da incompetência relativa, em razão da sua natureza dispositiva, depende da suscitação pelo réu ou do Ministério Público nas causas em que atuar. A princípio, não cabe ao juiz reconhecê-la de ofício[78]. Todavia, tratando-se de cláusula de eleição de foro abusiva, é possível que o juiz, antes da citação, reconheça a sua ineficácia *ex officio*[79]. Citado, incumbe ao réu alegar a abusividade da cláusula, sob a pena de preclusão[80].

A competência relativa pode ser alterada pelas partes (art. 63 do CPC-2015), por conexão ou por continência (art. 54 do CPC-2015), e, caso não alegada oportunamente, enseja a prorrogação da competência[81].

---

72 Art. 966 do CPC: A decisão de mérito, transitada em julgado, pode ser rescindida quando: [...] II - for proferida por juiz impedido ou por juízo absolutamente incompetente; [...]

73 STJ, AgInt no AREsp 943.723/MG, Rel. Ministro Marco Aurélio Bellizze, 3ª Turma, j. 7/2/2017, DJe 13/2/2017. STF, RE 602.381/AL, Rel. Ministra Cármen Lúcia, Tribunal Pleno, j. 20/11/2014, DJe 3/2/2015.

74 Art. 113 do CPC/1973: A incompetência absoluta deve ser declarada de ofício e pode ser alegada, em qualquer tempo e grau de jurisdição, independentemente de exceção. §1º Não sendo, porém, deduzida no prazo da contestação, ou na primeira oportunidade em que lhe couber falar nos autos, a parte responderá integralmente pelas custas.

75 SANTOS, Ernane Fidélis dos. *Manual de direito processual civil*. cit., p. 120.

76 Art. 62 do CPC: A competência determinada em razão da matéria, da pessoa ou da função é inderrogável por convenção das partes.

77 Art. 54 do CPC: A competência *relativa* poderá modificar-se pela conexão ou pela continência, observado o disposto nesta Seção.

78 Súmula nº 33 do STJ: "A incompetência relativa não pode ser declarada de ofício".

79 Art. 64, §3º, do CPC: Antes da citação, a cláusula de eleição de foro, se abusiva, pode ser reputada ineficaz de ofício pelo juiz, que determinará a remessa dos autos ao juízo do foro de domicílio do réu.

80 Art. 64, §3º, do CPC: Citado, incumbe ao réu alegar a abusividade da cláusula de eleição de foro na contestação, sob pena de preclusão.

81 Art. 65 do CPC: Prorrogar-se-á a competência relativa se o réu não alegar a incompetência em preliminar de contestação.

Seja a incompetência absoluta ou relativa, o seu reconhecimento depende de prévia manifestação das partes. Ainda que reconhecida de ofício, faz-se necessária a intimação das partes, como forma de garantir o contraditório.

Caso acolhida a incompetência absoluta ou relativa, os autos deverão ser remetidos ao juízo competente. Ainda na vigência do CPC-1973, o reconhecimento da incompetência já não conduzia à extinção do processo sem resolução do mérito[82]. Quando muito, os atos de natureza decisória praticados por juiz incompetente era invalidados[83].

1.6 OS ATRIBUTOS TRADICIONAIS DO SISTEMA DE COMPETÊNCIAS

A competência no Direito Público foi teorizada a partir de sua vinculação à figura do Estado, sendo identificada como um poder conferido pelo Estado aos seus órgãos para atuarem seguindo o interesse público dentro dos limites pré-fixados pelo ordenamento[84]. Qualquer atuação fora desses limites representaria uma limitação indevida da esfera de liberdade dos cidadãos[85].

Nesse sentido, Humberto Ávila qualifica as regras de competência como i) *abstratas* (uma vez que não se referem a uma situação individual, mas a uma classe de situações, e nem a situações passadas, mas a situações hipotéticas); ii) *heterônomas* (a autoridade que a institui não corresponde ao seu destinatário); e iii) *coativas* em sentido amplo (pois, sua inobservância provocaria a invalidade do ato normativo).[86]

As competências públicas seriam, assim, *inderrogáveis*, não podendo ser modificadas pela vontade das partes, e *improrrogáveis*, de modo que um órgão incompetente não poderia vir a sê-lo posteriormente[87].

---

82 Art. 113, §2º, do CPC/1973: Declarada a incompetência absoluta, somente os atos decisórios serão nulos, remetendo-se os autos ao juiz competente.

83 YARSHELL, Flávio Luiz. *Curso de direito processual civil*. cit., p. 217.

84 MELLO, Celso Antônio Bandeira de. *Curso de direito administrativo*. São Paulo: Malheiros, 2009. p. 144.

85 MELLO, Celso Antônio Bandeira de. *Curso de direito administrativo*. cit., p. 144.

86 ÁVILA, Humberto. *Competências tributárias*: um ensaio sobre a sua compatibilidade com as noções de tipo e conceito. São Paulo: Malheiros, 2018. p. 26-33.

87 MEIRELLES, Hely Lopes. et. al. *Direito administrativo brasileiro*. São Paulo: Malheiros, 2011. p. 156. No mesmo sentido afirma José dos Santos Carvalho Filho: "Por ser instituto de direito público, que mantém estreita relação com o princípio da garantia dos indivíduos no Estado de Direito, a competência não recebe a incidência de figuras normalmente aceitas no campo do direito privado. Por isso, duas são as características de que se reveste. A primeira é a *inderrogabilidade*: *a competência de um órgão não se transfere a outro por acordo entre as partes, ou por assentimento do agente da Administração*. Fixada em norma expressa, deve a competência ser rigidamente observada por todos. A segunda é a *improrrogabilidade*: *a incompetência não se transmuda em competência, ou seja, se um órgão não tem competência para certa função, não poderá vir a tê-la supervenientemente, a menos que a antiga norma definidora seja alterada.*" (CARVALHO FILHO, José dos Santos. *Manual de direito administrativo*. cit., p. 102).

A definição do juízo competente passou a observar a própria estrutura organizacional, e hierarquizada, do Poder Judiciário composta por Tribunais de superposição – STF e STJ – e Justiças especializada e comum, em que cada uma delas possui órgãos superiores e inferiores, capilarizados em todo o território nacional.[88] Considerando a estrutura judiciária, os problemas na definição da competência têm sido colocados a partir de questionamentos acerca da opção entre Justiças, foros ou varas especializadas, num sentido horizontal, e, num sentido vertical, a partir da divisão entre competência originária e recursal.[89]

Seguindo essa relação entre a disposição hierarquizada e estática do Poder Judiciário e a definição da competência jurisdicional, o sistema de competências foi sendo estudado e moldado a partir de classificações e conceitos rigorosos, baseados na exclusividade e na territorialidade, para a definição do órgão competente.

Chama-nos especial atenção a presença marcante do atributo da territorialidade.

É possível vislumbrar o padrão da territorialidade em diversas regras de competência. É o caso, por exemplo, da regra que fixa a competência para a ação fundada em direito pessoal ou direito real sobre bem móvel, caso em que será competente o *foro de domicílio do réu* (CPC, art. 46), bem como para as ações fundadas em direito real sobre imóveis, em que será competente o foro da situação da coisa (CPC, art. 47 "É o caso, principalmente, das hipóteses de competência territorial dispostas no art. 53 do CPC"). Em todos esses casos, a aderência ao território sugere sua relevância para atribuição da competência, trazendo a falsa impressão de que a correlação entre competência e delimitação espacial do território seria algo indissociável.

O dilema da territorialidade sugere uma demarcação precisa dos domínios da competência jurisdicional como consequência das regras de divisão judiciária do território nacional.

Ressaltando a importância da territorialidade, Cândido Rangel Dinamarco afirma que "a cada órgão judiciário só é lícito exercer a jurisdição no âmbito geográfico do foro que lhe é atribuído por lei e eventuais invasões além-divisas constituem ultrajes à investidura do órgão cujo território haja sido invadido."[90] Desse excerto, é possível concluir que a limitação territorial do exercício jurisdicional aparece como meio de evitar o arbítrio judicial, inviabilizando o exercício indiscriminado da jurisdição.

---

88 DINAMARCO, Cândido Rangel. *Instituições de direito processual civil*, v.1, cit. p. 603.

89 DINAMARCO, Cândido Rangel. *Instituições de direito processual civil*, v.1, cit. p. 604.

90 DINAMARCO, Cândido Rangel. *Instituições de direito processual civil*, v.1, cit. p. 480.

Construiu-se, assim, a falsa ideia de que a competência estaria adstrita a um território delimitado, de modo que a competência exercida fora de tais limites não seria considerada legítima. A competência seria, nessa perspectiva, compartimentada, inflexível, com pouca possibilidade de adequação.

Assim é que Elaine Mak constata que "a distribuição das competências jurisdicionais tem sido historicamente baseada no padrão da territorialidade, que, em tese, garante acesso à justiça a todos os indivíduos. Contudo, essa concepção clássica não é suficiente para satisfazer as necessidades da sociedade atual"[91].

Não se podem confundir os *pré*-requisitos estabelecidos nas regras de atribuição da competência com a *definição* do juízo competente para uma determinada causa.[92] Na verdade, a territorialidade constitui apenas uma das variantes utilizadas pela legislação para organizar e racionalizar o exercício da atividade jurisdicional, *em abstrato* (assim como, a função, a matéria e a pessoa), dentre os diversos órgãos jurisdicionais.

Contudo, a definição do juízo competente diz respeito mais à organização do exercício da atividade jurisdicional *in concreto*, para um caso em específico, do que, propriamente, aos critérios de determinação da competência abstratamente considerados. A questão da territorialidade revela, antes de mais nada, o juízo melhor localizado para julgar a demanda e não, necessariamente, aquele mais adequado ou mais qualificado para tratar da controvérsia.[93]

Conforme será demonstrado no decorrer do trabalho, no que diz respeito à alocação da competência para um caso concreto, a territorialidade cede por razões de eficiência. Um exemplo do que ora se afirma é a própria possibilidade de reunião de processos para julgamento conjunto. Por meio desse mecanismo, um juízo torna-se competente para julgar determinado conjunto de casos similares, a fim de evitar a prolação de decisões contraditórias, o que se compraz com os princípios da duração razoável do processo e da eficiência processual. Nesse caso, o argumento da territorialidade é subsidiário e, em alguns casos, irrelevante.

Um outro exemplo de critério clássico de distribuição é o da *competência funcional* (normalmente, considerada *absoluta* e *inderrogável*), que

---

91 MAK, Elaine. Balancing territoriality and functionality: specialisation as a tool for Reforming Jurisdiction in the Netherlands, France and Germany. *International Journal for Court Administration*, v. 1, nº 2, oct./2008. p. 4.

92 MAK, Elaine. The European Judicial Organisation in a New Paradigm: The Influence of Principles of 'New Public Management' on the Organisation of the European Courts. *In. European Law Journal*, v. 14, nº 6, nov./2008, p. 718–734. p. 728.

93 LAGARDE, Xavier. La fin des questions de compétence? Conclusions, cit., p. 149-150.

define a competência a partir das *funções* que o magistrado é chamado a exercer num processo.[94]

Como já acentuava Athos Gusmão Carneiro, partindo sua análise do CPC/1973, o legislador brasileiro, em várias oportunidades, usou pouco adequadamente a expressão *competência funcional*, que se desenvolveu mais no plano vertical (na competência hierárquica ou recursal) do que, propriamente, em sua dimensão horizontal[95]. Nessa dimensão, a funcionalidade da competência ficou limitada a identificar a função do juiz já exercida num processo, para determinar o órgão competente noutro processo, funcionalmente interligado àquele, e para definir o juiz competente para outra fase procedimental[96].

Ou seja, a análise da competência funcional passou ao largo de investigar, propriamente, a funcionalidade – essa no sentido próprio de *utilidade* – do exercício da competência por *mais de um* órgão jurisdicional num mesmo processo ou fase procedimental.[97]

É insuficiente investigar a funcionalidade da competência apenas a partir das regras legisladas, sem as cotejar com o caso concreto[98]. Na realidade, o atributo funcional da competência permeia todo o sistema, desde sua regra legal atributiva até seu efetivo exercício num dado processo, quando, a depender das circunstâncias do caso, tornar-se necessária a atuação conjunta de outros órgãos jurisdicionais, admitindo haja maior flexibilização da competência jurisdicional.[99]

A concepção de um sistema de competências marcadamente rígido, em que a competência é definida previamente e de maneira excludente, com pouca possibilidade de adequação no curso do processo é insuficiente e não se adequa aos novos contornos do processo civil contemporâneo. Este combina

---

94 BARBI, Celso Agrícola. *Comentários ao código de processo civil*. v. 1. Rio de Janeiro: Forense, 1998. p. 306.

95 CARNEIRO, Athos Gusmão. *Jurisdição e competência*. São Paulo: Saraiva, 2010. p. 285-286.

96 Ibidem.

97 Daí a observação de Athos Gusmão Carneiro, para quem a expressão "competência funcional" deveria ser reservada apenas para os casos de repartição de funções a serem exercidas por vários órgãos jurisdicionais num mesmo processo. (CARNEIRO, Athos Gusmão. *Jurisdição e competência*, cit, p. 285).

98 Concordamos com a crítica feita por Antonio do Passo Cabral, para quem "a suposta 'funcionalidade' das regras de competência funcional esgota-se na identificação do critério que inspirou sua edição. (...) De fato, as competências funcionais ficam engessadas nas regras legislativa, sem abrir qualquer margem de gestão ou adaptabilidade para o aplicador." (CABRAL, Antonio do Passo. *Juiz natural e eficiência processual*, cit., p. 418).

99 Digna de nota é a posição de Antonio do Passo Cabral, ao considerar que "*toda competência é funcional; e só a interpretação e o manejo mais flexível e adaptável das competências poderão funcionalizá-la para atingir os escopos de proteção dos direitos individuais e a consecução do acesso à justiça, com a prestação da tutela jurisdicional eficiente e adequada.*" (CABRAL, Antonio do Passo. *Juiz natural e eficiência processual*, cit., p. 421).

mecanismos de adaptação e de flexibilização do procedimento, apresentando um novo conjunto de princípios conformadores da competência, que incluem a transparência, a efetividade e a eficiência[100].

1.7 COMPETÊNCIA E INSTITUTOS AFINS

A competência corresponde a uma delimitação legal do exercício legítimo da função jurisdicional. Essa constatação fez surgir algumas vozes na doutrina que passaram a identificar a competência como *capacidade de exercício do poder jurisdicional*; outras identificaram a competência como um *poder* e outras mais que passaram a aproximar a competência jurisdicional da acepção de *legitimidade*.

A competência jurisdicional tem conteúdo multívoco. Pode apresentar-se sob distintas acepções. Daí ser relevante expor, ainda que brevemente, as principais acepções doutrinárias de competência, a fim de determinar, especificamente, a noção de competência que permeará o presente trabalho.

1.7.1 Competência, capacidade e poder

Há autores que assimilam a competência à noção de capacidade jurídica. Realmente, há semelhanças entre competência e capacidade, porém esses institutos não se identificam.

No direito privado, a capacidade jurídica está relacionada à aptidão genérica do sujeito para exercer direitos e contrair deveres. Em princípio, a capacidade jurídica pressupõe a existência de personalidade, havendo até mesmo quem entenda que ambas se confundem[101]. O art. 1º do Código Civil dispõe que toda *pessoa* é capaz de direitos e deveres na ordem civil.[102] Assim, pela doutrina tradicional, a capacidade pressuporia a personalidade.

Todavia, a inexistência de personalidade jurídica não implica, necessariamente, a ausência de capacidade[103]. Há órgãos despersonalizados que possuem capacidade jurídica e processual. Embora não sejam pessoas, podem

---

100 Segundo Elaine Mak, a *transparência* implica a abertura, a comunicação e a prestação de contas. A *efetividade* está relacionada ao questionamento se um determinado meio ou construção enseja o alcance de um objetivo específico. Por fim, a eficiência relaciona-se à adequação de um meio específico para promover a realização do objetivo pretendido.(MAK, Elaine. Balancing territoriality and functionality, cit, p. 4).

101 GOMES, Orlando. *Introdução ao Direito Civil*. Rio de Janeiro: Forense, 1992, p. 172.

102 Contrariamente ao Código Civil de 1916, que, em seu art. 2º, previa que toda pessoa é capaz de direitos e obrigações na ordem civil, o Código Civil de 2002 faz alusão aos *deveres*, e não *obrigações*, porquanto *há* deveres que não possuem conteúdo patrimonial (não são obrigações), a exemplo dos deveres decorrentes da boa-fé. (TARTUCE, Flávio. *Manual de direito civil*. Rio de Janeiro: Forense, 2014, p. 68.)

103 CUNHA, Leonardo Carneiro da. *A Fazenda Pública em juízo*.Rio de Janeiro: Forense, 2017, p. 17.

ser titulares de poderes, deveres, direitos, ônus e faculdades, tanto de cunho material quanto de cunho processual. O Superior Tribunal de Justiça, por exemplo, admite o ajuizamento de demanda pela Câmara de Vereadores, órgão despido de personalidade jurídica, na defesa de direitos institucionais[104]. O STJ entende pela presença de personalidade judiciária, na hipótese.

Como a capacidade jurídica representa a aptidão genérica para adquirir direitos e contrair deveres, essa sempre estará presente. A capacidade jurídica não pode ser limitada. Contudo, é possível que falte a tais órgãos despersonalizados a *legitimidade* para prática de determinados atos[105]. No caso da Câmara de Vereadores, por exemplo, o STJ entendeu pela carência de legitimidade daquele órgão para demandas relacionadas à liberação de valores retidos do Fundo de Participação dos Municípios (FPM). Na fundamentação, consignou tratar-se de interesse estritamente patrimonial, alheio às suas finalidades institucionais[106].

A personalidade é inerente à condição de pessoa. A capacidade compõe a personalidade, sendo um de seus elementos.[107] Por isso, nem sempre que existir capacidade, haverá personalidade, porém, em havendo pessoa, haverá capacidade.

A capacidade plena pressupõe a *capacidade de direito ou de gozo* e a *capacidade de fato ou de exercício*. Já se viu que o art. 1º do Código Civil trata da capacidade de direito, que é justamente a aptidão *genérica* da pessoa para adquirir direitos e contrair deveres. Todavia, nem todas as pessoas podem, efetivamente, *exercer* essa aptidão, porquanto não possuem capacidade de fato ou de exercício. É o caso dos incapazes especificados nos arts. 2º e 3º do Código Civil.

Quanto à incapacidade regulada pelos artigos 2º e 3º do Código Civil, vale destacar as alterações promovidas pela Lei nº 13.146/2015[108]. Essa Lei instituiu o Estatuto da Pessoa com Deficiência e, dentre outras alterações no

---

104 Súmula nº 525 do STJ: A Câmara de Vereadores não possui personalidade jurídica, apenas personalidade judiciária, somente podendo demandar em juízo para defender os seus direitos institucionais. DJe 27.4.2015.

105 CUNHA, Leonardo Carneiro da. *A Fazenda Pública em juízo.* Rio de Janeiro: Forense, 2017, p. 18-19.

106 STJ, 2ª Turma, REsp 1.429.322/AL, Rel. Min. Mauro Campbell Marques, j. 20.02.2014, Dje 28.2.2014.

107 CUNHA, Leonardo Carneiro da. *Jurisdição e competência*, cit., p. 26.

108 Art. 3º São absolutamente incapazes de exercer pessoalmente os atos da vida civil os menores de 16 dezesseis) anos. I - (Revogado); II - (Revogado); III - (Revogado).

Art. 4º São incapazes, relativamente a certos atos ou à maneira de os exercer:

I - os maiores de dezesseis e menores de dezoito anos;

II - os ébrios habituais e os viciados em tóxico;

III - aqueles que, por causa transitória ou permanente, não puderem exprimir sua vontade;

IV - os pródigos.

Parágrafo único. A capacidade dos indígenas será regulada por legislação especial.

Código Civil, limitou a incapacidade absoluta aos menores de 16 (dezesseis) anos. A deficiência mental e o desenvolvimento mental incompleto deixaram de ser hipóteses de incapacidade relativa, como forma de inclusão social dos portadores de deficiências.

A capacidade de fato ou de exercício corresponde a uma aptidão *de exercício* de direitos e deveres regulados juridicamente. Esta acepção da capacidade é a que mais se aproxima da noção de competência, considerando que esta, em alguma medida, corresponde a uma aptidão para o exercício, pelo órgão jurisdicional, de comportamentos regulados pelo ordenamento.[109]

Perfeitamente compreensível, portanto, as definições de competência que tendem a aproximar seu conceito à noção de capacidade jurídica. Hans Kelsen, por exemplo, ao tratar do caráter vinculante dos comandos judiciais, refere-se à competência e à capacidade jurídica como sinônimos, afirmando que o ordenamento jurídico confere capacidade (ou competência) ao órgão jurisdicional, autorizando-o a emitir comandos vinculantes.[110]

Marcos Bernardes de Mello também aproxima os conceitos de competência e de capacidade de exercício, dando a entender que aquela é espécie desta. Para o autor, a competência seria a capacidade de exercício atribuída ao titular de função ou cargo públicos que o habilita a praticar atos jurídicos de exercício de poderes e atribuições inerentes ao cargo ou função pública[111].

Nesse sentido, a competência e a capacidade de exercício aproximam-se da ideia de *poder jurídico*. O poder remete à noção de autorização legal, que habilita o sujeito a fazer ou deixar de fazer algo. José Joaquim Gomes Canotilho, por exemplo, conceitua a competência como "*poder de acção e de actuação atribuído aos vários órgãos e agentes constitucionais com o fim de prosseguirem as tarefas de que são constitucional ou legalmente*

109 CUNHA, Leonardo Carneiro da. *Jurisdição e competência*, cit., p. 27.

110 Em suas palavras: "*A command is binding, not because the individual commanding has an actual superiority in power, but because he is "authorized" or "empowered" to issue commands of a binding nature. And he is "authorized" or "empowered" only if a normative order, which is presupposed to be binding, confers on him this capacity, the competence to issue binding commands.*" (KELSEN, Hans. *General theory of law and state*. 3. ed. Translated by Anders Wedberg. Harvard University Press, 1949, p. 31-32)

– Trad. livre: "um comando judicial é obrigatório, não porque o indivíduo que o emite tenha uma superioridade real no poder, mas porque ele é "autorizado" ou "empoderado" para impor um comando de natureza obrigatória. E ele é "autorizado" ou "empoderado" apenas se uma ordem normativa, que se pressupõe ser obrigatória, lhe confere essa capacidade, a competência para emitir comandos vinculantes."

111 MELLO, Marcos Bernardes de. *Teoria do fato jurídico:* plano da eficácia-1ª parte. São Paulo: Saraiva, 2003. p. 119.

incumbidos"[112]-[113]. Contudo, a capacidade de exercício e o poder jurídico não se confundem.

Conforme ressalta Leonardo Carneiro da Cunha, a capacidade de exercício pressupõe uma situação estática e passiva, ao passo em que o poder jurídico possui conteúdo ativo, já que consiste numa habilitação para alguém agir.[114] Segundo o autor, o poder é o desenvolvimento da capacidade de exercício. Enquanto esta constitui uma aptidão genérica, o poder jurídico é, justamente, o exercício, *in concreto,* dessa capacidade; o poder jurídico seria, então, a manifestação da capacidade de exercício.

Por isso, é possível *delegar* ou *transferir* poderes, isto é, habilitar um outro alguém para um fazer ou um agir decorrente da capacidade que possui o sujeito delegante. Nunca, porém, será possível delegar ou transferir a capacidade de exercício, porquanto, sendo ela uma aptidão genérica e estática, ela não varia em razão dos atos a serem praticados.

Concretamente, portanto, a capacidade de exercício manifesta-se sob a forma de um poder jurídico, este, sim, que poderá, eventualmente, ser delegado para outro sujeito, que se habilita para a prática do ato.

Essas aproximações de conceito entre competência e capacidade traz implicações relevantes. Caso se considere que a competência possui o mesmo conteúdo da capacidade, não será possível cogitar da possibilidade de delegação ou transferência da competência, uma vez que não é possível haver delegação da competência *in abstrato,* de modo a prescindir de uma situação ou circunstância específicas.

Essa constatação parece justificar a noção de exclusividade, como atributo característico da competência que tem permeado a dogmática tradicional, ao inadmitir a possibilidade de o órgão jurisdicional dispor sobre sua competência ou dela abdicar.

A competência, porém, não se confunde com a capacidade. Isso porque a competência, ao contrário da capacidade, pressupõe uma situação relacional, isto é, ela existirá sempre em função de algo ou de alguém, sendo,

112 CANOTILHO, José Joaquim Gomes. *Direito constitucional e teoria da constituição*. Lisboa: Almedina, 2002. p. 539.

113 Também identificando a competência como poder, Fredie Didier Jr., para quem "*a competência jurisdicional é o poder de exercer a jurisdição nos limites estabelecidos por lei.*" (DIDIER Jr., Fredie. *Curso de direito processual civil.* v. 1. Salvador: JusPodivm, 2016. p. 198.).

Igualmente, José Ramiro Podetti: "*Puede decirse entonces que la competencia es el poder jurisdicional que la Constituición o la ley, o los reglamentos o acordadas, atribuyen a cada fuero y a cada tribunal o juez.*" (PODETTI, J. Ramiro. *Tratado de la competencia*. Buenos Aires: Ediar, 1954. p. 289).

–Trad. livre: "Pode-se dizer então que a competência é o poder jurisdicional que a Constituição ou a lei, ou os regulamentos ou acordos, atribuem a cada foro e a cada tribunal ou juiz."

114 CUNHA, Leonardo Carneiro da. *Jurisdição e competência*, cit., p. 27.

portanto, uma aptidão específica. Já a capacidade, como se viu, é uma aptidão genérica, que não se altera em razão do ato a ser praticado ou do sujeito a quem incumbe praticá-lo.

A capacidade é um atributo que qualifica o sujeito para a prática de todos os atos da vida civil; é invariável diante de circunstâncias especiais. A competência, por sua vez, é relacional. Ela varia conforme os atos a serem praticados e os sujeitos a quem incumbe a prática do ato. Daí não ser suficiente o conceito de capacidade para definir a competência.

Ademais, a capacidade de exercício incide sobre pessoas ou sujeitos de direitos consistindo, portanto, uma situação jurídica subjetiva. A competência, por outro lado, caracteriza situação jurídica objetiva, uma vez que é de titularidade dos órgãos, e não das pessoas responsáveis pelo exercício das funções jurisdicionais[115].

Para elucidar a distinção entre capacidade e competência, tome-se como exemplo a competência da Justiça do Trabalho. Independente do objeto da demanda que lhes seja apresentada, os juízes trabalhistas possuem capacidade jurídica e de fato para a apreciação da controvérsia. Isto é, podem adquirir direitos (dentre os quais o de ser tratado com urbanidade[116]) e contrair deveres (como o dever de remeter os autos ao juízo competente[117], caso se trate de matéria alheia às elencadas no art. 114 da CF[118]), independentemente da assistência ou representação de um terceiro. Em verdade, qualquer magistrado legalmente investido teria capacidade para apreciar a controvérsia.

---

115 CUNHA, Leonardo Carneiro da. *Jurisdição e competência*, cit., p. 28 e 29.

116 Art. 44 do Código de Ética e Disciplina da Ordem dos Advogados do Brasil - Deve o advogado tratar o público, os colegas, as autoridades e os funcionários do Juízo com respeito, discrição e independência, exigindo igual tratamento e zelando pelas prerrogativas a que tem direito.

117 Art. 64, §3º do CPC: Caso a alegação de incompetência seja acolhida, os autos serão remetidos ao juízo competente.

118 Art. 114. Compete à Justiça do Trabalho processar e julgar:

I - as ações oriundas da relação de trabalho, abrangidos os entes de direito público externo e da administração pública direta e indireta da União, dos Estados, do Distrito Federal e dos Municípios;

II as ações que envolvam exercício do direito de greve;

III as ações sobre representação sindical, entre sindicatos, entre sindicatos e trabalhadores, e entre sindicatos e empregadores;

IV os mandados de segurança, habeas corpus e habeas data , quando o ato questionado envolver matéria sujeita à sua jurisdição;

V os conflitos de competência entre órgãos com jurisdição trabalhista, ressalvado o disposto no art. 102, I, o;

VI as ações de indenização por dano moral ou patrimonial, decorrentes da relação de trabalho;

VII as ações relativas às penalidades administrativas impostas aos empregadores pelos órgãos de fiscalização das relações de trabalho;

VIII a execução, de ofício, das contribuições sociais previstas no art. 195, I, a , e II, e seus acréscimos legais, decorrentes das sentenças que proferir;

IX outras controvérsias decorrentes da relação de trabalho, na forma da lei. [...]

Por outro lado, a depender do objeto, os órgãos da Justiça do Trabalho poderão não ter competência para conhecer da controvérsia. Tratando-se de matéria alheia ao disposto no art. 114 da CF/1988, a princípio, a situação relacional não se insere na competência dos órgãos da justiça trabalhista. Logo, ainda que os magistrados legalmente investidos de jurisdição sejam todos capazes, ao órgão jurisdicional poderá faltar competência.

1.7.2 Competência e legitimidade

A competência, conforme já restou acentuado, é relacional, variando conforme o objeto ou o sujeito a que se refere. Constitui, portanto, uma aptidão específica de determinado órgão jurisdicional para a prática de atos jurídicos, em virtude de uma função ou objeto próprio[119]. Daí se entender que o conteúdo da competência mais se aproxima da noção de legitimidade.

Diferentemente da capacidade, que corresponde a uma aptidão do sujeito para os atos jurídicos em geral, a legitimidade corresponde à uma aptidão subjetiva para a prática de atos jurídicos em relação a um objeto determinado ou a uma dada circunstância[120].

Donaldo Armelin conceitua a legitimidade "como a idoneidade do sujeito para a prática de determinado ato ou para suportar seus efeitos".[121] A legitimidade corresponde a uma qualidade do sujeito, e não a uma situação jurídica, que pode ser aferida por meio da "conjugação específica da situação do sujeito e da qualidade do objeto do ato jurídico em face do ordenamento jurídico."[122]

Disso resulta que a legitimidade pressupõe uma situação de pertinência, sendo variável em relação aos atos a serem praticados. É possível que um sujeito seja legítimo para a prática de determinado ato jurídico, e não o seja em relação a outro. Daí se dizer que a legitimidade é, essencialmente, transitiva; não possui o mesmo conteúdo da capacidade, que é ampla.[123]

Qualquer indivíduo maior de 18 anos – e não submetido a medidas de interdição – é capaz de contratar empréstimos, por exemplo. Possui capacidades jurídica e de fato. Contudo, carece-lhe a legitimidade para contrair empréstimos em nome de outrem. Sua legitimidade, portanto, não havendo prévia procuração, resume-se à contratação em seu próprio nome.

119 CUNHA, Leonardo Carneiro da. *Jurisdição e competência*, cit., p. 30.

120 CUNHA, Leonardo Carneiro da. *Jurisdição e competência*, cit., p. 32.

121 ARMELIN, Donaldo. *Legitimidade para agir no direito processual civil brasileiro*. São Paulo: Revista dos Tribunais, 1979, p. 13.

122 ARMELIN, Donaldo. *Legitimidade para agir no direito processual civil brasileiro*, cit., p. 12.

123 CUNHA, Leonardo Carneiro da. *Jurisdição e competência*, cit., p. 33.

Do mesmo modo, o proprietário tem a faculdade de usar, gozar e dispor da coisa (art. 1.228 do CC). A lei atribui a titularidade do direito, conferindo-lhe legitimidade. No entanto, aquele que não ostenta a condição de proprietário, não possui legitimidade para, por exemplo, alienar o bem (justamente por não ser titular do direito), muito embora tenha capacidade para os atos da vida civil.

A lei poderá "atribuir legitimação (legal e judicial) a quem não tem titularidade do direito ou do bem, podendo, por exemplo, quem não seja proprietário vender o bem, em razão da legitimação conferida pela lei"[124].

Igualmente, é possível que, por meio de um negócio jurídico (um mandato, por exemplo), o proprietário outorgue poderes ao terceiro, para que este venda o bem do proprietário. Nesse caso, o terceiro tornar-se-á legítimo para a prática daquele específico ato, em virtude da legitimação conferida pelo negócio jurídico.

Tais exemplos confirmam a impossibilidade de se confundir capacidade com legitimidade, pois há casos em que haverá capacidade, muito embora não exista legitimidade. A capacidade é sempre plena, não podendo ser limitada. Ou a pessoa é capaz, ou é incapaz. Poderá, contudo, a incapacidade ser suprida pela representação (nos casos dos absolutamente incapazes) ou pela assistência (nos casos dos relativamente incapazes) e, nesses casos, poderão os incapazes – devidamente representados ou assistidos – praticar todos os atos da vida civil, e não apenas alguns. No caso da legitimidade, esta é essencialmente limitada, pois depende da situação jurídica do sujeito em relação a um objeto[125].

Já é possível vislumbrar a correlação entre legitimidade e competência. Em verdade, a competência constitui uma espécie de legitimidade. A competência atribuída por uma norma jurídica constitui, a um só tempo, uma autorização para que os atos jurídicos sejam praticados pelo órgão jurisdicional e uma limitação, de modo que não são todos os atos que poderão ser praticados pelo órgão jurisdicional.[126]

Por isso, um mesmo órgão jurisdicional pode ser competente para uma demanda e não ser para outra, uma vez que extrapola a legitimidade (*rectius:* competência) conferida pela norma jurídica. A norma, ao dizer quando o órgão deverá atuar e em quais limites[127], fixa a competência do

124 Ibidem.

125 ARMELIN, Donaldo. *Legitimidade para agir no direito processual civil brasileiro*, cit., p. 16-17.

126 CUNHA, Leonardo Carneiro da. *Jurisdição e competência*, cit., p. 36.

127 Nesse sentido, "o órgão jurisdicional que detém competência é legítimo para atuar, podendo legitimamente e sem objeção exercitar a jurisdição." (CUNHA, Leonardo Carneiro da. *Jurisdição e Competência*, cit, p. 36-37).

órgão jurisdicional, atribuindo-lhe legitimidade para agir e conhecer de determinadas causas[128]. A competência constitui, enfim, a legitimidade do órgão jurisdicional para atuar diante de determinadas causas.

1.8 CONCLUSÃO PARCIAL

Viu-se, no presente capítulo que a competência é, tradicionalmente, definida como a medida, fração ou parcela da jurisdição. Todavia, tal definição da competência mostra-se equivocada, particularmente porque a jurisdição não é passível de ser dividida ou fracionada. Na verdade, o exercício da jurisdição pressupõe que haja uma distribuição racional entre os diversos órgãos jurisdicionais.

Para tanto, o legislador adota diferentes critérios para repartir a competência entre os órgãos jurisdicionais. Há os critérios objetivo, funcional e territorial. Esses critérios partem de uma concepção apriorística acerca da melhor forma de organizar e racionalizar o exercício jurisdicional.

Assim, a competência pode ser classificada em absoluta ou relativa, a depender dos interesses que se buscam proteger no processo. O entendimento é o de que a competência absoluta não pode ser alterada ou prorrogada, enquanto que a competência relativa é dispositiva, podendo ser modificada pela lei ou por convenção das partes.

Essa repartição da competência gravita em torno dos conceitos clássicos de jurisdição e competência. O sistema de competências foi construído numa abordagem exclusivista e hierarquizada, em que cada órgão jurisdicional exerce seu poder nos limites previamente determinados pela norma atributava da competência.

A competência, diferentemente da capacidade, é relacional. Constitui uma aptidão específica do órgão jurisdicional para a prática de atos jurídicos, que varia a depender do referencial adotado (função, território etc.). Por isso, identificamos a competência com a noção de *legitimidade*. A competência é a legitimidade de um órgão jurisdicional para atuar em relação a determinadas causas.

---

128 É o entendimento de Andrea Proto Pisani, para quem "*La competenza, sul piano della teoria generale di diritto, rientra nella nozione di legittimazione del giudice, intesa come individuazione dei requisiti (soggettivi ed oggettivi) necessari perché il giudice possa porre in essere provvedimenti giurisdizionali validi* (...)." (PISANI, Andrea Proto. *Lezioni di diritto processuale civile*. Napoli: Jovene editore, 2010. p. 265).

–Trad. livre: "A competência, sob o plano da teoria geral do direito, insere-se na noção de legitimação do juízo, compreendida como individuação dos requisitos (subjetivos e objetivos) necessários para que o juízo possa proferir provimentos jurisdicionais válidos."

A compreensão da competência como legitimidade é de suma importância para as questões que serão abordadas neste trabalho. Adianta-se que a identificação entre esses dois institutos permite concluir pela disponibilidade da competência.

Capítulo 2

O SISTEMA DE COMPETÊNCIAS NO PROCESSO CIVIL CONTEMPORÂNEO

2.1 A INSUFICIÊNCIA DA CONCEPÇÃO TRADICIONAL DE COMPETÊNCIA

Por ser um desdobramento da garantia do juiz natural, o sistema de competências foi sendo, tradicionalmente, moldado e caracterizado pela indisponibilidade, tipicidade, rigidez e exclusividade. A ideia é que, à lei cabe disciplinar, tipicamente, as competências dos órgãos jurisdicionais, distribuindo funções e, ao mesmo tempo, estabelecendo limites de atuação. Assim, numa visão tradicional, estar-se-ia racionalizando a prestação da justiça, de modo a garantir – a um só tempo – a preservação do juiz natural.

Todavia, quando cotejados com o ordenamento jurídico vigente, é possível verificar que esses atributos são, muitas vezes, mitigados e relativizados diante das circunstâncias do caso concreto, surgindo, assim, institutos e técnicas processuais que os infirmam.

É o caso da aplicação do sistema de nulidades processuais ao sistema de competências, que se perfectibiliza, por exemplo, na regra da *translatio iudicii* e na possibilidade de flexibilização da regra da *perpetuatio jurisdicionis*. Tais exemplos servem de alerta para a necessidade de ser pensado o sistema de competências sob uma nova abordagem.

O presente capítulo destina-se a tratar de algumas normas que infirmam as características tradicionais do sistema de competências, para, então, traçar o perfil do sistema de competências no processo civil contemporâneo.

2.1.1 Institutos que infirmam os atributos tradicionais da competência

2.1.1.1 A translatio iudicii (CPC, art.64, § 4º)

Conforme exposto, um dos critérios tradicionais para classificação da competência é o que divide a competência em absoluta e relativa, sendo distintas as consequências da decretação da incompetência no processo. Em alguns casos a decretação da incompetência ensejava a remessa dos autos ao juízo competente (conforme expressamente previa o art. 113, § 2º do CPC/1973) e, noutros casos mais específicos, determinava a extinção do processo sem resolução do mérito (a exemplo do que dispõe o art. 51, II, da Lei nº 9.099/1995).

Viu-se, também, que, ainda sob os auspícios do Código de Processo Civil revogado, já se entendia que o reconhecimento da incompetência não deveria ensejar a extinção do processo indevidamente instaurado perante o órgão incompetente, mas sim a remessa dos autos para o juízo competente, devendo-se preservar os efeitos substanciais e processuais dos atos praticados no juízo incompetente.[1]

O § 2º do art. 113, do CPC/1973 determinava que, uma vez reconhecida a incompetência absoluta, apenas os atos decisórios seriam anulados, remetendo-se os autos ao juízo competente. No Código revogado, portanto, os atos decisórios praticados no juízo incompetente eram invalidados, de modo que apenas os atos ordinatórios deveriam ser preservados. A interpretação conferida ao § 2º do art. 113 do CPC/1973 não vislumbrava, ali, uma regra de sanação do ato jurídico inválido.[2]

A despeito da clareza do texto normativo, a jurisprudência e parte da doutrina[3] já esboçavam uma tendência à flexibilização da rigidez do dispositivo, para, em alguns casos, admitir a conservação total dos atos praticados no juízo incompetente. No âmbito da jurisprudência do Superior Tribunal de Justiça, por exemplo, é possível encontrar precedentes isolados, no sentido de admitir o aproveitamento dos atos decisórios praticados no juízo incompetente, quando se tratasse de medidas urgentes[4] ou nas hipóteses de

---

1 GRECO, Leonardo. *Translatio iudicii* e a reassunção do processo. *Revista de processo,* nº 166, dez. 2008; CUNHA, Leonardo Carneiro da. A *translatio iudicii* no projeto do novo Código de Processo Civil brasileiro. *Revista de Processo*, v. 208, 2012. p. 257-263.

2 Especificamente quanto a esse ponto, esclarecia Pontes de Miranda, que "*o art. 113, § 2º, é regra jurídica da exclusão de nulidade, e não de sanação. Nenhuma outra regra jurídica dos arts. 243-250 precisou ser invocada, salvo para se saber, teoricamente, o que seria nulo por outro motivo. Não é regra jurídica de sanação. Apenas supõe a distinção entre atos decisórios e atos ordinatórios, para exprimir que a incompetência do juiz não afeta a esses, e afeta àqueles*". (MIRANDA, Francisco Cavalcanti Pontes de. *Comentários ao código de processo civil*. tomo 2 . Rio de Janeiro: Forense, 1973).

3 GRECO, Leonardo. *Translatio iudicii* e a reassunção do processo, *cit*.

4 Nesse sentido: "*O art. 113, § 2º, do CPC, não tem carga normativa suficiente para infirmar as razões alinhavadas pelo aresto recorrido, que reconheceu a incompetência absoluta do juízo, mas manteve o deferimento de liminar em face da urgência até manifestação do juiz competente (...). O dispositivo não trata, e também não impossibilita o juiz, ainda que absolutamente incompetente, de deferir medidas de urgência. A norma em destaque, por força dos princípios da economia processual, da instrumentalidade das formas e do aproveitamento dos atos processuais, somente determina que, reconhecendo-se a incompetência do juízo, os atos decisórios serão nulos, devendo ser aproveitado todo e qualquer ato de conteúdo não decisório, evitando-se com isso a necessidade de repetição.*"(STJ, REsp 1.273.068/ES, Rel.

incompetência relativa, quando, obviamente, não seria aplicável o § 2º do art. 113 do CPC.

A preservação dos atos praticados pelo juízo incompetente é regra que decorre da própria unidade da jurisdição[5] e da exigência constitucional da duração razoável do processo (art. 5.º, LXXVIII da CF/1988) e do aproveitamento dos atos processuais[6].

Relembre-se que a jurisdição é una, indivisível. Todos os juízes detêm jurisdição, isto é, possuem aptidão genérica (capacidade) para julgar as causas que lhes são submetidas. Acontece que, por uma questão de organização judiciária e distribuição ótima da prerrogativa jurisdicional, aos juízes são atribuídas distintas competências, que os legitimam para o processamento e julgamento de determinadas demandas.

Contudo, o sistema de competências não deve ser orquestrado para conter regras estanques, rígidas, compartimentadas e incompatíveis. Deve, antes de tudo, ser configurado para conter regras que tenham por função precípua racionalizar o exercício da jurisdição pelos juízes, garantindo eficiência na prestação jurisdicional.

Com efeito, a incompetência não subtrai do juiz a jurisdição que lhe é inerente. Dito de outro modo, é possível afirmar que, muito embora seja incompetente para julgar determinada causa, o juiz será, sempre, potencialmente apto a dela conhecer, sendo razoável admitir o aproveitamento dos atos processuais praticados pelo juízo incompetente (a repartição de competências é técnica que busca racionalizar o exercício da jurisdição, e nada mais irracional do que determinar a repetição, por outro órgão jurisdicional, de atos já praticados por autoridade igualmente investida de jurisdição, sobre os mesmos fatos e com os mesmos fundamentos).

A *translatio iudicii*[7] consiste, exatamente, na conservação dos atos praticados pelo juízo incompetente, sejam eles decisórios ou não decisórios, em

---

Ministro Castro Meira, 2ª Turma, j. 1º/9/2011, DJe 13/9/2011). Igualmente: AgRg no REsp 1.022.375/PR, Rel. Ministro Castro Meira, 2ª Turma, j. 28/6/2011, DJe 1º/7/2011.

5 Segundo esclarece Leonardo Greco, "a instalação de justiças especializadas ou de procedimentos mais céleres não pode criar na administração da justiça microssistemas herméticos e estanques. A unidade da jurisdição exige que todos os órgãos jurisdicionais operem no sentido de assegurar a máxima eficácia à tutela jurisdicional dos direitos, colaborando uns com os outros para que a jurisdição se exerça de forma legítima e com o maior proveito possível para os jurisdicionados." (GRECO, Leonardo. *Translatio iudicii* e a reassunção do processo, cit.).

6 CUNHA, Leonardo Carneiro da. A *translatio iudicii* no projeto do novo Código de Processo Civil brasileiro. *cit*. p. 262.

7 O Código de Processo Civil italiano, mais especificamente no art. 50, dispõe acerca do instituto da "reassunção da causa" (*riassunzione dela causa*), prevendo, assim, que a declaração da incompetência determina a remessa do processo ao juízo competente, onde lá deverá continuar. A despeito de não constar, expressamente, do texto a previsão do aproveitamento dos atos praticados pelo juízo incompetente, a doutrina e os tribunais italianos são firmes ao admitir a preservação dos atos

virtude do reconhecimento da incompetência do juízo. Por meio da *translatio*, há o aproveitamento total dos atos praticados no juízo incompetente. Tal possibilidade atende às diretrizes de eficiência processual e da garantia do acesso à justiça, viabilizando, assim, a adequada prestação jurisdicional.

A *translatio iudicii* fundamenta o aproveitamento dos atos processuais e a preservação dos efeitos materiais e processuais da demanda[8]. Serve de elemento de estabilização do processo, de forma a evitar a submissão das partes à inócua repetição de atos válidos, atentatória ao devido processo legal.

O art. 219 do CPC/1973 determinava que a citação válida tornava prevento o juiz, induzia a litispendência e fazia litigiosa a coisa, e, ainda quando ordenada por juiz incompetente, constituía o devedor em mora e interrompia a prescrição. Quando ainda tramitava o Projeto do atual CPC, Leonardo Carneiro da Cunha[9] alertava que, por coerência e unidade sistêmica, em face da adoção da *translatio iudicii*, todos os efeitos da citação válida deveriam ser produzidos, ainda que determinada por juízo absolutamente incompente. O CPC promulgado passou a prever que a "citação válida, ainda quando ordenada por juízo incompetente, induz litispendência, torna litigiosa a coisa e constitui em mora o devedor" (CPC, art. 240). A exceção fica por conta da interrupção da prescrição, que se dá com o despacho citatório, ainda que ordenado por juiz incompetente.

O Código de Processo Civil consolida o instituto da *translatio iudicii* no processo civil contemporâneo, ao consagrar em seu bojo uma verdadeira *regra de preservação da validade dos atos processuais praticados no juízo incompetente.*[10] Trata-se da norma inserta no §4º do art. 64 do CPC[11], reforçada em diversos dispositivos do Código, que, expressamente, determinam a conservação dos efeitos da decisão proferida no juízo incompetente pelo órgão competente.

A partir da leitura do §4º do art. 64 do CPC, extrai-se que, uma vez reconhecida a incompetência, os atos praticados no juízo incompetente,

---

praticados perante o juízo incompetente. Na doutrina italiana: ASPRELLA, Cristina. *La translatio iudicii*. transferimento del giudizio nel nuovo processo civile (l. n. 69/2009). Milano: Giuffrè, 2010. CONSOLO, De Cristofaro. Evoluzioni processuali tra translatio iudicii e riduzione della proliferazione dei riti e dei ritualismi. *Corriere giuridico*, n. 6, 2007, p.745-750. Na jurisprudência: Corte di Cassazione 23 maggio 2007 n. 4109.

8 CUNHA, Leonardo Carneiro da. A *translatio iudicii* no projeto do novo Código de Processo Civil brasileiro. *cit*, p. 262.

9 Idem, p. 263.

10 SCHENK, Leonardo Faria. Comentários aos arts. 64-69 do CPC. *In* WAMBIER, Teresa Arruda Alvim; DIDIER JR., Fredie; TALAMINI, Eduardo.; e DANTAS, Bruno. *Breves comentários ao novo código de processo civil.* São Paulo: Revista dos Tribunais, 2016. p. 265.

11 Art. 64, § 4º: *"salvo decisão judicial em sentido contrário, conservar-se-ão os efeitos de decisão proferida pelo juízo incompetente até que outra seja proferida, se for o caso, pelo juízo competente".*

independentemente da natureza que ostentam (se decisórios ou não decisórios), deverão ser preservados, projetando seus efeitos substanciais e processuais no juízo competente. A título de exemplo, podem-se citar os efeitos decorrentes: (i) da citação válida realizada no juízo incompetente (art. 240, *caput,* do CPC); (ii) do despacho citatório proferido pelo juiz incompetente (CPC, art. 240, §1º, do CPC); (iii) das preclusões reconhecidas pelo juízo incompetente; (iv) das faculdades processuais decorrentes do ato inválido; (v) da concessão da tutela provisória de urgência no juízo incompetente etc.

A *translatio iudicii* é extraída dos princípios da duração razoável do processo, da eficiência e do aproveitamento dos atos processuais. Como o reconhecimento de qualquer espécie de incompetência não provoca mais a invalidação automática dos atos decisórios, por coerência e unidade, todos os efeitos substanciais e processuais da demanda devem ser aproveitados. Assim, a citação valida, mesmo quando ordenada por juízo absolutamente incompetente, deve produzir todos os seus efeitos[12].

O art. 240 do CPC determina que a citação válida, ainda quando ordenada por juízo incompetente, induz litispendência, torna litigiosa a coisa e constitui em mora o devedor. O §1º do mesmo artigo assevera que o despacho citatório, *ainda que proferido por juízo incompetente*, interrompe a prescrição, retroagindo seus efeitos à data da propositura da ação.

Os efeitos previstos naquele mesmo art. 240 do CPC são produzidos para o réu. Para o autor, a litispendência e a litigiosidade da coisa são determinadas já pela propositura da demanda, seja proposta perante o juízo competente ou não. Como consequência, proposta a ação, ao autor é vedado repropor demanda idêntica perante o mesmo ou outro juízo[13]. Por outro lado, enquanto não validamente citado, o réu pode formular demanda idêntica.

Além dos efeitos expressos no aludido art. 240 do CPC, a citação válida possui o efeito de estabilização da demanda[14]. Até a citação do réu, é possível a alteração ou aditamento do pedido ou da causa de pedir unilateralmente pelo autor. Após a citação, e até o saneamento do processo, o aditamento ou alteração dependem da concordância do réu. Saneado o processo, nem mesmo com a anuência do réu será possível a alteração, configurando-se a estabilização definitiva da demanda.

Para além dos exemplos citados, o Código prevê, inclusive, que haverá o aproveitamento dos efeitos do ato inválido no âmbito do tribunal. Há regra expressa acerca do aproveitamento dos efeitos advindos do reconhe-

---

12 CUNHA, Leonardo Carneiro da. *Comentários ao Código de Processo Civil: artigos 188 ao 293*. São Paulo: Revista dos Tribunais, 2016, p. 193.

13 Idem, p. 196.

14 Idem, p. 201.

cimento da incompetência do tribunal para julgar a ação rescisória. Os §§ 5º e 6º do seu art. 968, especificamente, dispõem que, diante da decretação da incompetência do tribunal para julgar a ação rescisória, poderá o autor emendar a inicial, bem como o réu complementar sua defesa, para que, só então, sejam os autos remetidos ao tribunal competente.

Tudo está a demonstrar que a consolidação da *translatio iudicii* pelo Código de Processo Civil *flexibiliza* o sistema de competências ao permitir o aproveitamento ótimo de todos os atos processuais e substanciais praticados no processo, aí incluídos aqueles praticados no juízo incompetente.

2.1.1.2 A flexibilização da perpetuatio jurisdicionis

2.1.1.2.1 O conteúdo da regra

O art. 43 do CPC prevê a regra da *perpetuatio jurisdictionis.* Estabelece que, uma vez fixada a competência (que se dá pelo registro ou pela distribuição da petição inicial), serão irrelevantes as modificações de fato ou de direito supervenientes, que não terão o condão de modificar a competência inicialmente determinada. Excepciona, contudo, a supressão de órgãos judiciários ou alteração da competência absoluta, casos nos quais será possível a remessa dos autos.

A *perpetuatio jurisdictionis* prevê uma *perpetuação, preservação, estabilização* da competência fixada, que, via de regra, deverá prevalecer durante todo o trâmite processual. Portanto, a princípio, a competência determinada pelo registro ou distribuição da demanda permanece imutável ante as modificações de fato e de direito supervenientes.

Leonardo Carneiro da Cunha aponta como fundamentos da regra da perpetuação da competência a garantia do juiz natural e os princípios da economia processual, da duração razoável do processo e da segurança jurídica. Por meio da *perpetuatio*, impede-se que o processo em curso seja atingido pelas alterações de fato e de direito supervenientes, de modo a evitar a alteração indevida da competência com a transferência *antieconômica* do processo para outro juízo[15].

Nesse sentido, vale a lição de Chiovenda, para quem a regra da *perpetuatio jurisdictionis* visa a evitar os graves danos que os litigantes sofreriam caso a mudança superveniente das circunstâncias que determinaram a competência ensejasse a exclusão da competência do juiz perante o qual a causa foi proposta[16].

---

15 CUNHA, Leonardo Carneiro da. *Jurisdição e competência*, cit, p. 259-260.

16 CHIOVENDA, Giuseppe. Sulla "perpetuation iurisdictionis". In: *Saggi di diritto processuale civile*, I, Roma, 1930, p. 286.

Há de se ressaltar que a regra da *perpetuatio jurisdictionis* encerra uma verdadeira regra de direito intertemporal[17], ao impedir que mudanças supervenientes no estado de direito alcancem os processos em curso. A regra da *perpetuatio* veda a retroatividade da lei posterior.

Com a propositura da demanda, opera-se a *perpetuatio*, imutabilizando os critérios definidores da competência, que não se modificam caso haja alteração da competência por norma superveniente.[18]

A regra da *perpetuatio jurisdictionis*, no entanto, não é absoluta. Há exceções.

O art. 87 do CPC/1973 já excepcionava a supressão de órgão judiciário e a *alteração da competência em razão da matéria ou da hierarquia* como fatores aptos a modificar a competência inicialmente fixada. Ainda sob a vigência do Código revogado, a doutrina e a jurisprudência interpretavam o texto normativo para abranger *todas as situações em que houver alteração da competência absoluta,* como exceção à *perpetuatio.*[19]

O CPC/2015 absorveu tal entendimento, prevendo, em seu art. 43, parte final, as situações de fato capazes de modificar a competência inicialmente fixada, excepcionando a *perpetuatio*, quais sejam, *i)* a supressão de órgão jurisdicional e *ii)* a alteração da competência absoluta. Logo, havendo modificação posterior dos critérios de competência absoluta (material, *ratione persona*, funcional etc.) não haverá a estabilização da competência fixada pela propositura da demanda. A *perpetuatio jurisdictionis,* nesses casos, não opera.

Além das exceções legais, a 2ª Seção do Superior Tribunal de Justiça, ainda à época do CPC/1973, também relativizava a regra da perpetuação da competência nos processos que contemplassem interesses de incapaz[20]. E o fundamento para essa relativização era que a regra deveria ceder lugar à

---

17 CUNHA, Leonardo Carneiro da. *Direito intertemporal e o novo código de processo civil.* Rio de Janeiro: Forense, 2016. p. 35-37. CUNHA, Leonardo Carneiro da. *Jurisdição e competência*, cit, p. 256-257.

18 Em sentido contrário, entendendo que a lei superveniente que altera a competência deve incidir imediatamente, Pontes de Miranda afirma: "as mudanças legislativas têm os efeitos que lhes dá a lei nova, porque a regra jurídica do art. 87 [corresponde ao art. 43 do CPC-2015] não é regra de direito intertemporal do processo que tivesse de ser protegida pelo princípio da irretroeficácia das leis." (MIRANDA, Francisco Cavalcanti Pontes de. *Comentários ao código de processo civil.* Tomo 2. Rio de Janeiro: Forense, 1973. p. 164-165).

19 VIANA, Salomão. Comentário ao art. 43. *In*. WAMBIER, Teresa Arruda Alvim; DIDIER JR., Fredie; TALAMINI, Eduardo; DANTAS, Bruno. *Breves comentários ao Código de Processo Civil.* São Paulo: Revista dos Tribunais, 2ª ed., 2016, p. 181.

20 Nesse sentido: CC 102.849/CE, Rel. Min. Fernando Gonçalves, 2ª Seção, DJe de 3/6/2009; CC 111.130/SC, Rel. Min. Nancy Andrighi, 2ª Seção, DJe de 1º/2/2011; CC 109.840/PE, Rel. Min. Nancy Andrighi, 2ª Seção, j. 9/2/2011, DJe de 16/2/2011; CC 134.471/PB, Rel. Min. Raúl Araújo, 2ª Seção, j. 27/5/2015, DJe 3/8/2015.

"*solução que oferece tutela jurisdicional mais ágil, eficaz e segura ao infante, permitindo, desse modo, a modificação da competência no curso do processo.*"[21]

Sob a égide do atual CPC, as exceções à regra da *perpetuatio* se ampliam, não decorrendo, necessariamente, da aplicação do seu art. 43. Essas exceções permitem uma maior flexibilização na aplicação da regra da perpetuação da competência no processo. Adiante serão elencados alguns exemplos, que servem, tão-somente, para corroborar com o que ora se afirma.

2.1.1.2.2. Criação de varas especializadas

A criação de varas especializadas por normas administrativas é uma tendência observada nos últimos anos. O fenômeno também é observado no rearranjo das funções dos órgãos fracionários de tribunais, com a organização em turmas e câmaras especializadas. Os instrumentos variam entre portarias, resoluções e alterações do regimento interno[22].

O Supremo Tribunal Federal[23] e o Superior Tribunal de Justiça[24] têm entendido pela dispensa da reserva de lei para definição das normas de competência, admitindo seu estabelecimento por norma administrativa. A criação de órgãos e a atribuição de competência por norma infralegal, com a definição dos critérios de especialização, buscam conferir eficiência à prestação jurisdicional[25].

Elaine Mak afirma que o ímpeto de especialização da atividade jurisdicional "é a crença de que a condução concentrada de casos similares ressaltará a qualidade e a celeridade das decisões"[26]. A especialização, portanto, aparece como uma solução para aprimorar a celeridade no processo de decisão e o nível de *expertise* que demanda a condução de casos complexos.

Além de admitir a atribuição de competência e a criação de órgãos por normas administrativas, os Tribunais Superiores também vêm admitindo a modificação da competência de processos em curso, o que caracteriza uma demonstração clara da *corrosão das premissas clássicas do juiz natural.* A criação de varas especializadas permite a redistribuição de processos já iniciados como forma de equalizar os trabalhos dos órgãos jurisdicionais[27].

---

21 STJ, CC 111.130/SC, Rel. Min. Nancy Andrighi, 2ª Seção, DJe de 1º/2/2011.

22 CABRAL, Antonio do Passo. *Juiz natural e eficiência processual*, cit., p. 229 e 230.

23 STF, HC 91509/RN, Relator Ministro Eros Grau, j. 27.10.2009.

24 STJ, RHC 29078/GO, Relator Ministro Jorge Mussi, j. 25.06.2013.

25 CABRAL, Antonio do Passo. *Juiz natural e eficiência processual*, cit., p. 230.

26 MAK, Elaine. Balancing territoriality and functionality, cit, p. 3.

27 CABRAL, Antonio do Passo. *Juiz natural e eficiência processual*, cit., p. 230 e 231.

Deve-se esclarecer que a hipótese de criação de varas especializadas não se subsome, necessariamente, às exceções do art. 43 do CPC.[28] Não são imprescindíveis a supressão de órgão jurisdicional ou a alteração da competência absoluta *ratione materiae*. É possível a criação de uma vara especializada sem suprimir uma vara anteriormente competente. Ademais, é possível que já existam varas que detêm competência especializada da nova vara, pelo que não haveria modificação de competência, e sim repartição de trabalho com mais uma vara especializada.[29]

Tome-se como exemplo a criação de uma hipotética 2ª Vara da Fazenda Pública, numa comarca na qual já exista a 1ª Vara da Fazenda Pública, sobrecarregada com a quantidade de processos. Não há, no caso, supressão de órgão judiciário, nem, tampouco, alteração da competência das varas da fazenda pública. A remessa de processos da 1ª Vara para a 2ª Vara, na espécie, configuraria exceção à *perpetuatio jurisdictionis* não prevista no art. 43 do CPC, uma vez que não houve supressão de órgão judiciário nem alteração da competência absoluta, que continua sendo das varas da fazenda pública.

São os tribunais os órgãos mais capacitados para identificar a sobrecarga de processos em determinadas varas, na atividade de gerenciamento processual. Assim, prestigiar as opções discricionárias dos órgãos da administração judiciária, longe de violar os princípios da duração razoável do processo e do juiz natural, potencializa a eficiência processual.

2.1.1.2.3. Reunião de processos para julgamento conjunto

A primeira exceção à *perpetuatio* é a hipótese de reunião de processos, para julgamento conjunto, haja ou não conexão entre eles. Os §§ 2º e 3º do art. 55 do CPC determinam que os processos serão reunidos para julgamento conjunto[30], quando as ações forem conexas ou quando, a despeito da inexistência de conexão, houver o risco de prolação de decisões conflitantes ou contraditórias caso os processos sejam decididos separadamente.

A regra da *perpetuatio* sofre, assim, a influência das regras modificadoras de competência. Em virtude da conexão e da afinidade dos processos, com probabilidade de haver decisões conflitantes, será possível a reunião

28 Art. 43 do CPC: Determina-se a competência no momento do registro ou da distribuição da petição inicial, sendo irrelevantes as modificações do estado de fato ou de direito ocorridas posteriormente, salvo quando suprimirem órgão judiciário ou alterarem a competência absoluta.

29 CABRAL, Antonio do Passo. *Juiz natural e eficiência processual*, cit., p. 231.

30 Entendemos, todavia, que, na hipótese de processos afins (não conexos), a regra do CPC não impõe, necessariamente, um dever de reunião dos processos, mas sim uma faculdade. É que, a depender do caso, a reunião dos processos afins pode não se mostrar eficiente, como na hipótese de um processo estar mais avançado que o outro, muito embora ambos estejam numa mesma fase processual. A reunião dos processos, nesse caso, poderia ocasionar um retardo para aquele processo que está mais avançado ou prestes a ser decidido.

das demandas no juízo prevento, modificando, assim, a competência anteriormente fixada.

Um exemplo para ficar mais claro. Imagine que A ajuíza uma ação em face de B, em que um dos pedidos é o reconhecimento da sucessão empresarial de C por B (Processo 1). Por sua vez, D promove uma ação em face de B, também pleiteando o reconhecimento da sucessão empresarial de C por B (Processo 2). Imagine, ainda, que ambos os processos estão na fase de conhecimento. Evidentemente que há conexão pelo pedido entre os processos 1 e 2, havendo, inclusive, o risco de serem prolatadas decisões conflitantes. É possível que o julgador do Processo 1 entenda pela configuração da sucessão empresarial, podendo o juiz do Processo 2 não constatar a ocorrência da sucessão.

O mesmo se dá com as ações afins não conexas, cujo processamento separado pode resultar em decisões conflitantes ou contraditórias. Suponha-se, no mesmo cenário hipotético dado acima, que E pleiteasse a incorporação de B por F, antes da sucessão de C por B, pleiteada por A e D. Assim, se as ações tramitarem de maneira independente, há risco da prolação de decisões conflitantes, uma vez que, configurada a incorporação de B por F, a primeira deixa de existir, não sendo possível a sucessão de C por B. Assim, ainda que as causas de pedir e pedido sejam distintos, as ações deverão ser reunidas para julgamento conjunto, em face da afinidade.

Tratando-se de demandas conexas, determina o art. 58 do CPC que a reunião dos processos ocorra no juízo prevento, a quem caberá decidir as causas conjuntamente. A prevenção, por sua vez, é verificada pelo registro ou distribuição da petição inicial (CPC, art. 59). Desse modo, a primeira demanda conexa que tiver seu processo distribuído para um juízo, este órgão se tornará prevento.

Conforme foi visto, o registro ou a distribuição da demanda fixa a competência, ensejando a configuração da *perpetuatio jurisdictionis*, de modo a impedir que modificações posteriores no estado de fato ou de direito alterem a competência inicialmente determinada. Todavia, a reunião de processos para julgamento conjunto, sem dúvidas, repercute na competência inicialmente fixada, já que o juízo que era competente quando da propositura da ação, deixará de sê-lo.

Em suma, sendo as ações conexas ou não, a *perpetuatio jurisdictionis* cede diante da reunião de processos para julgamento conjunto.

2.1.1.2.4. A previsão do art. 516, parágrafo único do CPC

O art. 516 do CPC cuida da competência para processamento e julgamento do cumprimento de sentença. O dispositivo prevê que o cumprimento de sentença far-se-á perante: I - os tribunais, nas causas de sua competência originária; II – o juízo que decidiu a causa no primeiro grau de jurisdição e III – o juízo cível competente quando se tratar de sentença penal condenatória, de sentença arbitral, de sentença estrangeira ou de acórdão proferido pelo Tribunal Marítimo.

Destaca-se, contudo, a disposição contida no parágrafo único do mencionado art. 516. É que o dispositivo faculta ao exequente, nas hipóteses dos seus incisos II e III, a opção de promover o cumprimento de sentença no juízo do atual domicílio do executado, no local onde se encontrem os bens sujeitos à execução ou no local onde deva ser executada a obrigação de fazer ou de não fazer, casos em que a remessa dos autos do processo será solicitada ao juízo de origem.

Ou seja, a critério do exequente, o cumprimento de sentença poderá ser promovido em foro diverso daquele onde tramitou o processo durante a fase de conhecimento. Essa faculdade do exequente, tal como prevista no parágrafo único do art. 516 do CPC, excepciona a regra da perpetuação da competência[31]. Permite, em suma, que haja a modificação da competência legalmente atribuída por critério de conveniência do exequente, mitigando – por conseguinte – a regra do art. 43 do CPC.

2.1.1.3 As disposições sobre a competência

2.1.1.3.1 A regra Kompetenz-Kompetenz

A regra *Kompetenz-Kompetenz* estabelece, genericamente, que o julgador detém a competência para decidir sobre sua própria competência. Em outros termos, essa regra confere a cada órgão jurisdicional a competência para decidir sua própria competência[32].

Há, assim, uma *autoavaliação* da competência pelo próprio órgão jurisdicional, que possui, ao menos, competência primária para decidir sobre sua própria competência, ainda que seja incompetente para julgar o mérito da causa.[33]

31 No mesmo sentido, porém se referindo ao art. 475-P, II, e parágrafo único do CPC/1973: NEVES, Daniel Amorim Assumpção. Competência jurisdicional para o cumprimento da sentença. *in* NEVES, Daniel Amorim Assumpção. (Coord.). *Reforma do CPC*: leis 11.187/2005, 11.232/2005, 11.276/2006, 11.277/2006 e 11.280/2006. São Paulo: Revista dos tribunais, p. 275-277; DIDIER JR., Fredie. *Competência para execução de título executivo judicial*. Disponível em: http://www.frediedidier.com.br/wp-content/uploads/2012/02/competencia-para-a-execucao-de-titulo-executivo-judicial.pdf Data de acesso: 10/10/2018. Em sentido contrário, entendendo que o dispositivo não consiste em exceção à *perpetuatio*, resultando, em verdade, na criação de uma competência concorrente: CUNHA, Leonardo Carneiro da. Jurisdição e competência, cit. p. 331-332.

32 DIDER JR., Fredie. *Curso de direito processual civil*. v.1. Salvador: JusPodivm, 2016, p. 208.

33 HARTMANN, Guilherme Kronemberg. *Controle da competência adequada no processo civil*. Tese (Doutorado) – Universidade do Estado do Rio de Janeiro, Rio de Janeiro, 2018, 52.

Isso significa que, em qualquer caso, seja o juízo absoluta ou relativamente incompetente, caberá a ele, ao menos, resolver eventuais questões a respeito de sua competência, que poderá se dar *ex officio* ou por provocação das partes, conforme o caso[34]. Exatamente porque cada órgão jurisdicional detém uma competência mínima, que é decidir sobre a própria competência.

O fato de a competência ser aprioristicamente atribuída pelo ordenamento não impossibilita o juiz de pronunciar-se sobre sua própria competência diante do caso concreto, podendo dela dispor. É o que defendemos no presente trabalho.

2.1.1.3.2 Forum shopping. A teoria do forum non conveniens. O princípio da competência adequada

Em alguns casos de competência concorrente – seja nacional ou internacional –, isto é, em que há mais de um foro ou jurisdição, em tese, competentes para processar e julgar determinada causa, ao autor cumpre escolher, dentre os foros ou jurisdições concorrentes, aquele perante o qual será ajuizada a ação.

No Código de Processo Civil brasileiro, seria possível citar a opção do autor pelo foro do domicílio do réu ou pelo foro de eleição em vez do foro da situação da coisa, quando se tratar de ação fundada em direito real sobre imóveis, se o litígio não recair sobre direito de propriedade, vizinhança, servidão, divisão e demarcação de terras e de nunciação de obra nova (CPC, art. 47, § 1º); nas ações de reparação de dano sofrido em virtude de acidente de veículos, a escolha entre o foro do domicílio do autor ou do local do fato (CPC, art. 53, V), e, ainda, a escolha do foro competente para o cumprimento de sentença, conforme previsão do parágrafo único do seu art. 516.

Em todos esses casos, a escolha do foro competente constitui direito potestativo[35] do autor, cujo exercício denomina-se *forum shopping*. O *forum shopping* nada mais é do que a escolha de um foro em detrimento de outro potencialmente competente[36], podendo essa escolha se dar em nível nacional (quando o autor opta entre dois ou mais foros dentro de um mesmo sistema jurídico) ou em nível internacional (quando a opção é entre foros de sistemas jurídicos de diferentes países).

---

34 DINAMARCO, Cândido Rangel. *Instituições de direito processual civil*. v. 1. São Paulo: Malheiros, 2016, p. 630.

35 BRAGA, Paula Sarno. Competência adequada. *Revista de Processo*. São Paulo: Revista dos Tribunais, n. 219, 2013, p. 13-41.

36 JUENGER, Friedrich K. *Forum Shopping, domestic and international*, 63 Tulane Law Review 553 (1988-1989). Disponível em: https://heinonline.org/HOL/LandingPage?collection=journals&handle=hein.journals/tulr63&div=25&id=&page Data de acesso: 11/10/2018.

Sendo um direito potestativo, muitas vezes a escolha do foro competente será guiada por critérios de conveniência e interesse do litigante, que irá postular perante o foro que lhe seja mais favorável, ao menos em tese.

Disso resulta que o *forum shopping* depende de duas condições: (i) que existam foros concorrentes e (ii) que os foros tenham sistemas jurídicos heterogêneos; guardem peculiaridades distintas, para que surja o interesse dos litigantes de optar por um foro em detrimento do outro[37]-[38]. Isso quer dizer que, quanto maior for a expectativa do litigante de que determinado foro decidirá ao seu favor, maior será a probabilidade de ser promovida a ação perante aquele fórum[39].

O *forum shopping* privilegia a autonomia da vontade das partes. Revela, também, uma postura estratégica do litigante, que, não raramente, pode configurar um abuso de direito, quando a opção pelo foro competente, no caso concreto, mostrar-se contrária à boa-fé. É o que acontece quando o exercício desse direito potestativo opera com a finalidade de, tão-somente, prejudicar o adversário, dificultando-lhe a defesa.

Como forma de conter o exercício abusivo do *forum shopping* no contexto do direito internacional, surgiu, na Escócia, no ano de 1860, aproximadamente[40], a teoria do *forum non conveniens* (foro não conveniente). Por meio dessa teoria, reconheceu-se o poder das Cortes escocesas para, discricionariamente, renunciar a sua "jurisdição" quando a medida mostrar-se ser do melhor interesse das partes e de acordo com os fins da justiça[41].

A teoria do *forum non conveniens*, portanto, reconhece o poder do órgão jurisdicional para, a seu critério, dispor de sua competência, podendo declína-la em prol do foro que detém a competência concorrente. Entende-se

---

37 WHYTOCK, Christopher A. *The evolving forum shopping system*. Forthcoming, Cornell Law Review, v. 96 (2010-2011) p. 486.

38 Rigorosamente, no *common law*, "Forum shopping entails the bringing of the same or a substantially similar action in two different jurisdictions where the methods of resolving the actions are not the same. However, where the methods of handling a matter in the two jurisdictions are the same, the courts usually find no forum shopping." (Trad. Livre: *Forum shopping* designa a propositura de uma mesma ação, ou uma ação substancialmente semelhante, em dois foros distintos, nos quais os métodos para resolução do litígio são diferentes. Contudo, quando os meios de resolução do conflito em questão são os mesmos em ambos os foros, não há fórum shopping.") MALOY, Richard. *Forum shopping? What's wrong with that?* 24 QLR 25 (2005-2006). Disponível em: https://heinonline.org/HOL/LandingPage?handle=hein.journals/qlr24&div=10&id=&page Data de acesso: 10/10/2018.

39 WHYTOCK, Christopher A. Ob. Cit. p. 487.

40 ARZANDEH, Ardavan. The origins of the Scottish forum non conveniens doctrine. *Journal of Private International Law*, v. 13, n. 1, 2017, p. 130-151.

41 ARZANDEH, Ardavan. The origins of the Scottish forum non conveniens doctrine, cit, p. 131.

que o juiz tem tanto poder para declinar de sua competência, quanto detém para julgar o mérito da causa[42].

A finalidade dessa construção jurisprudencial é justamente possibilitar o controle da competência quando o foro escolhido pelo litigante mostrar-se inconveniente, inadequado ou prejudicial a uma das partes, quando, então, o órgão jurisdicional determinará o foro adequado.[43] Para tanto, deve-se demonstrar que os interesses envolvidos no processo (sejam eles de natureza pública ou privada) revelam que o processo será mais eficiente e adequado se processado no foro concorrente.

A noção do foro não conveniente foi bastante difundida nos países do *common law*[44], o que não implica afirmar ser a doutrina do *forum non conveniens* incompatível com o sistema do *civil law.*

Ronald Brand explica que, nos países de jurisdição do *civil law,* como é o caso do Brasil, a doutrina do *forum non conveniens* não teria se desenvolvido como instrumento de contenção do *forum shopping,* porque, na maioria desses países, busca-se evitar, ao máximo, os litígios paralelos, por meio da previsão, em seus sistemas jurídicos, do instituto da litispendência (*lis alibi pendens*)[45]. A prevenção da litispendência serve, nos sistemas do *civil law*, de remédio *anti-forum shopping.*

Em contrapartida, um dos fatores que justificam a aplicação do *forum non conveniens,* nos países do *common law*, é, justamente, a possibilidade de haver litígios paralelos[46], naqueles sistemas, ensejando, assim, "uma corrida para o julgamento, com um foro sendo, mais-ou-menos, obrigado

---

42 REUS, Alexander. *Judicial discretion*: a comparative view of the doctrine of forum non conveniens in the United States, the United Kingdom and Germany, 16 Loy. L. A. Int'l & Comp. L. Rev. 455 (1994). Disponível em: http://digitalcommons.lmu.edu/ilr/vol16/iss2/10 Data de acesso: 11/10/2018.

43 Nesse sentido: "The principle of forum non conveniens is simply that a court may resist imposition upon its jurisdiction even when jurisdiction is authorized by the letter of a general venue statute. These statutes are drawn with a necessary generality and usually give a plaintiff a choice of courts, so that he may be quite sure of some place in which to pursue his remedy. But the open door may admit those who seek not simply justice but perhaps justice blended with some harassment. A plaintiff sometimes is under temptation to resort to a strategy of forcing the trial at a most inconvenient place for an adversary, even at some inconvenience to himself." (FRIEDENTHAL, Jack H. MILLER, Arthur R., SEXTON, John E. HERSHKOFF, Helen. *Civil Procedure – cases and materials*. 11th edition. West Academic Publishing, 2013. p. 383.)

44 VERHEUL, J. P. The forum (non) conveniens in English and Dutch Law and under some international conventions. *The International and Comparative Law Quarterly*, v. 35, n. 2 (1986), p.413-423.

45 BRAND, Ronald A. *Challenges to forum non conveniens*. Legal studies research paper series (July, 2013). University of Pittsburg. Disponível em: http://ssrn.com/abstract=2288697 Data de acesso: 11/10/2018.p. 1008.7

46 BRAND, Ronald A. *Challenges to forum non conveniens*, cit, 1008.

a reconhecer e a executar a decisão que já foi proferida e, assim, encerrar todos os outros litígios"[47].

Ronald Brand e Scott Jablonski afirmam que seria inconsistente com os ordenamentos inspirados no *civil law* admitir a aplicação de uma doutrina que autoriza o juízo a, discricionariamente, declinar ou não sua competência[48], uma vez que os sistemas jurídicos de tradição romano-germânica, buscam conter a litispendência. Esses sistemas normativos foram construídos com vistas a reduzir, o tanto quanto possível, o poder discricionário do juiz[49].

A teoria do *forum non conveniens* – desenvolvida nos países do *common law* –favorece o exame equitativo, pelos órgãos jurisdicionais, sobre as regras eficientes para elucidação do litígio, conferindo-lhes discricionariedade para determinarem, conforme o caso concreto, o foro competente para julgar o conflito. Por outro lado, no sistema do *civil law*, é o próprio ordenamento jurídico que, previamente, fixa a regra do foro competente - considerada abstratamente mais eficiente para resolução do conflito –, evitando-se a litispendência[50].

Todavia, é um equívoco afirmar que os juízes, no sistema jurídico brasileiro, por ser de tradição do *civil law*, não podem aplicar o *forum non conveniens*[51]. Claro que a doutrina do foro não conveniente, quando cotejada num sistema jurídico de tradição do *civil law*, não tem a mesma amplitude conferida nos países que seguem o *common law*. Porém tal circunstância não impede que a teoria do *forum non conveniens* cumpra, no ordenamento de tradição romano-germânica, sua finalidade, que é permitir o controle da competência adequada, evitando-se o exercício abusivo do *forum shopping*.

Em estudo comparativo sobre a distribuição "ideal" de competência em seis países europeus[52], com tradição tanto do *civil law* quanto do *commom law*, Marco Fabri e Philip M. Langbroek chegaram à conclusão de que a distinção entre sistemas legalistas e jurisprudenciais não era fator decisivo na forma de organização judiciária. As Cortes dos sistemas legalistas também

---

47 "Most common law legal systems allow parallel litigation, and thus create a race to judgment, with one forum then being more-or-less obliged to recognize and enforce the judgment first rendered and thereby terminate all other litigation." (BRAND, Ronald A. *Challenges to forum non conveniens*, cit, p. 1008-1009).

48 BRAND, Ronald A.; JABLONSKI, Scott. *Forum non conveniens: history, global practice, and future under The Hague Convention on choice of court agreements*. New York: Oxford University Press, 2007.

49 BRAND, Ronald A. *Challenges to forum non conveniens*, cit, p. 1008-1009.

50 BRAND, Ronald A. *Challenges to forum non conveniens*, cit, p. 1010.

51 Em duas oportunidades, a 3ª Turma do Superior Tribunal de Justiça manifestou-se contrariamente à aplicação do *forum non conveniens* na legislação processual, sob a frágil justificativa de que não norma específica a autorizá-la. Por todos: STJ, MS 15.398/RJ, 3ª Turma, Rel. Min. Nancy Andrighi, j. 2/4/2009, DJe 23/4/2009 e STJ, REsp 1.633.275/SC, 3ª Turma, Rel. Min. Ricardo Villas Bôas Cueva, j. 8/11/2016, DJe 14/11/2016.

52 Itália, França, Alemanha, Dinamarca, Holanda e Inglaterra.

possuem potencial para contribuir com o desenvolvimento do direito. Os autores chegam, até mesmo, a sugerir o abandono da tipologia tradicional dos sistemas legais no trabalho comparativo sobre administração judicial e competência[53].

O *forum shopping* bem demonstra que o fato de a competência ser aprioristicamente prevista – o que em tese, garante segurança jurídica aos litigantes – não significa, necessariamente, que o processo promovido perante o foro abstratamente competente garantirá a observância do devido processo legal. É que, na prática, o foro pré-determinado pode não ser o mais eficiente ou o mais *adequado* para julgar o litígio.

A doutrina do foro não conveniente controla, em suma, o *forum shopping*, servindo – igualmente – de controle da competência adequada caso a caso.

Com efeito, é possível vislumbrar, no processo civil brasileiro, um princípio da competência adequada, que é extraído dos princípios do devido processo legal, da adequação e da boa-fé[54-55]. Esse princípio consiste no reconhecimento da insuficiência da determinação apriorística das regras atributivas de competência, sem as ponderar com as circunstâncias do caso concreto.

O princípio da competência adequada surge do reconhecimento de que as regras de competência previstas na lei, em abstrato, não são suficientes para determinar, *a priori*, o exercício adequado da competência num caso concreto.

O princípio da competência adequada estabelece uma *adequação legítima* entre a competência abstratamente atribuída ao órgão jurisdicional e a atividade a ser desenvolvida no caso concreto, voltando-se à identificação do órgão que pode decidir melhor.[56]

Disso resulta que a adequação da competência deverá passar, necessariamente, pelo exame das circunstâncias específicas do caso submetido a julgamento, quando, então, se determinará o órgão adequadamente competente[57].

---

53 FABRI, Marco; LONGBROEK, Philip M. *Is there a right judge for each case? A comparative study of case assignment in six European countries.* European Journal of Legal Studies, v.1, n. 2 (January, 2007).

54 DIDER JR., Fredie. *Curso de direito processual civil, cit,* p. 208.; DIDIER JR., Fredie; ZANETI JR, Hermes. *Curso de Direito Processual Civil.* v. 4. Salvador: JusPodivm, 2016, p. 121.; BRAGA, Paula Sarno. Competência adequada. *Revista de Processo,* cit.

55 O princípio da boa-fé impõe uma norma de conduta aos sujeitos de uma determinada relação jurídica, para que atuem de forma leal, em respeito à confiança legítima dos demais sujeitos da relação. (MARTINS-COSTA, Judith. *A boa fé no direito privado.* São Paulo: Revista dos Tribunais, 2000, p. 412; MENEZES CORDEIRO, António Manuel da Rocha e. *Da boa fé no direito civil.* Coimbra: Almedina, 2011, p. 632-660; SILVA, Clóvis V. do Couto e. *A obrigação como um processo.* Rio de Janeiro: FGV, 2006, p. 33).

56 HARTMANN, Guilherme Kronemberg. *Controle da competência adequada no processo civil.* Tese (Doutorado) – Universidade do Estado do Rio de Janeiro, Rio de Janeiro, 2018. p. 109.

57 "É típico caso de colisão de princípios (mandamentos de otimização) que deve ser resolvida com base na máxima da proporcionalidade, considerando as circunstâncias fático-jurídicas do caso

A determinação da competência adequada, todavia, não é ilimitadamente discricionária. Ela não prescinde do dever fundamentação adequada imposto ao órgão jurisdicional[58] (art. 93, IX, da CF/1988), que serve de baliza para sua fixação.

O princípio da competência adequada revela certa discricionariedade do órgão jurisdicional, que, sendo em tese competente (detém legitimidade), possui a prerrogativa de controlar, caso a caso, o exercício adequado de sua competência. Esse poder discricionário, entretanto, é limitado e controlável, como forma de evitar o subjetivismo e a degeneração em arbítrio[59].

Percebe-se, assim, que as regras de competência não são estáticas. O sistema de competências não é rígido e inflexível. Na verdade, compõe uma textura aberta, admitindo que haja maior flexibilidade, adaptabilidade e disponibilidade das regras apriorísticas de competência, conforme as circunstâncias do caso concreto.

2.2 OS ATRIBUTOS DO SISTEMA DE COMPETÊNCIAS NO PROCESSO CIVIL CONTEMPORÂNEO. UMA QUESTÃO DE ORGANIZAÇÃO JUDICIÁRIA

2.2.1 Funcionalidade, adaptabilidade e flexibilidade do sistema de competências em sua dinâmica contemporânea. A eficiência como baliza do sistema

Já se viu que o ordenamento jurídico distribui a competência entre os órgãos jurisdicionais seguindo uma divisão *apriorística* do trabalho a ser desempenhado por esses órgãos. Todavia, não se pode negar que numa sociedade, cuja economia, fluxo de informações e, até mesmo, desastres têm escala global[60], a atribuição apriorística de competências mostra-se limitada, o que dificulta sua alocação em nível ótimo. Como consequência disso, a atribuição legal da competência é apenas *indicativa* de um exercício competencial eficiente.

Convém mencionar, no particular, o precedente formado pela 2ª Turma do STF ao julgar o RE 433.512-3/SP, de relatoria do Ministro Eros Grau. Nos exatos termos do voto condutor do acórdão, "*as regras de competência, cuja última razão se encontra na distribuição do exercício da Jurisdição, segundo*

---

concreto e sopesando o quanto em jogo." (BRAGA, Paula Sarno. Competência adequada. *Revista de Processo*, cit).

58 DIDIER JR, Fredie. *Curso de Direito Processual Civil, cit*, p. 209.

59 PICARDI, Nicola. *Jurisdição e processo*. Rio de Janeiro: Forense, 2008, p. 18.

60 SLAUGHTER, Anne-Marie. *A new world order*. (Ebook). New Jersey: Princeton University Press, 2004. [n.p.].

alguns critérios, aos órgãos do Poder Judiciário, não podem prevalecer 43 anos após a propositura da ação. E assim há de ser em virtude da efetiva entrega da prestação jurisdicional, que já se deu, e à luz da razoável duração do processo."[61]

A partir de tal excerto é possível vislumbrar uma preocupação premente com o exercício *ótimo* da competência. Este pressupõe uma maior flexibilização na definição da competência, para adequá-la às particularidades do caso concreto, sem estar adstrita às amarras do texto normativo que a prevê. Afinal, a competência é, antes de mais nada, uma questão de administração da justiça.

Conforme será demonstrado no decorrer do trabalho, o exercício *eficiente* da competência dependerá de um contínuo processo de interação e trocas cooperativas entre os diferentes órgãos jurisdicionais quando chamados a atuar num caso concreto. Isso afasta a hipótese de prévia definição da competência de maneira independente e excludente.

Na verdade, do ponto de vista de sua atribuição, a questão da competência caracteriza-se por ser, essencialmente, uma repartição das forças de trabalho no âmbito do exercício jurisdicional, daí se extraindo seu caráter funcional.[62]

Significa dizer que a noção de funcionalidade da competência vai muito além das regras de determinação da competência funcional. O atributo da funcionalidade deve, igualmente, abarcar o exercício conjugado de diferentes órgãos jurisdicionais para exercer atividades tendentes a uma mesma finalidade[63], num mesmo processo, indicando, assim, o exercício *funcional, útil* e *adequado* da competência pelos órgãos jurisdicionais.

Trata-se de uma nova perspectiva para o estudo do sistema de competências, que privilegia uma maior racionalização com vistas a melhor gerir e administrar a justiça. Nesse sentido, reduz-se o rigorismo formal das regras legais, para privilegiar a flexibilidade e adequação na atribuição e modificação da competência, em nome da eficiência processual.

A orientação flexível do processo de cognição plena já é tendência que prevalece na Europa[64]. Na França, por exemplo, Xavier Lagarde constata que,

---

61 STF, RE 433.512-3/SP, 2ª Turma, rel. Min. Eros Grau, j. 26/5/2009.

62 JOLY-COZ, Gwenola. La fin des questions de compétence? Point de vue d'une cheffe de juridiction. In: FLISE, Laurence. LAGARDE, Xavier (dir.). *La fin des questions de competence?*, actes des 9èmes rencontres de procédure civile. Tome 102. Institut de recherche juridique de la Sorbonne -IRJS, 2019. p. 128.

63 É possível vislumbrar uma certa resistência em admitir a possibilidade de mais de um juiz exercer uma mesma atividade cognitiva no processo. Via de regra, o juiz do processo é exclusivamente competente para colher a prova e apreciá-la, a fim de julgar a ação proferindo uma decisão de mérito. É raro haver o concurso de mais de um juiz compartilhando uma mesma atividade cognitiva.

64 CAPONI, Remo. Rigità e flessibilità del processo civile. *Rivista di diritto processuale*. CEDAM, anno LXXI n. 6, nov.- dic. 2016. p. 1453.

atualmente, a competência não reflete apenas uma questão de administração da justiça, mas *condiciona* a própria administração da justiça, por meio da adoção de um sistema de alocação de casos que considera o nível de especialização do juiz, a fim de garantir que cada litígio será melhor tratado pelo magistrado mais qualificado.[65] Assim, o juiz competente será aquele que, para cada litígio particularmente considerado, mostrar-se mais *apto* e *qualificado* para exercer a jurisdição.[66]

Essa noção é capaz de adequar o procedimento mais apropriadamente à natureza da controvérsia, graças ao exercício incisivo dos poderes do *case management* por parte do juiz.

As regras legais fixam a competência com base em vetores apriorísticos de eficiência. Atribuem competência aos órgãos que, a princípio, demonstram maior aptidão para exercer a atividade jurisdicional, seja pela matéria, pela localização ou pelo grau hierárquico *in abstrato*. Todavia, o legislador é cognitivamente limitado para fixar regras eficientes de competência, por isso estabelece-as de acordo com aquilo que normalmente se verifica, sem qualquer domínio acerca das particularidades de cada caso concreto. A despeito disso, o sistema processual não deixa de ressaltar o privilégio da eficiência no tratamento dos litígios[67].

Como a competência é relacional, variando conforme os atos a serem praticados e os sujeitos a quem incumbe a sua prática, o caso concreto poderá redirecionar os vetores de eficiência, apontando para outros órgãos jurisdicionais que se mostrem igualmente aptos à prática do ato, porém de forma mais adequada. Nessa hipótese, justifica-se o compartilhamento de competências como materialização da atividade de cooperação e de integração entre os órgãos jurisdicionais.

Elaine Mak ressalta que, a fim de compatilibizar a organização judicial com os reclamos de maior especialização dos juízos, observa-se uma tendência à alocação de competências com base na funcionalidade[68]e à distribuição de casos de acordo com a matéria, e não tanto de acordo com a territorialidade. Nessa perspectiva, o fator da territorialidade cede e adapta-se às medidas de administração judiciária, que têm na eficiência seu fundamento.

---

65 LAGARDE, Xavier. La fin des questions de compétence? Conclusions. In: FLISE, Laurence. LAGARDE, Xavier (dir.). *La fin des questions de competence?*, actes des 9èmes rencontres de procédure civile. Tome 102. Institut de recherche juridique de la Sorbonne -IRJS, 2019. p. 139-144.

66 LAGARDE, Xavier. La fin des questions de compétence? Conclusions, cit, p. 146.

67 Art. 8º do CPC: Ao aplicar o ordenamento jurídico, o juiz atenderá aos fins sociais e às exigências do bem comum, resguardando e promovendo a dignidade da pessoa humana e observando a proporcionalidade, a razoabilidade, a legalidade, a publicidade e a eficiência.

68 MAK, Elaine. Balancing territoriality and functionality, cit, p. 1-3.

Não é sem razão que o sistema processual é estruturado para admitir que haja o maior aproveitamento dos atos processuais – ainda que praticados pelo juízo incompetente –, fomentando atitudes cooperativas entre os sujeitos do processo, além de privilegiar a autonomia da vontade das partes, para adaptar o procedimento por meio da celebração de negócios jurídicos processuais, podendo, inclusive, adaptar e flexibilizar a regra legal atributiva da competência, por meio de uma cláusula de eleição do foro, por exemplo.

O motor de engrenagem dessa grande máquina que é o processo é, justamente, a eficiência processual. A eficiência constitui o elemento simplificador do rigor e das formalidades procedimentais, para impulsionar o processo em direção aos seus objetivos últimos, numa perspectiva intra e macro processual.

O Código de Processo Civil elenca a eficiência no rol de normas fundamentais do processo (CPC, art. 8º), sendo esse princípio um de seus vetores hermenêuticos. Isto é, o sistema processual contemporâneo oferece um arranjo estrutural normativo que tem a eficiência processual como pano de fundo.

Com efeito, o sistema é estruturado para ensejar o máximo aproveitamento dos atos processuais, a simplificação dos procedimentos, e, principalmente, a adoção de mecanismos redutores da complexidade, a exemplo dos negócios jurídicos processuais e dos instrumentos de cooperação.

O princípio da eficiência é uma diretriz que condiciona e orienta a aplicação e a interpretação das normas processuais, servindo de verdadeira baliza para a conformação do sistema de competências.

A eficiência processual deve informar a distribuição da competência no processo, possibilitando que haja flexibilização e adequação do seu exercício no caso concreto, a fim de emprestar ao procedimento uma solução ótima.

2.2.2 A posição de Antonio do Passo Cabral. A competência adequada, a análise das "capacidades institucionais" e a competência *ad actum*

A fim de propor uma reconstrução do sistema de competências, o professor Antonio do Passo Cabral – em sua tese intitulada *Juiz natural e eficiência processual: flexibilidade, delegação e coordenação de competências no processo civil*[69] –, parte de três premissas teóricas, três bases normativas que, segundo o autor, servem para delimitar o conteúdo contemporâneo do

---

69 CABRAL, Antonio do Passo. *Juiz natural e eficiência processual*: flexibilização, delegação e coordenação de competências no processo civil. Universidade do Estado do Rio de Janeiro: Tese apresentada no concurso de provas e títulos para provimento do cargo de professor titular, 2017, capítulo 5, p. 369-400.

sistema de competências. São elas: o princípio da competência adequada; a análise das capacidades institucionais e a competência *ad actum*.

A crítica feita por Antonio do Passo Cabral – crítica com a qual concordamos – é a de que a repartição de competências, do ponto de vista puramente legal e apriorístico, é insuficiente para o atual sistema processual, que – cada vez mais – se preocupa em proporcionar uma prestação jurisdicional adequada e eficiente.

A exigência do sistema processual é a de que a tutela jurisdicional seja prestada de maneira *ótima*, pois é direito das partes que seu conflito, uma vez judicializado, seja decidido pelo órgão mais adequado dentre todos aqueles igualmente competentes para julgá-lo.

Nessa perspectiva, a garantia do juiz natural seria informada, não pela lei abstrata atributiva da competência, mas pela circunstância do caso concreto, que permitiria a definição do juiz mais adequado para julgar o conflito. Essa constatação enseja uma mudança de paradigma acerca da própria concepção do juiz natural, que deixa de ser aquele ao qual a lei atribui a competência para decidir a causa e passa a ser aquele que, pelas circunstâncias concretas, *pode decidir melhor*[70], porquanto detém a *competência adequada* para julgar um determinado conflito.

Segundo o autor, a competência adequada é consequência do princípio da adequação das formalidades processuais, sendo também resultado da conjunção de outros dois princípios igualmente relevantes: o do juiz natural (CF, LIII, art. 5º) e o da eficiência processual (CPC, art. 8º). Daí por que o autor considera que a competência adequada é uma norma cuja natureza jurídica é principiológica. Trata-se, em suma, de um princípio jurídico.

Por meio desses princípios, concebe-se a competência de maneira mais funcional e adaptável, permitindo ao juiz exercer o controle da competência adequada. Isto é, poderá o juiz examinar a adequação da propositura da ação em determinado foro, decidindo, eventualmente, por declinar da competência caso entenda que o conflito será melhor decidido por outro órgão[71].

Considerando a tese do autor, o juiz natural seria aquele competente para julgar determinado litígio, sopesando suas qualificações e especialização e que, nessa perspectiva, poderá proferir uma decisão de qualidade.

Para o autor, o fato de o juiz declinar da competência sob a justificativa de existir um juízo mais adequado não significa uma negativa de jurisdição, mas sim um *exercício responsável da competência, em nome da eficiência*

---

70 CABRAL, Antonio do Passo. *Juiz natural e eficiência processual*, cit., p. 371.

71 Idem, p. 372.

alocativa dos poderes estatais[72]. Havendo um juízo mais adequado para julgar determinado conflito, é *dever* do juiz remeter os autos para apreciação pelo órgão adequado.

O princípio da competência adequada, para o autor, está intimamente relacionado com o exame das *capacidades institucionais*, que consideram as aptidões cognitivo-decisórias de cada órgão decisor. No que se refere ao sistema de competências, o estudo das capacidades institucionais é bastante útil para justificar a necessidade de ressignificação do juiz natural e de uma nova base teórica para atribuição de competência no direito processual contemporâneo.

A análise das capacidades institucionais pressupõe a existência de instituições especializadas para o desempenho de determinada atividade típica, de modo que o exercício das diferentes funções deve ter sua alocação otimizada para o melhor exercício das competências. Portanto, é a *eficiência* que serve de baliza para essa alocação de competências.

A teoria das capacidades institucionais apresenta dois grandes méritos. Em primeiro lugar, obriga os participantes do debate a inserirem juízos empíricos na defesa de suas propostas, considerando que um conceito puramente ideal e abstrato (ex. democracia, constitucionalismo, Estado de Direito, etc.) irá se comportar de forma diferente, quando manuseado por juízes reais, em contextos institucionais específicos[73]. O segundo mérito é indicar a insuficiência da análise acerca da adequação ou legitimidade de uma decisão quando focada sob a perspectiva unicamente do Poder Judiciário (intrainstitucional).

Segundo Diogo Werneck Aguelhes e Fernando Leal, o Poder Judiciário constitui apenas uma peça de um arranjo institucional, plural e cooperativo, de modo que *"as escolhas do Poder Judiciário não podem ser analisadas como se as habilidades, limitações e o exercício das competências de juízes e tribunais se dessem em um vazio institucional"*. Por conseguinte, havendo situações de tensões quanto à adequação ou legitimidade das decisões, "*elas devem ser apreciadas relativamente aos méritos e deméritos das outras instituições também capazes de oferecer respostas para esses problemas*"[74].

A teoria das capacidades institucionais, portanto, admite um modelo estrutural, aprioristicamente pensado pela Constituição e pelas leis, no qual as instituições estão inseridas, sendo que a cada uma delas é atribuído um escopo ideal. Em adição, essa teoria concebe que, na prática, as instituições

---

72 Idem, p. 373.

73 ARGUELHES, Diogo Werneck; LEAL, Fernando. O argumento das "capacidades institucionais" entre a banalidade, a redundância e o absurdo. *Direito, Estado e Sociedade*, n. 38, jan.-jun. 2011, p. 14.

74 Ibidem.

atuam de maneira combinada, adequando seus escopos normativos ideais com as circunstâncias fáticas nas quais exercem as suas competências.

Para Antonio do Passo Cabral, a partir do exame das capacidades institucionais, deixa-se de indagar sobre quem a lei atribui a competência para decidir determinado conflito ("quem decide") e passa-se a questionar e analisar qual, dentre as circunstâncias fáticas, é o órgão mais adequado para decidir ("quem pode decidir melhor").

Portanto, a análise da competência adequada pressupõe o cotejo analítico da situação conflituosa real com as diversas instituições e órgãos potencialmente competentes para resolvê-la. Daí ser exigido um cotejo interinstitucional (entre instituições) que ultrapassa o âmbito exclusivo do Poder Judiciário.

Talvez a melhor solução a ser dada num determinado caso não esteja no Judiciário, mas sim dentro de outra estrutura institucional. E isso se dá porque as diferentes instituições estão num mesmo tempo-espaço e se modificam sempre que as circunstâncias na qual estão inseridas mudam[75]. Por isso não é possível sempre atribuir a competência a uma instituição para resolver questões de direito, porque num dado contexto outra instituição poderá ser mais adequada para resolvê-lo.

Para Antonio Cabral, essa afirmação não induz um casuísmo exacerbado ou prejudicial ao sistema de competências, porquanto é possível formatar modelos decisórios a serem aplicados num conjunto de casos que se apresentem fática e juridicamente semelhantes, principalmente num sistema processual de precedentes obrigatórios. Portanto, num dado momento histórico, para cada situação semelhante, deverá ser dada uma solução semelhante (*treat like cases alike*).

As capacidades institucionais pressupõem uma estrutura organizacional em que há uma multiplicidade de órgãos com poder decisório e que atuam simultaneamente. Logo, para cada situação poderá haver mais de um caminho possível para se chegar a uma solução, porém aquele mais adequado será indicado pelas particularidades de cada instituição quando cotejadas com a situação concreta.

Por fim, o autor ressalta que a noção de competência adequada, balizada pela teoria das capacidades institucionais, não deve ser concebida da mesma maneira, durante todo o *iter* do processo, mas sim, tomando como ponto de partida, cada ato processual.

Como visto, as ideias de competência adequada e das capacidades institucionais conferem flexibilidade e adaptabilidade ao sistema de

75 CABRAL, Antonio do Passo. *Juiz natural e eficiência processual*, cit.

competências, porquanto consideram o contexto fático no qual incidirão. Portanto, é possível que, num mesmo processo, uma instituição seja mais capacitada (seja em razão da estrutura ou função) para a prática de certos atos processuais do que outras. A eficiência aí reduz a análise da capacidade institucional para um âmbito *microprocessual*, considerando a eficiência na prática de cada ato do processo.

A teoria da competência adequada pressupõe a análise da relação processual em seu dinamismo. Logo, se as situações e relações jurídicas no processo são alteráveis ao longo do procedimento, o controle de admissibilidade desses atos também deverá considerar esse dinamismo. Conforme apontado pelo autor, deve-se desvincular a ideia da inalterabilidade da competência fixada no momento de propositura da demanda, já que aprisiona o desempenho da função jurisdicional a uma realidade que pode ter sido completamente alterada.

Como a competência diz respeito ao exercício de um poder jurídico, num determinado contexto da realidade, é possível reduzir a análise da competência para cada momento processual específico, referente a cada ato processual a ser praticado (competência *ad actum*).

Portanto, o exame da competência adequada *ad actum* permite que, para cada ato processual, a competência adequada seja analisada (ou reanalisada), considerando sempre as capacidades institucionais. A competência adequada seria, então, uma competência adequada para o ato (*ad actum*).

2.2.3 Retomando os atributos do sistema de competências no processo civil contemporâneo. O princípio da competência adequada como "ponto de partida"

Como se viu, o Código de Processo Civil de 2015 instituiu novas bases normativas para o sistema de competências ao *permitir* a flexibilização de procedimentos; ao *introduzir* uma cláusula geral de negociação processual; ao *privilegiar* a eficiência processual; ao *instituir* um dever de cooperação, seja direcionado aos sujeitos processuais, seja imposto aos órgãos jurisdicionais entre si; ao *preservar* a validade prima facie dos atos praticados por juízo incompetente, etc. Esses são apenas alguns exemplos de um amplo repertório normativo que foi inaugurado pelo atual CPC e que repercute no redimensionamento do sistema de competências.

A competência adequada é, talvez, o ponto de partida para compreensão dos novos contornos da competência no processo civil contemporâneo. O princípio da competência adequada, como já antecipado em linhas anteriores, permite a identificação do órgão competente em sintonia com as circunstâncias do caso concreto.

Como bem pontua Paula Sarno Braga, por meio do princípio da competência adequada, a busca do órgão competente "implica interpretação, integração e aplicação das normas legais e constitucionais pertinentes, extraindo-se delas competências explícitas e implícitas, e adequando-as, quando for o caso, às necessidades da situação concreta"[76].

É possível, então, que um juízo, muito embora seja, abstratamente, o órgão competente, não detenha, diante de um caso concreto, a competência adequada para solucionar o conflito, porque a adequação dependerá, sempre, das circunstâncias daquele caso.

Foi exatamente essa a conclusão a que chegou o Superior Tribunal de Justiça ao julgar o Conflito de Competência nº 144.922/MG.

O Superior Tribunal de Justiça, instado a definir a competência para o processamento das demandas decorrentes do rompimento da Barragem de Fundão, em Mariana (caso "Desastre do Rio Doce"), declarou a competência do Juízo da 12ª Vara da Seção Judiciária de Minas Gerais/BH.

Para determinar o Juízo competente, o STJ ponderou as particularidades do caso concreto; considerou que aquele Juízo, além de ser a Capital de um dos Estados mais atingidos pelo desastre, possuía sob sua análise outras demandas relacionadas ao dano, permitindo-lhe uma análise abrangente da controvérsia e de suas implicações, o que lhe possibilitaria tomar "*medidas dotadas de melhor efetividade que não corram o risco de serem neutralizadas por outras decisões judiciais provenientes de juízos distintos*"[77].

Com base nessas ponderações, o STJ concluiu que o Juízo da 12ª Vara da Seção Judiciária de Minas Gerais/BH possuiria as *melhores condições* de dirimir as controvérsias decorrentes do acidente ambiental de Mariana.

Em outros termos, o que fez o STJ foi aplicar o princípio da competência adequada.

E o que chama mais atenção, nesse caso concreto, é que o Juízo cuja competência foi fixada não foi quaisquer dos juízos suscitados (foram suscitados os Juízos de Direito da 7ª Vara Cível da Comarca de Governador Valadares e o da 2ª Vara da Subseção Judiciária de Governador Valadares), mas sim um terceiro juízo, que reunia as condições necessárias para *decidir melhor*.

Outro caso relevante, no qual o STJ valeu-se do princípio da competência adequada, foi o Conflito de Competência nº 164.362/MG[78] instaurado entre o Juízo da 2ª Vara Federal de Campinas e o da 17ª Vara Federal da Seção

---

76 BRAGA, Paula Sarno. Competência adequada. *cit.*

77 STJ, CC nº 144.922/MG, rel. Min. Diva Malerbi – desembargadora convocada TRF 3ª região, 1ª Seção, j. 22.6.2016, DJe 9.8.2016.

78 STJ, CC nº 164.362/MG, rel. Min. Herman Benjamin, 1ª Seção, j. 22.5.2019, DJe 19.12.2019.

Judiciária do Estado de Minas Gerais, para processar e julgar ação popular relativa à tragédia em Brumadinho/MG.

Nesse caso específico, o STJ considerou as peculiaridades do caso concreto, afastando sua jurisprudência dominante, que considera competente o juízo do domícilio do autor para a ação popular, para fixar a competência do juízo do *local do dano.*

A Corte realizou um *distinguishing.* De acordo com o voto condutor do acórdão, as circunstâncias do caso concreto "*levam a que se proceda a este julgamento nos termos da eficiência e da eficácia que se deseja no caso desses processos e com a complexidade inerente*".

Isso porque, "*(...) a tragédia sem precedentes ocorrida em Brumadinho/MG traz à tona a necessidade de solução prática diversa, a fim de entregar, da melhor forma possível, a prestação jurisdicional à população atingida. Impõe-se ao STJ adotar saída pragmática que viabilize uma resposta do Poder Judiciário aos que sofrem os efeitos da inominável tragédia*".

Eis mais um exemplo de aplicação do princípio da competência adequada pelo STJ.

Nesse sentido, o princípio da competência adequada se identifica com a teoria do *forum non conveniens.*

Como se vê, haverá casos em que o juízo *adequado* – ou *conveniente* – não será aquele pré-determinado pela norma abstrata; não será nenhum daqueles suscitados num conflito de competência, como aconteceu no Conflito de Competência nº 144.922/MG, por exemplo, mas sim aquele que reúne as condições necessárias e suficientes para proferir *a melhor decisão.* Há uma relação indissociável entre competência e eficiência.

Com efeito, é insuficiente e, por demais, reducionista conceber o sistema de competências como essencialmente exclusivista, rígido e indisponível (limitado), sobretudo quando o processo civil é estruturado para admitir maior flexibilização procedimental e maior comunicação entre os órgãos jurisdicionais, ultrapassando, inclusive, os limites territoriais dos estados federados e a estratificação hierarquizada do próprio Poder Judiciário.

O sistema de competências tem de estar sintonizado com essa nova estrutura jurisdicional, que não tem topologia linear, nem de superposição. Na verdade, os órgãos jurisdicionais, quando considerados na perspectiva do procedimento, estruturam-se numa topologia de rede, com diversos vínculos, contatos e influências recíprocas, em privilégio da eficiência processual, a fim de concretizar a prestação de uma tutela jurisdicional adequada, de mérito e, em tempo razoável.

Para fins de determinação da competência, não basta que o órgão jurisdicional seja abstratamente competente para a causa. É necessário que a competência seja, igualmente, examinada *in concreto,* a fim de avaliar se aquele órgão é o mais adequado para prestar a tutela jurisdicional perseguida em juízo. Em outros termos, o órgão jurisdicional, além de ser abstratamente competente, deve ser, também, concretamente competente.

A constatação de que o Código de Processo Civil de 2015, ao adotar um modelo de processo civil cooperativo, redesenhou o sistema de competências é de fundamental importância para o presente trabalho. Isso por que, os atributos contemporâneos do sistema de competências são um dos aspectos que justificam o compartilhamento de competências no processo, objeto desta dissertação.

2.3 CONCLUSÃO PARCIAL

No presente capítulo, viu-se que as regras de competência, abstratamente consideradas, são insuficientes para dar soluções adequadas aos diferentes litígios submetidos ao Judiciário. As normas atributivas de competência, previamente estabelecidas, antes de mais nada, servem de contenção da complexidade *in abstrato*, já que partem do pressuposto de que o órgão abstratamente competente será o mais adequado para julgar determinado tipo de conflito.

Todavia, a adequação do órgão competente não passa ao largo das peculiaridades do caso concreto, que devem ser consideradas para o exame da conveniência ou não de o processo seguir em determinado foro. Embora haja vozes contrárias à aplicação da teoria do foro não conveniente no direito brasileiro, não se pode negar que, em nosso sistema, há a preocupação com o exercício adequado da competência pelo órgão jurisdicional.

As normas relativas à *translatio iudicii* e à *perpetuatio jurisdictionis,* por exemplo, sinalizam para o exercício responsável e adequado da competência, que encontra fundamento nos princípios da eficiência processual, da duração razoável do processo, da boa-fé e da adequação. Esses princípios, em conjunto, servem de fundamento para que se admita haja maior flexibilização e adaptabilidade do sistema de competências.

Capítulo 3

OS APORTES TEÓRICOS PARA UMA COMPREENSÃO DO COMPARTILHAMENTO DE COMPETÊNCIAS

3.1 COMUNICAÇÃO TRANSJUDICIAL

3.1.1 Conceito

Este tópico tem como objetivo estabelecer uma premissa fundamental para adequada compreensão do fenômeno do compartilhamento de competências. Trata-se da concepção do processo como um ambiente de comunicação entre os órgãos jurisdicionais. É a visão do processo como um espaço de comunicação transjudicial.

O termo "comunicação transjudicial" foi usado por Anne-Marie Slaughter para se referir às formas de comunicação entre as cortes internacionais[1]. Sua análise, direcionada às interações entre os órgãos jurisdicionais em nível internacional, serviu de inspiração para o presente trabalho. É que, no âmbito do direito interno, é possível vislumbrar o mesmo fenômeno entre os diversos centros de decisão (órgãos jurisdicionais), que compõem uma mesma estrutura judiciária.

As interações entre os órgãos jurisdicionais podem ser analisadas sob dois paradigmas: o primeiro paradigma – mais comum – é baseado nas interações verticalizadas entre os órgãos jurisdicionais, enquanto que o segundo paradigma é o paradigma do diálogo judicial.[2]

A comunicação transjudicial, do ponto de vista do primeiro paradigma, é bem perceptível no sistema recursal, em que os órgãos jurisdicionais estruturam-se numa relação hierárquica, de superposição. O órgão hierarquicamente superior tem competência para anular, reformar ou manter

---

1 SLAUGHTER, Anne-Marie. A Typology of Transjudicial Communication. *University of Richmond Law Review*. v. 29, 1994.

2 AHDIEH, Robert B. Between dialogue and decree. *New York University Law Review*, v. 79, dec./2004, p. 2045.

a decisão proferida pelo órgão *a quo*, formando precedentes de natureza vinculante aos juízos subordinados[3]. Essas interações entre os juízos seguem um padrão unidirecional.

Tome-se como exemplo a aplicação de um precedente obrigatório de um tribunal superior por um tribunal local.

A aplicação dos precedentes tem como método característico a distinção (*distinguishing*), em que o aplicador da norma, mediante raciocínio analógico, examina os fatos do precedente e os fatos do caso concreto, fazendo aproximações ou diferenciações[4]. O aplicador da norma – no caso, o tribunal local – deve comunicar-se com o precedente obrigatório, sendo influenciado pela orientação do tribunal superior ao prolatar sua decisão, seja para segui-la ou não. Todavia, não sendo a hipótese de distinção no caso concreto, o tribunal local deverá aplicar o precedente obrigatório[5]. Daí se dizer que a comunicação transjudicial, nesse caso, é unidirecional.

No paradigma do diálogo judicial, a comunicação transjudicial é caracterizada pela multidirecionalidade e reciprocidade das interações entre os órgãos jurisdicionais. Diz-se que a comunicação, nesse caso, é ampla e recíproca. Essencialmente, o paradigma do diálogo judicial apresenta uma relação de simbiose entre instituições judiciais autônomas; não há uma relação de dependência ou de hierarquia entre os atores do diálogo judicial.

---

3 Idem.

4 MACÊDO, Lucas Buril de. *Precedentes judiciais e o direito processual civil*. 2. ed. Salvador: JusPodivm, 2017. p. 263.

5 Art. 927 do CPC/15: Os juízes e os tribunais observarão:

I – as decisões do Supremo Tribunal Federal em controle concentrado de constitucionalidade;

II – os enunciados de súmula vinculante;

III – os acórdãos em incidente de assunção de competência ou de resolução de demandas repetitivas e em julgamento de recursos extraordinário e especial repetitivos;

IV – os enunciados das súmulas do Supremo Tribunal Federal em matéria constitucional e do Superior Tribunal de Justiça em matéria infraconstitucional;

V – a orientação do plenário ou do órgão especial aos quais estiverem vinculados.

§ 1o Os juízes e os tribunais observarão o disposto no art. 10 e no art. 489, § 1o, quando decidirem com fundamento neste artigo.

§ 2o A alteração de tese jurídica adotada em enunciado de súmula ou em julgamento de casos repetitivos poderá ser precedida de audiências públicas e da participação de pessoas, órgãos ou entidades que possam contribuir para a rediscussão da tese.

§ 3o Na hipótese de alteração de jurisprudência dominante do Supremo Tribunal Federal e dos tribunais superiores ou daquela oriunda de julgamento de casos repetitivos, pode haver modulação dos efeitos da alteração no interesse social e no da segurança jurídica.

§ 4o A modificação de enunciado de súmula, de jurisprudência pacificada ou de tese adotada em julgamento de casos repetitivos observará a necessidade de fundamentação adequada e específica, considerando os princípios da segurança jurídica, da proteção da confiança e da isonomia.

§ 5o Os tribunais darão publicidade a seus precedentes, organizando-os por questão jurídica decidida e divulgando-os, preferencialmente, na rede mundial de computadores.

As interações são orquestradas sob o viés da cooperação e consensualidade[6], numa espécie de "cortesia judicial" (*judicial comity*).[7]

É o caso, por exemplo, em que um órgão jurisdicional solicita a cooperação de outro juízo para prestar informações ou praticar algum ato processual. Essa comunicação caracteriza-se como um genuíno diálogo direto, que é iniciado por um juízo e correspondido pelo outro[8].

O paradigma do diálogo judicial é caracterizado, essencialmente, pela voluntariedade[9] das interações transjudiciais, que possuem uma orientação prospectiva.[10] Isto é, no diálogo judicial, os órgãos jurisdicionais interagem, voluntariamente, com a finalidade de resolver novas questões e dilemas; o foco está nas implicações de decisões que ainda serão prolatadas[11].

Nesses casos, a comunicação transjudicial é ampla porque opera, tanto de forma vertical, quanto horizontal, entre todos os órgãos componentes de uma mesma estrutura judiciária. E é recíproca, porque os órgãos jurisdicionais, em suas interações, influenciam-se reciprocamente. A atuação conjunta dos órgãos jurisdicionais criam zonas de contato no processo, que, por sua vez, permitem a interferência recíproca desses órgãos para a prática de atos processuais.

No âmbito do direito internacional, Claire L'Heureux-Dube observa que o processo de influência e interferência jurisdicional passou da *recepção* para o *diálogo*, criando um fenômeno de fertilização-cruzada (*cross-pollination*), na medida em que as Cortes influenciam-se ao decidirem um caso, tratando-se mutuamente como autoridade persuasiva[12]. A autora observa que, cada vez mais, as Cortes lêem e discutem a jurisprudência de umas das outras[13].

Observa-se que, concretamente, o Poder Judiciário não pode ser examinado apenas como estrutura hierarquicamente organizada. Quando

6 AHDIEH, Robert B. Between dialogue and decree. *New York University Law Review*, p. 2050.

7 Existem diferentes vertentes da cortesia judicial. Ela pode ser entendida no âmbito das relações entre Cortes internacionais e, consequentemente, nas suas habilidades de resolver disputas e aplicar o direito honestamente e de maneira competente. Uma segunda vertente da cortesia judicial refere-se ao tratamento dos órgãos jurisdicionais entre si, tratando-se como iguais na tarefa comum de resolver controvérsias. (SLAUGHTER, Anne-Marie. Court to court. *The American Journal of International Law*, v. 92, nº 4, oct./1998, p. 709).

8 SLAUGHTER, Anne-Marie. A Typology of Transjudicial Communication. *cit*. p. 112-113.

9 *"This voluntariness suggests the limited role of judicial power in the dialogic interaction of courts."* (AHDIEH, Robert B. Between dialogue and decree. *cit*, p. 2053).
–Trad. livre: "Essa voluntariedade sugere o papel limitado do poder judicial na interação dialógica das Cortes".

10 AHDIEH, Robert B. Between dialogue and decree. *cit*, p. 2052.

11 Ibidem.

12 L'HEUREUX-DUBE, Claire. The Importance of Dialogue: Globalization and the International Impact of the Rehnquist Court. *Tulsa Law Journal*, v. 34, nº 15, 1998, p. 17.

13 Idem. p. 21.

verificada no caso concreto, a comunicação tão-somente hierárquica entre os órgãos judiciais caracteriza-se como um monólogo judicial, limitando-se a apenas um aspecto da comunicação transjudicial.

A verdade é que os órgãos jurisdicionais compõem um sistema integrado, e bem articulado, que, a despeito da organização judiciária – hierarquicamente orientada – pressupõe a comunicação mútua e a atuação coordenada desses órgãos para a prática dos atos processuais.

O sistema processual atual ancora-se em bases dialógicas, contendo elementos compatíveis com um modelo de comunicação transjudicial baseado nas interações voluntárias entre os juízos e num espírito de cortesia judicial.

3.1.2 As formas de comunicação transjudicial no sistema processual brasileiro. O sistema de cartas e o pedido de cooperação

O Título II, do Livro IV, da Parte Geral, do Código de Processo Civil trata da comunicação dos atos processuais. Tradicionalmente, a comunicação transjudicial é realizada mediante o sistema de cartas[14].

O CPC/1973 já distinguia os tipos de cartas de acordo com seus diferentes destinatários. Assim, as cartas de ordem seriam aquelas emanadas do tribunal e dirigidas a um juízo a ele vinculado; as cartas rogatórias dirigidas à autoridade estrangeira e as cartas precatórias, nos demais casos (CPC/1973, art. 201)[15].

O CPC atual mantém o sistema de comunicação por meio das cartas[16], acrescentando a figura da carta arbitral (art. 237, IV), que é o instrumento por meio do qual o juízo arbitral formula pedido de cooperação judiciária ao Poder Judiciário para a prática de ato processual.

---

14 Na legislação processual brasileira: arts. 5º a 19 do CPC-1939; arts. 200 a 212 do CPC-1973 e arts. 260-268 do CPC-2015.

15 Para Egas Moniz de Aragão, "os três tipos indicados encerram todas as hipóteses de cooperação jurisdicional, nacional ou internacional, visto que o Direito brasileiro é infenso à delegação da prática de atos jurisdicionais a agentes administrativos [salvo o caso especial da prisão (art. 733, § 1º) que pode ser requisitada à Polícia] ou diplomáticos."(ARAGÃO, Egas Moniz de. *Comentários ao código de processo civil, Lei nº 5.869, de 11 de janeiro de 1973.* v. 2. arts. 154-269. 9ª ed. Rio de Janeiro: Forense, 1998. p. 135).

Contudo, não se pode concordar com essa afirmação. É que, ainda sob a égide do CPC-1973, podia-se identificar outras formas de cooperação jurisdicional, a exemplo do requerimento para homologação de sentença estrangeira perante o STJ (CF, art. 105, I), bem como do encaminhamento do processo para outro juízo decorrente da supressão ou criação de órgão jurisdicional (CPC-1973, art. 87). Esses exemplos caracterizam um intercâmbio jurisdicional, sendo verdadeiras formas de cooperação.

16 Com efeito, ainda sob os auspícios do código revogado, a doutrina já via nas cartas um instrumento de cooperação e de intercâmbio jurisdicional. Nesse sentido: MARQUES, José Frederico. *Manual de direito processual civil.* v. 1. São Paulo: Saraiva, 1974. p. 343; MIRANDA, Francisco Cavalcanti Pontes de. *Comentários ao código de processo civil de 1973.* Tomo 3. Rio de Janeiro: Forense, 1974. p. 162.

Para além do sistema das cartas, o CPC institucionalizou instrumento mais abrangente e mais flexível de comunicação entre juízos, que é o auxílio direto (art. 69, I). Este instrumentaliza pedidos de cooperação, destinados à prática de qualquer ato processual.

Embora o art. 67 do CPC se refira aos *órgãos do Poder Judiciário* e o art. 68 aos *juízos*, superada a noção de exclusividade estatal da jurisdição, é evidente a possibilidade de pedidos de cooperação jurisdicional entre árbitro e o Poder Judiciário. Essa possibilidade se coaduna com a previsão da carta arbitral no CPC[17]-[18].

Os pedidos de cooperação também podem se dar entre autoridades brasileiras e internacionais, devendo o envio e o recebimento dos pedidos serem feitos por meio da autoridade central, acompanhados de tradução para língua oficial do Estado requerido (CPC, arts. 37 e 38). O pedido de cooperação jurídica internacional, entretanto, será recusado se configurar manifesta ofensa à ordem pública (CPC, art. 39).

O pedido de cooperação deve ser prontamente atendido e prescinde de forma específica, podendo ser executado como auxílio direto, reunião ou apensamento de processos, prestação de informações e atos concertados entre os juízes cooperantes (CPC, art. 69).

Por força do §1º do seu art. 69, as cartas de ordem, precatória e arbitral seguirão o regime próprio disciplinado no Código. A expedição de cartas, contudo, tende a diminuir, em face da abrangência dada pelo Código atual à cooperação nacional e à *desformalização* admitida nesse tipo de comunicação[19]. Inclusive, para Fredie Didier Jr., as cartas "devem ser vistas como instrumentos de uso subsidiário, dando-se preferência à cooperação solicitada simplificada prevista no art. 69 do CPC".[20]

No atual contexto do processo civil brasileiro, a comunicação entre juízos pode perfectibilizar-se mediante a expedição de cartas ou outras formas de pedidos de cooperação. Esses prescindem de forma específica, podendo se dar por meio de ofício, mandado, correio eletrônico, atos concertados, inclusive, por meio das cartas.

Porém, quando se optar pela expedição de cartas, essas precisarão respeitar formalidades específicas, devendo conter os requisitos essenciais

---

17 Art. 237 do CPC: Será expedida carta: [,,,] IV - arbitral, para que órgão do Poder Judiciário pratique ou determine o cumprimento, na área de sua competência territorial, de ato objeto de pedido de cooperação judiciária formulado por juízo arbitral, inclusive os que importem efetivação de tutela provisória. [...]

18 Enunciado 5 do FPPC: O pedido de cooperação jurisdicional poderá ser realizado também entre o árbitro e o Poder Judiciário.

19 BUENO, Cassio Scarpinella. *Novo código de processo civil anotado*. São Paulo: Saraiva, 2017, p. 141.

20 DIDIER JR., Fredie. *Cooperação judiciária nacional*, cit., p. 79.

previstos nos arts. 260 e 261 do CPC. A cooperação, nesse caso, exigirá um maior rigor formal, quando comparado aos demais instrumentos de comunicação interjudicial[21]. Isso não significa, em nosso entender, que as cartas são de uso subsidiário. Para nós, no âmbito da cooperação nacional, o meios de comunicação entre juízos obedecem parâmetros de conveniência e de adequação do instrumento em relação ao ato a ser praticado.

Para nós, defender a primazia ou subsidiariedade de um instrumento de comunição em relação a outro é dotar o sistema de uma higidez que não é compatível com a cooperação nacional. Esta preza pela funcionalidade, adaptabilidade e fluidez.

3.1.3 Flexibilização e adaptabilidade dos meios de comunicação interjudicial

Conforme já exposto, no CPC revogado, a comunicação entre os órgãos jurisdicionais era realizada, quase que exclusivamente, por meio das cartas (fossem elas de ordem, precatórias ou rogatórias), mesmo nas hipóteses de urgência[22]. Elas se destinavam à prática de atos processuais, tanto dentro, quanto fora dos limites territoriais da comarca [23].

Não se franqueava a opção por instrumentos mais céleres e eficazes de comunicação. A territorialidade[24] e a falta de funcionalidade eram notas características desses meios de comunicação entre juízos[25].

Todavia, o caráter itinerante das cartas já imprimia maior flexibilidade a esses instrumentos, facultando que a carta fosse apresentada a juízo diverso do que dela consta (CPC/1973, art. 204; CPC, art. 262). Como já assinalava Egas Moniz de Aragão[26], essa itinerância já permitia contornar certas dificuldades geográficas que pudessem se impor, em decorrência de erro

---

21 THEODORO Jr., Humberto. *Curso de direito processual civil.* v. 1. Rio de Janeiro: Forense, 2017. p. 321.

22 Nesse sentido, o art. 205 do CPC-1973: "Havendo urgência, transmitir-se-ão a carta de ordem e a carta precatória por telegrama, radiograma ou telefone".

23 Previa o art. 200 do CPC-1973: "*Art. 200. Os atos processuais serão cumpridos por ordem judicial ou requisitados por carta, conforme hajam de realizar-se dentro ou fora dos limites territoriais da comarca.*" Nesse sentido, esclarecia Egas Dirceu Moniz de Aragão que "*nem sempre o conceito de carta está vinculado à prática dos atos processuais fora da circunscrição territorial do juízo perante o qual o processo tramita. Às vezes as cartas são expedidas por uma questão de conveniência e deve ser cumprida dentro do mesmo território do juízo. É o que se dá com as cartas de ordem, que não contêm solicitação, mas determinação.*" (in. ARAGÃO, Egas Moniz de. *Ob. Cit.* p. 133.)

24 SANTOS, Moacyr Amaral. *Primeiras linhas de direito processual civil.* v.1. São Paulo: Saraiva, 2007. p. 72; GRECO, Leonardo. *Instituições de processo civil.* v.1. Rio de Janeiro: Forense, 2015. p. 119.

25 Deve-se ressalvar, porém, a Lei nº 9.099/1995, que, em seu art. 13, § 2º, flexibilizou sobremaneira a comunicação transjudicial para a prática dos atos processuais por ela regidos ao estabelecer que "a prática de atos processuais em outras comarcas poderá ser solicitada por qualquer meio idôneo de comunicação".

26 ARAGÃO, Egas Moniz de. *Ob. Cit.* p. 141.

na designação do juízo deprecado ou, até mesmo, de alterações na divisão judiciária, repercutindo, assim, na competência.

Não se pode negar que o progresso e a difusão dos meios eletrônicos de comunicação na sociedade influenciam sobremaneira o direito[27]. Da mesma forma que a difusão tecnológica pode colocar em risco valores que o direito busca proteger[28], como o sigilo de dados, o progresso das tecnologias tem o potencial de conferir maior eficiência à atividade de satisfação de direitos. É fundamental garantir que esse ganho de eficiência supere os riscos inerentes, o que deve ser acompanhado do desenvolvimento de tecnologias de combate aos riscos tecnológicos, como mecanismos de registro de acesso e proteção antivírus, por exemplo.

No âmbito do processo civil, instituiu-se o processo eletrônico, pela Lei nº 11.419/2006, de modo a privilegiar os meios informatizados de comunicação interjudicial.

O progresso tecnológico proporcionou maior funcionalidade aos meios de comunicação entre juízos. Tanto é assim que o CPC atual prevê que a comunicação interjudicial também se dará "por meio de videoconferência ou outro recurso tecnológico de transmissão de sons e imagens em tempo real" (CPC, art. 236, § 3º). Observa-se, então, maior adaptabilidade dos meios de comunicação para a prática dos atos processuais.

O CPC manteve o sistema de cartas, porém delimitou seu âmbito de atuação. Nos termos do seu art. 236, § 1º, as cartas serão expedidas nos casos em que o ato processual tiver de ser praticado fora dos limites territoriais do tribunal, da comarca, da seção ou subseção judiciárias. A regra existe para dar maior funcionalidade ao sistema de cartas, destinando-as aos casos em que, realmente, mostrem-se ser o meio mais eficaz e eficiente de comunicação.

De fato, o Brasil é um país de dimensões continentais; o progresso tecnológico ainda não é realidade para grande parte da população, que se vê privada do acesso aos meios informatizados de comunicação. Nessas situações, por exemplo, as cartas precatórias ainda são o meio mais eficaz para a prática dos atos processuais.

Isso não significa dizer, porém, que a prática dos atos processuais fora dos limites territoriais da comarca deverá ser realizada, necessariamente, por meio das cartas precatórias. Nas comarcas contíguas de fácil comunicação

27 De acordo com Eduardo Couture, o progresso do direito não pode dissociar-se do progresso da ciência; "negá-lo significa negar o fim da ciência e o fim do direito" (COUTURE, Eduardo Juan. *Fundamentos del derecho procesal civil.* cit. p. 262).

28 ARABI, Abhner Youssif Mota. *Direito e tecnologia: relação cada vez mais necessária* (3/1/2017). Disponível em: https://www.jota.info/opiniao-e-analise/artigos/direito-e-tecnologia-relacao-cada-vez-mais-necessaria-03012017 / Acesso em: 15/1/2019.

e nas que se situam na mesma região metropolitana, é dispensável o uso da carta precatória (CPC, art. 255). Nesses casos, permite-se a prática de atos jurisdicionais independentemente da utilização das cartas, o que, aliás já era permitido ainda na vigência do CPC/1973 (art. 230).

É possível dispensar a utilização das cartas em favor de outros meios de cooperação que se mostrem mais eficientes, conforme autoriza o art. 69 do CPC. O rol meramente exemplificativo dos instrumentos de comunicação listados no art. 69 do CPC permite essa conclusão, tornando mais funcionais, flexíveis e adaptáveis os instrumentos de comunicação interjudicial.

O CPC, como se vê, privilegia a eficiência da comunicação e da cooperação entre juízos, na medida em que cria um microssistema de comunicação amplo, integrado e eficiente para a prática dos atos processuais.

3.2 DO MODELO DE PROCESSO ASSIMÉTRICO AO MODELO PROCESSUAL COOPERATIVO

Costumam-se identificar dois modelos tradicionais de organização do processo: os modelos processuais dispositivo (adversarial) e inquisitivo (não--adversarial). Conforme aponta Jolowicz, o processo "dispositivo" remete, pelo menos, a duas noções: em primeiro lugar, à ideia de um processo moldado pelas partes e, apenas, para as partes, que delimitam a controvérsia por meio de suas alegações e, em segundo lugar, à noção de que o juiz deve investigar os fatos, levando em consideração apenas as evidências apresentadas pelas partes. Nesse modelo, as partes são adversárias, não apenas em virtude da oposição que ocupam uma em relação a outra, mas, igualmente, no sentido de que o papel do juiz é simplesmente decidir o vencedor ao final de um "duelo" lutado pelas partes com as armas por elas escolhidas[29].

O modelo de processo adversarial é, tradicionalmente, caracterizado por adquirir a forma de uma disputa ou competição; as partes apresentam postura ativa no procedimento, atuando como protagonistas em face de um juiz relativamente passivo, cuja principal função é proferir uma decisão. Por sua vez, o modelo de processo inquisitivo é estruturado em torno da atividade do juiz, que é protagonista do procedimento[30]. Há, igualmente, quem relacione esses modelos de processo ao sistema do *common law*, que seria marcadamente dispositivo e ao sistema do *civil law*, preponderantemente inquisitivo[31].

---

29 JOLOWICZ, J. A. *On civil procedure*. New York: Cambridge University Press, 2000. p. 176-177.

30 DAMASKA, Mirjan R. *The faces of justice*. New Haven: Yale University Press, 1986. p. 3.

31 DENTI, Vittorio. Crisi della giustizia e crisi della società. *Rivista di diritto processuale*, v. XXXVIII, II Serie. Padova: CEDAM, 1983. p. 586.

Não se pode perder de vista, contudo, que entre os dois modelos de processo não há um abismo que os divise absolutamente. Não há sistema puramente dispositivo ou inquisitivo[32]. Na verdade, os procedimentos são estruturados a partir de combinações entre elementos dispositivos e inquisitoriais, podendo haver a predominância de um em relação ao outro[33].

Afora os modelos clássicos de processo, fala-se numa terceira forma de organização processual, ancorada nos princípios do devido processo legal, da boa-fé processual e do contraditório, que – juntos – conformam o princípio da cooperação. Trata-se do modelo processual cooperativo, que "define o modo como o processo civil deve estruturar-se no direito brasileiro."[34]

O modelo processual cooperativo caracteriza-se por um redimensionamento dos papeis desempenhados pelos sujeitos no processo – em especial, as partes e o juiz[35]-[36], que passam a ter o dever de orientar suas atividades segundo o princípio da cooperação[37]. O processo cooperativo deve "orientar-se pelo diálogo e comunicação entre os sujeitos processuais, privilegiando tais aspectos em detrimento de um enfoque estratégico ou duelístico"[38]. Esse

32 "O que se acaba de dizer aponta no sentido de uma distância de fato menor, entre os dois modelos, do que à primeira vista se poderia supor. Mas não é apenas nesse plano que se revela despistadora a ênfase posta nos contrastes. A verdade é que a substância de cada um dos sistemas não se deixa captar por inteiro pela contemplação exclusiva daquilo em que divergem. Tornou-se, aliás, noção corriqueira a de que em nenhum lugar ou momento da história se consagrou sistema processual quimicamente puro: todos os modelos conhecidos combinam elementos de diversificada inspiração – variando, é fácil compreender, a respectiva dosagem." (MOREIRA, José Carlos Barbosa. *Temas de direito processual – sétima série*. São Paulo: Saraiva, 2001. p. 161).

33 DIDIER JR., Fredie. Os três modelos de direito processual: inquisitivo, dispositivo e cooperativo. *Revista de Processo*. v. 198. ago./2011 (versão digital). p. 2.

34 DIDIER JR., Fredie. Os três modelos de direito processual: inquisitivo, dispositivo e cooperativo. cit., p. 4.

35 Para Daniel Mitidiero, cuida-se de um modelo que "visa dividir de maneira equilibrada as posições jurídicas do juiz e das partes no processo civil, estruturando-o como uma verdadeira comunidade de trabalho, em que se privilegia o trabalho processual em conjunto do juiz e das partes". (MITIDIERO, Daniel. *Colaboração no processo civil*: pressupostos sociais, lógicos e éticos. São Paulo: Revista dos Tribunais, 2015. p. 52). Entendemos, todavia, que o modelo processual cooperativo redimensiona, de forma equilibrada, as posições de todos os sujeitos que, de alguma forma, participem do processo (não apenas as partes e o juiz), exigindo-se deles uma performance colaborativa.

36 "Il congiunto operare del giudice e delle parti se presta ad essere ripensato, infatti, sotto profili diversi: ciascuno dei quali appare a sua volta suscettibile di uma varietá di interpretazioni e di riconstruzioni, sul piano della logica che utilize dati universali dell'esperienza giuridica, ancor prima che sul piano del diritto codificato".-trad. livre: "A atuação conjunta do juiz e das partes, de fato, deve ser repensada sob perfis diversos: cada um dos quais parece susceptível a uma variedade de interpretações e de reconstruções sob o plano da lógica que utiliza dados universais da experiência jurídica, mesmo antes do que sob plano do direito codificado." (GRASSO, Eduardo. La collaborazione nel processo civile. *Revista di diritto processuale*. v. XXI. Pádova: CEDAM, 1966, p. 581).

37 GOUVEIA, Lúcio Grassi. A função legitimadora da cooperação intersubjetiva no processo civil brasileiro. *Revista de processo*, v. 172, ano 34, jun. 2009. p. 35.

38 Idem. p. 36.

reagrupamento distingue o modelo cooperativo dos tradicionais modelos de processo adversarial e inquisitorial[39].

O modelo processual cooperativo é marcado por uma dinâmica de interações constantes entre os sujeitos processuais, criando, assim, um ambiente de comparticipação, em que as funções por eles desempenhadas, independentemente das posições jurídicas que ocupam, "devem ser, sob uma visão teleológica, compreendidas como funções convergentes ou complementares atribuídas a vários sujeitos, mas com finalidades tangentes"[40].

Parte-se do pressuposto de que há objetivos comuns a serem alcançados no processo, por meio da atuação de todos os sujeitos processuais. Isto é, a cooperação não é para as partes ou para o juiz, mas sim para o processo[41]. Todos os sujeitos devem cooperar para que haja a prestação de uma tutela jurisdicional adequada, efetiva e em tempo razoável. Daí se dizer que o modelo de processo cooperativo é caracterizado por instituir uma "comunidade de trabalho" (*Arbeitsgemeinschaft*), em que cada sujeito processual tem participação ativa, contribuindo para a solução do litígio e a prestação da justiça.

O modelo de processo cooperativo promove, enfim, a eticização e a humanização do processo[42], a partir da valorização das normas fundamentais processuais e da interpretação conforme a Constituição, em detrimento do rigorismo e tecnicismo formal das regras processuais.

O Código de Processo Civil de 2015 adotou esse novo modelo de processo, tendo elencado o princípio da cooperação como norma fundamental, encartada no seu art. 6º, a reger todo o sistema. O modelo de processo cooperativo é, portanto, ancorado em bases dialógicas, sendo o contraditório o elemento propulsor do diálogo judicial.

No modelo de processo cooperativo, o juiz é partícipe do diálogo judicial, sendo sujeito do contraditório[43]. Na condução do processo, todos os sujeitos processuais são protagonistas; há paridade entre eles no curso do processo e assimetria no momento da decisão, já que a decisão judicial é

---

39 DIDIER Jr., Fredie. *Fundamentos do princípio da cooperação no processo civil português*. Coimbra: Coimbra, 2010. p. 42.

40 CABRAL, Antonio do Passo. *Nulidades no processo civil moderno*: contraditório, proteção da confiança e validade *prima facie* dos atos processuais. Rio de Janeiro: Forense, 2010. p. 195.

41 ZANETI JR., Hermes. O princípio da cooperação e o código de processo civil: cooperação para o processo. *In*. MARX NETO, Edgard Audomar *et. al*. (Coord.). *Processo civil contemporâneo. Homenagem aos 80 anos do professor Humberto Theodoro Júnior*. Rio de Janeiro: Forense, 2018. p. 147.

42 GOUVEIA, Lúcio Grassi. A função legitimadora da cooperação intersubjetiva no processo civil brasileiro. cit., p. 37.

43 Como bem elucida Fredir Didier Jr., o magistrado é orientado "a tomar uma posição de agente-colaborador do processo, de participante ativo do contraditório e não mais de mero fiscal de regras" (DIDIER Jr., Fredie. O princípio da cooperação: uma apresentação. *Revista de processo*. São Paulo, n. 127, set./2005, p. 76).

resultado de uma função que incumbe ao órgão jurisdicional[44]. O juiz prolata a decisão, que, por sua vez, deve ser fruto de uma atividade conjunta, em que há interações de todos os sujeitos que atuam no processo[45].

As atividades desempenhadas pelos sujeitos processuais, no âmbito de um processo cooperativo, agregam-se numa ação coordenada e direcionada para um mesmo fim, porém nos limites impostos pelo ordenamento e pelas atribuições específicas de cada sujeito processual[46].

É a cooperação que organiza e ordena as forças operantes no processo[47], mediante a previsão de deveres de cooperação para todos os participantes do procedimento, que – quando corretamente observados – legitimam os atos praticados pelos sujeitos processuais e, sobretudo, o exercício da função jurisdicional[48].

3.3 OS PODERES DO JUIZ NO PROCESSO

3.3.1 Redimensionamento do papel do juiz no processo

O sistema processual civil, tradicionalmente, tem encarado a figura do juiz de maneira paradoxal, ora ampliando seus poderes, ora limitando-os. No Código de Processo Civil anterior, por exemplo, ao passo em que se concedia maior liberdade ao juiz para apreciar a prova, decidindo livremente sobre a pretensão formulada (CPC-1973, art. 131), não se permitia que ele dispusesse sobre o procedimento para melhor adequá-lo ao direito material demandado em juízo[49].

Essa restrição à liberdade da atividade judicial obedece a premissas diversas, das mais variadas ordens: ideológica, sociopolítica ou até mesmo decorrente da tradição[50], sendo tarefa difícil identificar as reais causas que ensejam esse tratamento tão díspar e, muitas vezes, confuso.

---

44 DIDIER JR., Fredie. *Fundamentos do princípio da cooperação no processo civil português*. cit., p. 46-49.

45 CUNHA, Leonardo Carneiro da. *A atendibilidade dos fatos supervenientes no processo civil*. Coimbra: Almedina, 2012. p. 65.

46 AUILO, Rafael Stefanini. *O modelo cooperativo de processo civil no novo cpc*. Salvador: JusPodivm, 2017. p. 51.

47 GRASSO, Eduardo. La collaborazione nel processo civile. *cit*, p. 584.

48 "o ato criativo do direito, para ser legitimado democraticamente, há de ser fruto de uma com-participação dos sujeitos processuais, resultado do diálogo judicial. Nesse sentido, o princípio da cooperação exerce uma evidente função legitimadora da atividade decisória dos juízes, já que o estado de coisas por ele propugnado reflete, justamente, a necessidade de criação desse ambiente dialógico e participativo." (BARREIROS, Lorena Miranda Santos. *Fundamentos constitucionais do princípio da cooperação processual*. Salvador: JusPodivm, 2013. p. 185).

49 Observando o paradoxo: GAJARDONI, Fernando da Fonseca. *Flexibilização procedimental* - um novo enfoque para o estudo do procedimento em matéria processual. São Paulo: Atlas, 2008, p. 1-8.

50 DIDIER JR., Fredie.; CABRAL, Antonio do Passo.; CUNHA, Leonardo Carneiro da. *Por uma nova teoria dos procedimentos especiais*. Salvador: JusPodivm, 2018. p. 29-30. Para José Roberto dos Santos Be-

Contudo, não se pode negar que a doutrina tem evoluído para destacar a importância e a necessidade de se privilegiarem os poderes do juiz no processo. Hoje, verifica-se um estado de ânimo tendente a revalorizar o momento jurisprudencial do direito. É o que se verifica pela valorização da força dos precedentes por meio da adoção de mecanismos de uniformização e formação de precedentes obrigatórios. A tarefa de adequar o direito à realidade histórico-social pertence também ao juiz[51]. A expansão da atividade jurisdicional, aliás, não se restringe ao plano processual, estendendo-se também ao direito material. O juiz é chamado a desenvolver funções que antes pareciam reservadas a outras instituições[52].

A mudança da atuação do juiz é, historicamente, retratada por três símbolos propostos por François Öst[53]: o Juiz-Júpiter, Juiz-Hércules e Juiz-Hermes[54]. Segundo Öst, cada juiz simboliza um "modelo de direito" ou "modelo de jurisdição".

O Juiz-Júpiter é retratado no topo de um monte, numa imagem piramidal, sendo representado pelas tábuas da lei, códigos e constituições modernas, a partir dos quais deduz as decisões para cada caso. O Juiz-Hércules, por sua vez, é retratado numa pirâmide invertida (um funil), sendo ele a única fonte do direito. Esse juiz é caracterizado por ser um "monopolizador da jurisdição" no Estado Social. Suas decisões são marcadas pela discricionariedade, ensejando a proliferação de decisões particulares, que se sobrepõem à generalidade e abstração das leis.

O Juiz-Júpiter e o Juiz-Hércules representam, respectivamente, o ideal e o material. Trata-se da representação da transição do Estado Liberal ou Estado de Direito do século XIX para o Estado Social ou assistencial do século XX. É a passagem da transcendência à imanência dos conflitos individuais.

Por fim, Öst apresenta o Juiz-Hermes, o mensageiro dos deuses, que está ora no céu, ora na terra ou no inferno. Ele é a representação do juiz pós-moderno; o juiz inserido numa sociedade marcada pela complexidade

---

daque, todavia, essa restrição está ligada, exclusivamente, à concepção de processo e de sua função. (BEDAQUE, José Roberto dos Santos. *Poderes instrutórios do juiz*. São Paulo: Revista dos Tribunais, 2011. p. 10-11).

51 PICARDI, Nicola. *Jurisdição e processo*. Rio de Janeiro: Forense, 2008, p. 2.

52 PICARDI, Nicola. *Jurisdição e processo*. cit, p. 5.

53 OST, François. Júpiter, Hércules y Hermes: tres modelos de juez. *Doxa: Cuadernos de filosofia del derecho*. n. 14, 1993, p. 169-194. Disponível em: http://www.cervantesvirtual.com/nd/ark:/59851/bmcsj1v8 Data de acesso: 14/5/2018.

54 Igualmente relevante é a tipologia proposta por Andrian Galindo, que identifica, a partir do estudo dos códigos de processo civil em Portugal, 4 tipos de juízes: o juiz árbitro (CPC-1876), o juiz ativo (CPC-1939), o juiz cooperante (CPC-1995) e o juiz gestor (CPC-2013). (GALINDO, Andrian. *Contributo para uma teoria geral da adequação formal judicial*. 172f. Dissertação de mestrado - Faculdade de Direito da Universidade de Lisboa, 2016, p. 20-56).

dos conflitos e pelo seu dinamismo. Hermes é um grande comunicador e mediador universal, daí por que adota a forma de uma rede. O Juiz-Hermes não está em nenhum ponto extremo (ele não é nem pirâmide, nem funil, muito menos a sobreposição de ambos), mas numa multiplicidade de pontos que se inter-relacionam, em rede.

O direito contemporâneo e, mais precisamente, o sistema processual atual formam uma estrutura de rede – tal como um banco de dados –, marcada pelo intenso intercâmbio de informações, instantaneamente disponíveis, e pela variedade dos graus de complexidade dos conflitos que são submetidos ao Judiciário.

O sistema processual atual segue, enfim, um modelo[55] cooperativo (enredado, para situar Öst) de processo. O Código de Processo Civil atual institucionaliza e sistematiza deveres de conduta a serem observados por todos os sujeitos processuais (partes, intervenientes, Ministério público, juízes etc). Além disso, incentiva a utilização dos meios adequados de resolução de conflitos, elimina o excesso de formalidades, privilegia a flexibilização dos procedimentos, criando mecanismos de simplificação e de desburocratização do sistema.

Todas essas medidas são tendentes a viabilizar a obtenção de uma tutela jurisdicional mais eficiente, em tempo razoável e adequada[56] aos conflitos submetidos ao Judiciário[57], fazendo com que o processo civil apresente novos contornos.

55 Segundo Cândido Rangel Dinamarco, "o modelo processual civil brasileiro é o resultado do que dispõem as normas constitucionais e infraconstitucionais deste país com relação às técnicas e categorias jurídicas predispostas à solução de conflitos e às pessoas e conjuntos de pessoas encarregadas de pôr em ação as técnicas processuais" (DINAMARCO, Cândido Rangel. *Instituições de direito processual civil*, v.1. São Paulo: Malheiros, 2016, p. 285).

56 Como assinala Carlos Alberto Alvaro de Oliveira, "a estrutura mesmo do processo civil não é moldada pela simples adaptação da técnica do instrumento processual a um objetivo determinado, mas especialmente por escolhas de natureza política em busca de meios mais adequados e eficientes para a realização dos valores, especialmente os de conteúdo constitucional". (OLIVEIRA, Carlos Alberto Álvaro de. Poderes do juiz e visão cooperativa do processo. *Revista da Ajuris*. Porto Alegre, ano 30, n. 90, 2003, p. 55.)

57 É o que se pode inferir da própria exposição de motivos do anteprojeto do Código de Processo Civil de 2015, que elencou os *cinco objetivos* orientadores dos trabalhos da comissão de juristas na elaboração do novo código: "*1) estabelecer expressa e implicitamente verdadeira sintonia fina com a Constituição Federal; 2) criar condições para que o juiz possa proferir decisão de forma mais rente à realidade fática subjacente à causa; 3) simplificar, resolvendo problemas e reduzindo a complexidade de subsistemas, como, por exemplo, o recursal; 4) dar todo o rendimento possível a cada processo em si mesmo considerado; e, 5) finalmente, sendo talvez este último objetivo parcialmente alcançado pela realização daqueles mencionados antes, imprimir maior grau de organicidade ao sistema, dando-lhe, assim, mais coesão.*" (Comissão de juristas instituída pelo ato do presidente do Senado Federal nº 379, de 2009. *Anteprojeto do novo código de processo civil*. Disponível em: < https://www.senado.gov.br/senado/novocpc/pdf/Anteprojeto.pdf> Data de acesso: 1º/11/2016)

Supera-se a ideia de que a jurisdição – tradicionalmente entendida como manifestação do poder estatal exercido pelos juízes para consecução dos fins do próprio Estado[58] – ocupa o lugar de destaque na teoria do processo[59] e reforça-se a posição dos sujeitos processuais, aí incluído o juiz.

Todo esse conjunto de fatores exige do julgador uma postura ativa, dialética e dinâmica na direção do processo, o que não significa dizer que ele deva ser considerado um juiz *ativista* (em remissão ao ativismo judicial). O termo *ativo* aqui utilizado é empregado em contraposição ao termo *passivo*. Em nosso sentir, um juiz *ativo* é aquele que possui poderes para atuar ativamente no processo, em cooperação com os demais sujeitos processuais. Diferente é a postura do juiz *ativista*, que, muito embora adote postura ativa, ele o faz de maneira isolada e assimétrica[60].

No modelo de processo cooperativo, o juiz exerce papel fundamental na condução do processo, sem limitar a atuação das partes durante o procedimento, que, ao contrário do que acontece no ativismo judicial, é desenvolvido de forma compartilhada, em cooperação com as partes e com os demais sujeitos processuais.

3.3.2 Gestão judicial, gestão processual e gestão das decisões. O *case management*

A gestão judicial é gênero do qual são espécie a gestão dos tribunais, a gestão processual (*case management*) e a gestão das decisões[61]. Ela abrange todas as dimensões da administração, organização e governança da atividade jurisdicional, seja no que diz respeito à administração institucional da justiça

---

58 Colocando a jurisdição como polo metodológico do processo civil, Cândido Rangel Dinamarco quando da 8ª edição do seu livro "A instrumentalidade do processo" afirmou que em torno da jurisdição é que gravitam os demais institutos de direito processual e sua disciplina, concluindo que "da visão publicista da ordem processual, a partir de seus objetivos e inserção no sistema político-jurídico da nação, deflui com muita naturalidade a jurisdição ao centro". (DINAMARCO, Cândido Rangel. *A instrumentalidade do processo*. São Paulo: Malheiros, 1987, p.77-78).

59 Daniel Mitidiero bem elucida que "a jurisdição não pode mais ser colocada como centro da teoria do processo civil. Insistir nessa postura revela uma visão um tanto quanto unilateral do fenômeno processual, sobre ignorar a dimensão essencialmente participativa que a democracia logrou alcançar na teoria do direito constitucional hodierno". (MITIDIERO, Daniel. *Colaboração no processo civil: pressupostos sociais, lógicos e éticos*. São Paulo: Revista dos Tribunais, 2015, p. 45).

60 Tatiana Machado Alves afirma que o juiz ativo possui poderes para "*atuar ativamente no processo, exercendo um controle formal e/ou material do seu desenvolvimento*". Por sua vez, o juiz ativista, "*tem poderes formais e materiais de direção processual (...), não havendo uma preocupação com o estabelecimento de uma comunidade integrativa de trabalho com os demais sujeitos processuais*." (ALVES, Tatiana Machado. *O gerenciamento processual no novo CPC* – mecanismos para gestão cooperativa da instrução. Salvador: JusPodivm, 2019, p. 88).

61 COELHO, Nuno.; LOPES, José Mouraz.; MATOS, José Igreja.; MENDES, Luís de Azevedo. *Manual de gestão judicial*. Coimba: Almedina, 2015. p. 9-13.

(plano macro)[62], à organização dos tribunais (plano médio), como também à organização da própria prestação jurisdicional (plano micro).

A gestão processual corresponde, justamente, ao plano micro da gestão judicial[63]. Diz respeito aos diversos procedimentos e técnicas destinadas a conferir maior racionalidade, funcionalidade e celeridade na prestação jurisdicional. Podem-se citar, como exemplos de gerenciamento do processo, os instrumentos de contensão da litigância repetitiva, os negócios jurídicos processuais, o estabelecimento de técnicas processuais diferenciadas etc.[64]

A gestão do processo envolve "uma pretensão que tem como objetivo a chegada à sentença judicial e a sua compreensibilidade por seus destinatários."[65]

No processo, o conjunto das técnicas de gestão do procedimento recebeu a denominação de *case management*[66]. O termo *case management* popularizou-se no direito processual civil comparado como resultado das reformas promovidas por Lord Woolf na Inglaterra e no País de Gales em 1998[67]. Todavia, o termo expandiu-se quando da entrada em vigor de uma legislação processual específica, em 1999, pela Inglaterra e pelo País de Gales, disciplinando a gestão processual – as *Civil Procedure Rules* (CPR). Esse novo sistema incrementava os poderes do juiz no gerenciamento do processo, o que incluía a identificação, desde cedo, das questões controvertidas, a caledarização dos atos e diligências, os poderes oficiosos do juiz em matéria probatória etc.[68]

---

62 Entendendo que a noção de *case management* não se limita à etapa prévia do julgamento, Löic Cadit assevera: "*Certes, la notion de case management ne se réduit pas à la mise en état des affaires et doit être comprise dans un sens plus large, on pourrait dire macrojudiciaire, renvoyant à l'idée de management judiciaire, c'est-à-dire de l'office du juge dans la gestion des procès, qui paraît beaucoup plus recente.*"(CADIET, Löic. Case management judiciaire et deformalisation de la procedure. *Revue française d'administration publique*, 2008, n. 125, p. 133-150. Disponível em: https://www.cairn.info/revue-francaise-d-administrationpublique-2008-1-page-133.htm Data de acesso: 8/8/2018).

– Trad. livre: "é certo que a noção de *case management* não se limita à preparação de casos e deve ser compreendido num sentido mais amplo, pode-se dizer macrojudicial, remetendo à ideia de gerenciamento judicial, isto é, o ofício do juiz na gestão do processo, que parece muito mais recente."

63 Ibidem.

64 CAMPOS, Eduardo Luiz Cavalcanti. *O princípio da eficiência no processo civil brasileiro*. Rio de Janeiro: Forense, 2018. p. 119-120.

65 BOCHENEK, Antônio César; [et al.]. *Manual luso-brasileiro de gestão judicial*. São Paulo: Almedina, 2018, p. 323.

66 "*Case management* é, em suma, uma atividade processual que fortalece o controle judicial sobre: a) identificação de questões relevantes, b) maior utilização pelas partes de meios alternativos de solução de controvérsias, e c) tempo necessário para concluir adequadamente todos os passos processuais."(WATANABE, Kazuo. Cultura da sentença e cultura da pacificação. In: YARSHELL, Flávio Luiz; MORAES, Maurício Zanoide de. (coord). *Estudos em homenagem à professora Ada Pellegrini Grinover*. São Paulo: DPJ, 2005, p.689).

67 VAN RHEE, C.H. *European Traditions in Civil Procedure*. Antwerp/Oxford: Intersentia, 2005. p. 20 .

68 BOCHENEK, Antônio César; [et al.]. *Manual luso-brasileiro de gestão judicial*. cit, p. 329. ALVES, Tatiana Machado. *O gerenciamento processual no novo CPC*, cit.

No direito comparado, o *case management* é caracterizado pelo incremento dos poderes do juiz na administração e organização do processo, conferindo ao julgador poderes de flexibilização e adequação para conduzir o processo a fim de atingir um resultado ótimo[69].

Antônio César Bochenek, José Mouraz Lopez, José Igreja Matos, Luís Azevedo Mendes, Nuno Coelho e Vladimir Passos de Freitas definem a gestão processual como "a intervenção contenciosa dos atores jurisdicionais no tratamento dos casos ou processos, através da utilização de variadas técnicas com o propósito de dispor as tarefas processuais de um modo mais célere, equitativo e menos dispendioso."[70]

É preciso, todavia, advertir que a gestão do processo não se confunde com a flexibilização do procedimento. Como assinala Eduardo Campos, a gestão processual vai muito além disso. Compreende tanto a gestão dentro do processo (*intraprocessual*), que diz respeito ao estabelecimento de técnicas de gerenciamento numa determinada relação processual, a exemplo da calendarização e adaptações processuais; quanto a gestão fora de uma relação processual específica (*interprocessual*), envolvendo o gerenciamento de vários processos, a exemplo da criação de técnicas para julgamento de questões repetitivas[71].

O *case management* caracteriza-se pelo contínuo controle do processo seguindo parâmetros de eficiência, a fim de alcançar celeridade e, principalmente, qualidade das decisões. As técnicas de gestão processual são planejadas e visam racionalizar a prestação jurisdicional, adotando-se meios mais adequados, menos dispendiosos e no menor espaço de tempo. Nessa atividade, o órgão jurisdicional recorre a práticas inteligentes de ordenação do processo e ao uso dos meios legais e operacionais mais eficientes.[72]

No sistema jurídico brasileiro[73], não existe um "dever de gestão processual" expresso num texto normativo e imposto ao juiz, tal como há no sistema jurídico português, por exemplo.[74]Todavia, é equivocado afirmar

---

69 Judith Resnik critica a figura do juiz gestor (*managerial judges*), enquadrado no âmbito do *case management*. Afirma que o gerenciamento judicial seria uma nova forma de "ativismo judicial". Afirma que o gerenciamento judicial induz os juízes a valorizarem mais suas estatísticas do que a qualidade de seus provimentos. (RESNIK, Judith. Managerial judges. *Harvard Law Review*, v. 96, nº 2, dec./1982, p. 380).

70 BOCHENEK, Antônio César; [et al.]. *Manual luso-brasileiro de gestão judicial*. cit, p. 324.

71 VAN RHEE, C.H. *European Traditions in Civil Procedure*. cit.,p. 122.

72 BOCHENEK, Antônio César; [et al.]. *Manual luso-brasileiro de gestão judicial*. cit, p. 324.

73 Sobre a gestão de processos, no Brasil: SILVA, Paulo Eduardo Alves da. *Gerenciamento de processos judiciais*. São Paulo: Saraiva, 2010. CAHALI, Cláudia Elizabete Schwerz. *O gerenciamento de processos judiais*: em busca da efetividade da prestação jurisdicional. Brasília: Gazeta Jurídica, 2013.

74 Dispõe o art. 6º do Código de Processo Civil Português: 1 - Cumpre ao juiz, sem prejuízo do ónus de impulso especialmente imposto pela lei às partes, dirigir ativamente o processo e providenciar pelo seu andamento célere, promovendo oficiosamente as diligên-

que o direito brasileiro nega ou desconsidera a existência de sua necessária observância.

Ainda sob a vigência do CPC/1973, já era possível vislumbrar a adoção de técnicas de gestão pelos órgãos jurisdicionais, a exemplo do controle exercido pelo CNJ, a triagem de processos, o estímulo à autocomposição, por meio da implementação de centrais de conciliação e mediação nos tribunais, dentre outros.

O art. 177 do CPC/1973 (CPC, art. 218, § 1º), por exemplo, dispunha que, em caso de omissão legal, deveria o juiz fixar os prazos processuais de acordo com a complexidade da causa. Além disso, o art. 1.190 do Código revogado (CPC, art. 723) permitia ao juiz adotar a solução que reputasse mais conveniente ou oportuna, nos procedimentos de jurisdição voluntária, desobrigando-o do dever de observar o critério da legalidade estrita. A doutrina[75], igualmente, já se preocupava em estudar e defender uma maior flexibilização dos procedimentos e atos processuais, em contraposição à rigidez e formalidades processuais.

No CPC atual, é possível vislumbrar uma preocupação com a gestão processual a partir do princípio da eficiência, este positivado no art. 8º do CPC e enunciado sob a forma de cláusula geral[76]. Confere-se, assim, ao juiz, maior flexibilidade para implementar as técnicas processuais adequadas tanto dentro do processo (flexibilização procedimental, calendarização, alteração da ordem dos meios de produção das provas etc), quanto fora dele (procedimentos para reunião de processos repetitivos, concerto de atos entre os juízes etc), de modo a concretizar o princípio da eficiência.

De fato, diante da complexidade dos litígios submetidos ao Judiciário, observa-se a criação e a utilização crescente de mecanismos processuais tendentes a reduzir a complexidade e a litigiosidade de massa e repetitiva. Fala-se do incidente de resolução de demandas repetitivas – IRDR (CPC,

---

cias necessárias ao normal prosseguimento da ação, recusando o que for impertinente ou meramente dilatório e, ouvidas as partes, adotando mecanismos de simplificação e agilização processual que garantam a justa composição do litígio em prazo razoável. 2 - O juiz providencia oficiosamente pelo suprimento da falta de pressupostos processuais suscetíveis de sanação, determinando a realização dos atos necessários à regularização da instância ou, quando a sanação dependa de ato que deva ser praticado pelas partes, convidando estas a praticá-lo.

75 BEDAQUE, José Roberto dos Santos. Efetividade do processo e técnica processual. São Paulo: Malheiros, 2006. p. 63.; DIDIER JR., Fredie. *Sobre dois importantes, e esquecidos, princípios do processo: adequação e adaptabilidade do procedimento.* Disponível em: http://www.abdpc.org.br/abdpc/artigos/fredie%20didier_3_-%20formatado.pdf Data de acesso: 8/8/2018.; GAJARDONI, Fernando da Fonseca. *Flexibilização procedimental* - um novo enfoque para o estudo do procedimento em matéria processual. São Paulo: Atlas, 2008.

76 CAMPOS, Eduardo Luiz Cavalcanti. *Ob. Cit.* p. 136.

art. 976 e ss.), recursos especial e extraordinário repetitivos (CPC, art. 1.036 e ss.), reunião de processos conexos (CPC, art. 55) etc.

Todos esses mecanismos processuais de gestão e julgamento, além de servirem como instrumentos de contenção da complexidade, funcionam como canais de comunicação entre os diversos órgãos jurisdicionais. A intensificação dessas interações, confere eficiência e previsibilidade ao processo – além de garantir segurança jurídica –, diminuindo a contingência das decisões judiciais.

Ressalte-se, ademais, que a atividade de gestão processual desempenhada pelo juiz não prescinde dos deveres de cooperação. Isso porque, mais do que gerenciar o processo, o juiz deve gerir o conflito, devendo fazê-lo em cooperação com as partes[77] e com outros juízes[78]. Na verdade, os deveres de cooperação trazem em si elementos de gestão processual, que visam garantir a eficiência na prestação jurisdicional.

Ainda que não se pudesse vislumbrar a gestão processual a partir do art. 8º do CPC, poder-se-ia fazê-lo a partir de outras regras específicas previstas no Código. É o caso, por exemplo, do inciso VI do art. 139 do CPC, que permite, ao juiz, "dilatar os prazos processuais e alterar a ordem de produção dos meios de prova, adequando-os às necessidades do conflito (...)". Reconhece-se, portanto, o poder do juiz de adequar o procedimento às especificidades do conflito, tendo sempre como baliza a eficiência do processo.

*3.3.2.1 Gestão da competência (*case assignment management*)*

Já se viu que o gerenciamento de processos confere maior funcionalidade e adaptabilidade ao sistema processual. Esses atributos permitem, igualmente, o exercício da gestão da competência, que passa a ser distribuída ou atribuída pelo ordenamento conforme os parâmetros de eficiência processual.[79-80]

---

77 São exemplos as hipóteses do art. 357, § 3º (saneamento compartilhado), art. 357, § 8º (calendarização) e do art. 191 do CPC (calendário processual).

78 É o caso dos pedidos de cooperação entre os órgãos jurisdicionais (CPC, art. 69).

79 Criticando o critério tradicional de "competência funcional", Antonio do Passo Cabral defende que a funcionalidade do sistema de competências é ordenada pelos critérios de flexibilidade e coordenação, daí ser possível falar em gestão da competência (CABRAL, Antonio do Passo. *Juiz natural e eficiência processual*: flexibilização, delegação e coordenação de competências no processo civil. Tese apresentada no concurso de provas e títulos para provimento do cargo de professor titular. Faculdade de Direito da Universidade do Estado do Rio de Janeiro, 2017. p. 419-420).

80 Como observa Emmanuel Jeuland, referindo-se à alocação de casos, "*the tendency is to render the system more objective and at the same time to take into account the complexity of cases (…).The issue of allocation of cases involves distinguishing the assignment of judges from the allocation of cases in itself.*" (JEULAND, Emmanuel. *Towards a new court management?* General report. Université Paris 1 – Panthéon Sorbonne, 2018, p. 41).

A gestão da competência considera a alocação eficiente de competências. A eficiência aqui é considerada do ponto de vista qualitativo, isto é, sob o ângulo da funcionalidade e flexibilidade. Um ordenamento jurídico funcional e flexível proporciona a distribuição e atribuição da competência de acordo com os padrões de eficiência[81].

O gerenciamento da competência é, portanto, reflexo da adoção de maior flexibilidade e adaptabilidade pelo ordenamento, com vistas a alcançar um processo mais eficiente. A flexibilidade do sistema de competências "significa uma atenuação do rigor formal, com o máximo de aproveitamento dos atos processuais praticados pelo juízo incompetente"[82], enquanto que a adaptabilidade revela-se "nas possibilidades de modificação da competência no curso do processo, maleabilidade na designação de juízes e na composição de colegiados, e na derrogação das regras legais pela conformação pretendida pelas partes"[83].

A determinação da competência passa, assim, a ser compreendida conforme os critérios de eficiência processual. Esta, segundo Antonio do Passo Cabral, "impõe uma *diretriz performativa* no sentido da adoção de *técnicas atípicas* para emprestar ao procedimento uma solução ótima"[84].

Segundo Antonio Cabral, a gestão da competência também envolve a prática de *atitudes consensuais* dos órgãos jurisdicionais, que, em alguns casos, poderão atuar conforme arranjos cooperativos, e não hierárquicos[85], implementando técnicas diversas de gestão, a exemplo do compartilhamento de competências, que é o objeto do presente estudo.

A ideia que perfaz o *case assignment management* é, por um lado, focar nas competências principais, tal como a competência para proferir uma decisão, e delegar as funções secundárias ou que não se caracterizem como funções tipicamente judiciais[86].

– Trad. livre: "a tendência é tornar o sistema mais objetivo e, ao mesmo tempo, levar em conta a complexidade dos casos (...). A questão da distribuição de casos é distinguir a atribuição de juízes com a atribuição de casos em si."

81 CABRAL, Antonio do Passo. *New trends and perspectives on case management: proposals on contract procedure and case assignment management*. Disponível em: https://www.academia.edu/35022288/New_trends_and_perspectives_on_case_management_proposals_on_contract_procedure_and_case_assignment_management Data de acesso: 6/11/2018. p. 26-27.

82 CABRAL, Antonio do Passo. *Juiz natural e eficiência processual*, cit. p. 422.

83 Ibidem.

84 CABRAL, Antonio do Passo. *Juiz natural e eficiência processual*, cit.. p. 431.

85 CABRAL, Antonio do Passo. *Juiz natural e eficiência processual*, cit., p. 446.

86 CABRAL, Antonio do Passo. *New trends and perspectives on case management: proposals on contract procedure and case assignment management*.

3.3.3 Flexibilização e adaptação procedimental

Como visto no item anterior, a flexibilização procedimental é apenas um dos atributos do *case management*. Por isso, é tratada em item apartado.

Classicamente, a doutrina entende que as normas processuais são normas de ordem pública e de observância obrigatória pelas partes e pelos julgadores[87], uma vez que estão relacionadas a uma finalidade pública do Estado, qual seja, prestar a jurisdição[88]. Daí por que, as normas de direito processual, tradicionalmente, têm como característica a indisponibilidade, sendo a disponibilidade a exceção.

Estando o processo voltado ao interesse público, não caberia às partes, nem ao juiz, modificar ou adaptar o procedimento conforme sua conveniência. O procedimento não poderia, assim, ser objeto de convenção das partes[89].

A prestação jurisdicional deveria seguir um procedimento rígido, previamente fixado por lei, devendo o juiz segui-lo, a fim de encontrar a solução legalmente prevista para o caso concreto[90]. Dessa forma, a normatização e a rigidez do procedimento garantiriam a segurança jurídica no processo[91]-[92].

Como bem salientou Ovídio A. Baptista da Silva, muito embora, no plano político, se tenha ultrapassado o modelo liberal que inspirou a rigidez dos

---

87 PASSOS, J.J Calmon de. *Comentários ao Código de Processo Civi*l. 4. ed. Rio de Janeiro: Forense, 1983. v. 3. p. 31.

88 Comentando o código de processo civil de 1973, Pontes de Miranda aponta para a existência de um *princípio da pretensão dirigida ao Estado,* segundo o qual o Estado incumbe-se da função de administrar a justiça, além disso "submete-se à sua lei de direito público, assumindo a posição de sujeito passivo da relação jurídica processual" (MIRANDA, Francisco Cavalcanti Pontes de. *Comentários ao código de processo civil de 1973*. Tomo1. Rio de Janeiro: Forense, 1973. p. 76-77).

89 José Carlos Barbosa Moreira, no texto "neoprivatismo no processo civil", critica a ideia de um processo essencialmente privatista, que se apresenta totalmente contrário à consagração do elemento publicístico do processo civil, chegando a afirmar que "litígio submetido ao exame e decisão do juiz deixa de ser, *ipso facto*, litígio cuja repercussão fique restrita ao âmbito puramente privado." (MOREIRA, José Carlos Barbosa. O neoprivatismo no processo civil. *Temas de direito processual* – nona série. São Paulo: Saraiva, 2007. p. 99).

90 SILVA, Paulo Eduardo Alves. *Condução planejada dos processos judiciais*: a racionalidade do exercício jurisdicional entre o tempo e a forma do processo. 2006. Tese (Doutorado) - Faculdade de Direito, Universidade de São Paulo, São Paulo, 2006. p. 4. No mesmo sentido Karl Engish afirma que "uma indeterminação da lei que permitisse ao juiz converter-se em criador do direito, em legislador, seria contraditória à luz da separação dos poderes" (ENGISCH, Karl. *La idea de concreción en el derecho y en las ciencias jurídicas actuales*. 2. ed. Pamplona: [s.n.]. 1968. p. 179.

91 Para Carlos Alberto Alvaro de Oliveira, o formalismo do procedimento tem como funções emprestar previsibilidade ao procedimento e disciplinar o poder do juiz, a fim de evitar arbitrariedades por parte dos órgãos estatais. (OLIVEIRA, Carlos Alberto Alvaro de. *Do formalismo no processo civil*. São Paulo: Saraiva, 1997. p. 6-7.)

92 O autor defende que, "a realização do procedimento deixada ao simples querer do juiz, de acordo com as necessidades do caso concreto, acarretaria a possibilidade de desequilíbrio entre o poder judicial e o direito das partes" (OLIVEIRA, Carlos Alberto Alvaro de. *Do formalismo no processo civil*. cit. p. 7-8.

procedimentos, no plano da justiça, a crença geral ainda era a de que o rigor formal maximiza a segurança jurídica e a previsibilidade nos julgamentos.[93]

Para Fernando da Fonseca Gajardoni, a correlação entre rigidez e segurança jurídica não passa de mera ilusão. Segundo defende, para que a segurança jurídica seja preservada, basta que se leve a alteração do procedimento – antes de sua efetiva implementação – ao conhecimento das partes, garantindo, assim, o contraditório pleno[94]. O formalismo excessivo das regras procedimentais impede a adequação do procedimento às circunstâncias do direito material demandado em juízo[95].

Além disso, uma abordagem dos conflitos submetidos ao Judiciário, longe de uma perspectiva de flexibilização procedimental (que se propõe a adaptar as diversas formas de tratar o conflito dentro de uma cadeia procedimental única[96]), constitui fator para o incremento da quantidade de procedimentos especiais previstos no Código de Processo Civil e em leis esparsas, os quais – ao longo do tempo –, também se mostraram incapazes de fornecer uma tutela diferenciada adequada[97].

A criatividade do legislador nunca conseguiu prever, em sua abstração, todas as facetas que os litígios poderiam assumir. E, como ao julgador é vedado o *non liquet*, o que se viu, na prática, foi a progressiva adaptação casuística de procedimentos, "voltada para as particularidades do caso concreto, a fim de que se efetivasse o direito ao procedimento adequado".[98]-[99]

---

93 SILVA, Ovídio A. Baptista da. *Processo e ideologia*: o paradigma racionalista. Rio de Janeiro: Forense, 2004. p. 143.

94 GAJARDONI, Fernando da Fonseca. *Flexibilização procedimental,* cit. p. 101-102.

95 Em conferência realizada em 12 de agosto de 1983 (Ciclo de Estudos de Processo Civil), o Ministro Sálvio de Figueiredo Teixeira já fazia essa crítica, afirmando que não dispúnhamos de uma legislação processual afinada com a realidade. Essa deficiência destacava-se, particularmente, nos procedimentos, "que se mostram, muitas vezes, excessivamente formalistas e divorciados da multifária gama de peculiaridades ensejadas pela nossa geografia continental e, em especial, distanciados das diversidades sócio-econômicas do nosso país." (TEIXEIRA, Sálvio de Figueiredo. Procedimento sumaríssimo: necessidade de sua reformulação. *Revista da Faculdade de Direito*, Curitiba, n. 21, ano 21, 1983-1984. p. 92-93. Disponível em: https://revistas.ufpr.br/direito/article/view/8877/6188 Data de acesso: 8/8/2018.

96 CAPONI, Remo. Rigità e flessibilità del processo civile. *Rivista di diritto processuale*. CEDAM, anno LXXI n. 6, nov.- dic. 2016. p. 1453.

97 GAJARDONI, Fernando da Fonseca. *Flexibilização procedimental,* cit. p. 101. Também nesse sentido: DIDIER JR., Fredie.; CABRAL, Antonio do Passo.; CUNHA, Leonardo Carneiro da. *Por uma nova teoria dos procedimentos especiais*: dos procedimentos às técnicas. Cit. p. 32-39.

98 DIDIER JR., Fredie.; CABRAL, Antonio do Passo.; CUNHA, Leonardo Carneiro da. *Ob. Cit*. p. 78.

99 Remo Caponi, ao analisar o processo de cognição na Europa (mais precisamente, na Inglaterra, na França e na Alemanha), observa que a tendência prevalecente é no sentido de adotar um tratamento bastante flexível do processo de cognição plena, capaz de aderir à simplicidade ou à complexidade da controvérsia, graças ao exercício do *case management* pelo juiz. O autor destaca haver uma multiplicidade de modos de tratamento da causa dentro de uma cadeia procesimental única, ao invés de uma pluralidade de procedimentos independentes. O autor apresenta como exemplos: a escolha entre o *small claim track,* o *fast track* e o *multi track,* no processo civil inglês; no processo civil francês,

O atual Código de Processo Civil, reconhecendo as deficiências do sistema anterior, sistematiza os procedimentos, permitindo sua flexibilização sem que prejudique a segurança jurídica. O exemplo mais claro disso é a possibilidade de as partes celebrarem negócios jurídicos processuais (art. 190), podendo – por meio deles – adaptar o procedimento comum. Assim é que Fredie Didier Jr., Antonio do Passo Cabral e Leonardo Carneiro da Cunha defendem que "a cláusula geral do art. 190 permite a criação de 'especializações negociais procedimentais', a partir de negócios jurídicos processuais.[100]

Muda-se o paradigma do processo, cujo objetivo maior é fornecer uma tutela jurisdicional adequada, eficiente e em tempo razoável, de modo a concretizar o princípio da primazia da decisão de mérito (CPC, art. 6º). Para isso, a flexibilização procedimental, operada seja pelo juiz (*case management*) ou pelas partes (negócios jurídicos processuais), é fator que, sem dúvida alguma, garante a consecução desse objetivo.

3.3.4 Implementação de medidas estruturantes

3.3.4.1 Processo e decisão estruturais. Generalidades

Um outro aspecto da postura proativa do juiz no processo é a possibilidade de implementação de medidas estruturantes, por meio dos chamados processos estruturais.

O estudo dos processos estruturais surge nos Estados Unidos, a partir do caso *Brown v. Board of Education*[101], em que a Suprema Corte norte-americana, em 17 de maio de 1954, reconheceu a inconstitucionalidade da segregação racial nas escolas públicas primárias e secundárias, por violar o princípio da igualdade encartado na Emenda 14 da Constituição do Estados Unidos da América.

Por meio dessa decisão, a Suprema Corte estadunidense assegurou o direito de Linda Brown, uma criança negra, de frequentar uma escola pública que era exclusiva para brancos. A partir dessa decisão, permitiu-se aos negros frequentar as mesmas escolas que os brancos, rompendo com a doutrina do *separate but equal* ("separados, mas iguais") até então vigente.

---

a escolha entre *circuit court*, *circuit moyen* e *circuit long*; e, no processo alemão, a possibilidade de o juiz calibrar, desde o início, a sequência do processo conforme a complexidade da controvérsia. (CAPONI, Remo. Rigità e flessibilità del processo civile. *cit.* p. 1456-1458).

100 Ob. cit. p. 78-79.

101 Para um estudo mais aprofundado do caso *Brown v. Board of Education*: PUGA, Mariela. La litis estructural em el caso Brown v. Board of Education. In: ARENHART, Sérgio Cruz.; JOBIM, Marco Félix. (Orgs.). *Processos estruturais*. Salvador: Juspodivm, 2017. p. 85-139. ARENHART, Sérgio Cruz; ROCHA, Marcelo Hugo da. Medidas estruturantes: origem em Brown v. Board of Education. In: ARENHART, Sérgio Cruz.; JOBIM, Marco Félix. (Orgs.). *Ob. Cit.* p. 563-582.

O caso tornou-se o marco inicial dos processos estruturais não apenas pela decisão em si, mas sobretudo, pelas medidas implementadas pelos juízes da Suprema Corte, a fim de que fossem cumpridas e perpetuadas as determinações ali contidas. Na própria fundamentação do acórdão, a Suprema Corte estabeleceu um prazo para se reunir novamente, a fim de analisar a evolução da implementação do que fora decidido.

De acordo com Owen Fiss, a partir do caso *Brown v. Board of Education*, surgiu uma nova forma de *adjudication*[102], que recebeu o nome de *structural reform* ou, como é denominada no Brasil, "medidas estruturantes"[103].

A razão de ser dos processos estruturais é que há conflitos cuja complexidade remonta a múltiplos interesses sociais envolvidos, todos eles relevantes e, igualmente, merecedores de tutela jurídica. Geralmente, esses conflitos decorrem de lesão que afeta diversas pessoas ou segmentos sociais, de maneira e intensidades distintas, de modo que o resultado do litígio será diferente para cada grupo social. Esses conflitos Edilson Vitorelli classifica-os como "litígios de difusão irradiada"[104], para os quais as medidas judiciais tradicionais (ações individuais) mostram-se inadequadas.

Por meio do processo estrutural, o juiz direciona e reestrutura uma instituição ou organização, "com o objetivo de concretizar um direito fundamental, realizar uma determinada política pública ou resolver litígios complexos."[105] E esse direcionamento é efetivado mediante a implementação das medidas estruturantes.

Como aponta Owen Fiss, as medidas estruturantes são caracterizadas, em primeiro lugar, pela consciência de que as ameaças aos valores constitucionais são impostas, não por indivíduos, mas por organizações burocratizadas, que operam em larga escala; e, em segundo lugar, pelo reconhecimento de

---

102 Segundo define o autor, "adjudication is the process by which the values embodied in an authoritative text, such as the Constitution, are given concrete meaning and expression (...)." (FISS, Owen M.; RESNIK, Judith. *Adjudication and its alternatives*: an introduction to procedure. New York: Foundation Press, 2003. p. 287-288).

–Trad. livre: "adjudicação é o processo por meio do qual os valores incorporados em um texto cogente, como a Constituição, recebem significado e expressão concretos.").

103 JOBIM, Marco Félix. *Medidas estruturantes*: da Suprema Corte estadunidense ao Supremo Tribunal Federal. Porto Alegre: Livraria do advogado, 2013.

104 VITORELLI, Edilson. Tipologia dos litígios transindividuais: um novo ponto de partida para a tutela coletiva. In: ZANETI JR., Hermes (Coord.). *Repercussões do novo CPC - processo coletivo*. Salvador: JusPodivm, 2015. p. 97-98. O autor dá como exemplo os conflitos decorrentes da construção de uma usina hidrelétrica, em que é possível vislumbrar os diversos tipos de problemas, de diferentes impactos sociais, econômicos e ambientais, que envolvem o empreendimento, desde a fase de licenciamento até a fase de obras.

105 DIDIER JR., Fredie.; ZANETI, Hermes.; OLIVEIRA, Rafael Alexandria de. Notas sobre as decisões estruturantes. *Civil Procedure Review*, v.8, n.1: 46-64, jan.-apr., 2017. p. 48-49.

que as ameaças não serão eliminadas, a menos que essas organizações sejam reestruturadas[106].

Os processos estruturais justificam-se diante do reconhecimento de que a Constituição alberga direitos cuja efetivação implica a reestruturação de um contexto social complexo e relevante. Daí por que ao Judiciário incumbe analisar e estudar o conflito submetido à sua apreciação, podendo contar, inclusive, com o auxílio de grupos interdisciplinares de profissionais (psicólogos, advogados, historiadores, ambientalistas, ativistas etc.) e da própria comunidade afetada, a fim de trabalhar toda a complexidade do conflito, de modo a encontrar uma solução adequada e eficaz.

Tome-se como exemplo o caso *Povo Indígena Xucuru e seus membros v. República Federativa do Brasil* submetido à Corte Interamericana de Direitos Humanos – CIDH. Resumidamente, em 16 de outubro de 2002, os representantes do Povo Indígena Xucuru apresentaram petição, perante a CIDH, contra o Estado brasileiro, alegando violação do direito à propriedade coletiva e às garantias e proteção judiciais, consagrados, respectivamente, nos artigos 8º, 21 e 25 da Convenção Americana sobre Direitos Humanos ("Pacto de São José da Costa Rica"), em virtude da demora no processo administrativo de demarcação do território indígena Xucuru, da ineficácia da proteção judicial destinada a garantir esse direito, assim como da falta de recursos judiciais eficazes e acessíveis.

Durante o trâmite do processo, procedeu-se a um estudo de todo o contexto histórico e social do Povo Xucuru, para além da análise meramente jurídica. Profissionais das mais diversas áreas do conhecimento (antropólogos, historiadores etc.) emitiram pareceres, houve audiências públicas, representantes locais foram ouvidos, estudos acerca da legislação pertinente foram desenvolvidos. Todas essas medidas foram tomadas, a fim de delimitar o conflito, provando o alegado pelas partes, de modo a formar o convencimento dos julgadores, e aproximá-los da realidade e complexidade do litígio.

Finalmente, em 5 de fevereiro de 2018, foi proferida a sentença[107], reconhecendo a responsabilidade do Estado pela violação do direito à propriedade coletiva e à proteção judicial do Povo Xucuru. A decisão foi *construída* através dos diálogos travados com as partes afetadas e com grupos interessados.

106 FISS, Owen M.; RESNIK, Judith. *Op. Cit.* p. 287-288.

107 Disponível em: http://www.corteidh.or.cr/docs/casos/articulos/seriec_346_por.pdf Data de acesso: 15/8/2018.

O Estado foi condenado a – dentre outras medidas – garantir o direito de propriedade coletiva daquele povo, de modo que não sofram nenhuma invasão, interferência ou dano, por parte de terceiros ou agentes do Estado. Para tanto, determinou-se que o Estado deverá implementar as medidas necessárias para o cumprimento da decisão, devendo apresentar um relatório, no prazo de um ano contado da publicação da sentença, sobre as medidas adotadas, sendo que todo esse processo de implementação será supervisionado pela Corte Interamericana.

Os processos estruturais sinalizam para uma nova postura do juiz no processo, cujo dever não mais se limita a proferir uma decisão; vai mais além. O juiz passa a exercer uma função performativa[108], em cooperação com as partes, entes públicos e sociedade civil, no sentido de definir o conflito, direcionar o julgamento e implementar a decisão, garantindo seu eficaz cumprimento. A ele incumbe garantir a integridade do ordenamento jurídico (Constituição, leis, precedentes-norma), podendo, nesse mister, implementar e controlar políticas públicas, sem que isso represente qualquer violação à separação dos poderes.

3.3.4.2 Quebra do paradigma racionalista da separação dos poderes

A origem mais remota do princípio da separação dos poderes remete a Aristóteles, na obra "A Política". O filósofo grego fez referência às competências do Poder Deliberativo, do Poder Executivo e do Poder Judiciário. Embora não se possa negar a sua contribuição, Aristóteles demonstrava maior preocupação com a organização dos poderes, e não com sua desconcentração[109]. Na obra de Locke, notam-se alguns aspectos de controle e equilíbrio dos poderes[110].

Montesquieu foi o responsável por sistematizar cientificamente o princípio da separação dos poderes, dividindo o exercício do poder estatal nas funções Executiva, Legislativa e Judiciária. Ao sustentar a tripartição de poderes, em reação ao absolutismo, Montesquieu alerta que sua concentração mina a liberdade dos cidadãos, levando à tirania, arbitrariedade e opressão[111]. A necessidade de equilíbrio e controle recíproco entre esses poderes foi desenvolvida pela doutrina norte-americana dos *checks and balances*.

---

108 TESHEINER, José Maria Rosa. Prefácio. In: ARENHART, Sérgio Cruz.; JOBIM, Marco Félix. (Orgs.). *Processos estruturais*. Salvador: Juspodivm, 2017. p. 12.

109 RIBEIRO, Diógenes V. Hassan. *A revisão do princípio da separação dos poderes: por uma teoria da comunicação*. Rio de Janeiro: Lumen Juris, 2016, p. 50.

110 Idem, p. 55.

111 MONTESQUIEU. *Do Espírito das Leis*. São Paulo: Martin Claret, 2002, p. 165.

O Poder Judiciário exerce a função jurisdicional e as funções atípicas legislativa, por exemplo, na elaboração de seus regimentos internos, e executiva, materializada na sua auto-administração. O mesmo se dá com os demais poderes.

Flávio Luiz Yarshell destaca que a perspectiva moderna de separação de poderes é informada pela ideia de preponderância, e não propriamente de exclusividade. No confronto entre atividades jurisdicional e legislativa, por exemplo, não se afigura correto reduzir as decisões judiciais à formulação das regras em concreto. O autor destaca as figuras do controle de constitucionalidade, da força dos precedentes judiciais, dos processos coletivos e da elaboração dos regimentos internos para evidenciar que a atuação do Judiciário não se reputa exclusivamente concreta[112].

A partir do contexto dos processos estruturais, é possível verificar que o Poder Judiciário passa a exercer funções mais abrangentes do que a função que lhe foi classicamente atribuída. De fato, o exercício do poder jurisdicional vai além da análise de fatos pretéritos, se limitando a aplicar uma tutela jurisdicional específica e imutável, para se voltar para o futuro – para além do momento da prolação da decisão –, mediante a implementação de medidas executivas eficazes e supervisão de seu cumprimento.

Observa-se o surgimento de um *raciocínio legislativo* na atividade jurisdicional, caracterizada mais pela função proativa do julgador, que analisa o passado, para moldar o futuro[113], do que a função repressiva própria da concepção clássica de jurisdição.

O Poder Judiciário assume o papel de concretizador das garantias constitucionais, pela implementação de um ativismo judicial equilibrado, que – longe de representar qualquer arbítrio – está adstrito às normas legais e constitucionais.[114] Aliás, ao lado do princípio da separação dos poderes, a previsão de direitos fundamentais é responsável por limitar juridicamente o poder estatal[115], e o papel do Judiciário, na garantia desses direitos é essencial.

---

112 YARSHELL, Flávio Luiz. *Curso de direito processual civil.*. São Paulo: Marcial Pons, 2014, p. 144.

113 TESHEINER, José Maria Rosa. Prefácio. *cit.* p. 13.

114 Nesse sentido, Fredie Didier Jr. e Hermes Zaneti Jr. ressaltam: "evidentemente, o ativismo não é do juiz ou do Ministério Público, mas da lei e da Constituição, sempre exigindo um trabalho de coordenação com a atividade das partes e o respeito à Constituição na realização de políticas-públicas". (DIDIER JR., Fredie; ZANETI JR., Hermes. *Curso de direito processual civil*: processo coletivo. v. 4, Salvador: JusPodivm, 2016, p. 45).

115 SARLET, Info Wolfgang. *A eficácia dos direitos fundamentais.* Porto Alegre: Livraria do Advogado, 1998, p. 59-60.

Como observaram Fredie Didier Jr. e Hermes Zaneti Jr., ao Poder Judiciário incumbe uma nova tarefa: "a de órgão colocado à disposição da sociedade como instância organizada de solução de conflitos metaindividuais".[116]

Há, assim, uma quebra do paradigma racionalista da separação dos poderes, em que Legislativo, Executivo e Judiciário exercem seus poderes, exclusivamente, dentro dos limites que lhes são formalmente atribuídos. O Poder Judiciário tem agregado à sua competência originária funções mais abrangentes, adquirindo uma feição mais proativa, colaborativa e destinada à garantia eficaz dos direitos fundamentais, que se contrapõe à tradicional inércia característica do exercício jurisdicional.

A noção de separação absoluta dos poderes já foi superada há muito tempo. Esse modelo de separação radical, aliás, nunca funcionou da maneira ideal, culminando na grave crise funcional instalada atualmente. Diógenes Ribeiro alerta que o Estado se encontra numa fase opaca, ineficiente, inadequada, superada e instável, resultado de uma linha teórica que, por conservadorismo e temor às interferências recíprocas, evita qualquer comunicação além de discussões orçamentárias e recebimento de sugestões[117].

Diógenes Ribeiro, todavia, destaca o potencial de evolução do Estado. Não se deve abrir mão da separação dos poderes, mas sim evoluir para um modelo comunicacional, que preserva a especialização de funções. O autor defende a revisão do princípio da separação dos poderes por uma teoria da comunicação[118].

A comunicação entre os poderes tem o potencial de aprimorar a produção legislativa e sua aplicação, pelo que o autor chama de "operações de *feedbacks* constantes", uma realimentação no processo de ação do Estado. A legislação, depois de aplicada pelo Judiciário, é avaliada quanto à sua utilidade, necessidade, viabilidade e necessidade de aperfeiçoamento. O contato permanente entre os poderes permite esse processo de aprimoramento, estimulando a evolução dos institutos jurídicos e administrativos[119].

3.4 CONCLUSÃO PARCIAL

No presente capítulo procuramos delinear os aportes teóricos necessários a uma compreensão do compartilhamento de competências. Inicialmente, pontuamos que os órgãos jurisdicionais compõem um sistema articulado

---

116 Ibidem.

117 RIBEIRO, Diógenes V. Hassan. *A revisão do princípio da separação dos poderes: por uma teoria da comunicação, cit.*, p. 237-238.

118 Idem, p. 238.

119 RIBEIRO, Diógenes V. Hassan. *A revisão do princípio da separação dos poderes, cit.* p. 234-235.

e bem integrado, que, no processo, fica bem evidenciado pelas interações constantes e interferências recíprocas desses órgãos no desempenho de suas atividades. Essas interações, que podem ser mais ou menos intensas, se perfazem num ambiente de comunicação transjudicial.

A comunicação transjudicial é ainda mais intensa quando se considera o paradigma cooperativo de processo. É possível vislumbrar um redimensionamento da figura do juiz no processo, que adquire a postura de verdadeiro juiz gestor; gestor do processo e gestor da competência.

O COMPARTILHAMENTO DE COMPETÊNCIAS NO PROCESSO CIVIL BRASILEIRO

4.1 GENERALIDADES

Como visto, não há como conceber, realisticamente, um sistema de competências que pressuponha o exercício completamente independente e exclusivo da competência. A coexistência de órgãos jurisdicionais submetidos a um mesmo ordenamento jurídico, o exercício comum da mesma função jurisdicional e a inserção num mesmo sistema social, econômico e jurídico constituem fatores a propiciar que haja maior contato e atuação conjunta dos órgãos jurisdicionais em suas atividades.

Para que se possa compreender, efetivamente, o compartilhamento de competências, imagine-se o Poder Judiciário como uma grande empresa[1], composta por diversos centros decisórios (os órgãos jurisdicionais). Cada centro decisório, no exercício de suas atribuições específicas (ou melhor, de suas competências), é responsável por dar resultados ótimos, a fim de que – num esforço comum – a grande empresa seja bem-sucedida.

Por sua vez, a exigência de resultados ótimos traz consigo a demanda por mais especialidade de cada órgão decisório, afinal a maximização de resultados não prescinde da máxima qualidade da decisão e do alto grau de eficiência da gestão. Tem-se, então, uma reação em cadeia; à medida que se maximiza a especialidade de cada centro decisório, cresce a necessidade de que esses centros se comuniquem, troquem experiências, colaborem entre si, compartilhando a *expertise* de suas atividades, a fim de que a empresa se mantenha ativa e em bom funcionamento.

A analogia é bastante ilustrativa para os fins ora pretendidos. Ela indica, sobretudo, que não deve haver um isolacionismo jurisdicional, pois, esse

---

1 SLAUGHTER, Anne-Marie. A global community of courts. *Harvard International Law Journal*, v. 44. 2003.

insulamento, em última análise, comprometeria o funcionamento orgânico e coordenado do sistema jurisdicional como um todo.

Para além da tradicional concepção da atribuição estática e casuística da competência, o compartilhamento sugere o exercício concertado e harmonioso da competência pelos órgãos jurisdicionais, quando chamados a atuar no processo. O compartilhamento de competências corresponde à interação direta e colaborativa dos órgãos jurisdicionais (centros decisórios) para a realização de propósitos comuns ao processo.

Conforme esclarece Antonio do Passo Cabral, "*há competências exercidas por trocas interativas em relação a outros órgãos jurisdicionais, sem caráter impositivo (...). São frequentemente interações horizontais não hierárquicas e baseadas em coexistência e reconhecimento mútuo*".[2] O compartilhamento de competências consiste, exatamente, no resultado desse exercício cooperativo, combinado e simultâneo[3] – porém não impositivo –, de competências pelos órgãos jurisdicionais.

O fenômeno pressupõe um comportamento dialógico, comunicativo e cooperativo entre os órgãos para o atingimento de *metas comuns*, que podem ser observadas tanto do ponto de vista *intraprocessual* (ex.: prestação de uma tutela jurisdicional adequada, eficiente e em tempo razoável, a partir da gestão dentro de um processo específico), quanto da perspectiva *macroprocessual* ou de administração judiciária (ex.: adequação da justiça, por meio da gestão adequada dos vários processos que chegam ao Judiciário).

Trata-se de um fenômeno relativamente comum na prática judiciária, que, por estar mais adstrito ao pragmatismo das dinâmicas interacionais dos órgãos jurisdicionais, nunca foi objeto de um tratamento dogmático adequado.

O sistema processual contemporâneo sinaliza uma tendência para o exercício combinado de competências jurisdicionais com vistas ao alcance de resultados mais eficientes para o processo, a partir do aperfeiçoamento de institutos já conhecidos e da configuração de um arcabouço normativo extremamente fértil para as trocas interjudiciais.

Não é sem razão que o Código de Processo Civil de 2015 apresenta um rol de normas fundamentais, que informam e fomentam a cooperação entre os sujeitos processuais (arts. 5º, 6º, 8º, 9º e 10º) especialmente a cooperação entre os órgãos jurisdicionais. Mais especificamente, o Código prevê instrumentos específicos de implementação e concretização dessa finalidade ao disciplinar a cooperação interjudicial, nos níveis internacional (arts. 26-41) e nacional (arts. 67-69).

---

2 CABRAL, Antonio do Passo. *Juiz natural e eficiência processual*, *cit.* p. 527.

3 CABRAL, Antonio do Passo. *Juiz natural e eficiência processual*, *cit.* p. 513-514.

Todo o aparato normativo fornecido pelo CPC – em especial as normas encartadas nos dispositivos citados acima – serve, em alguma medida, para fomentar práticas colaborativas entre os todos os sujeitos processuais, criando espaço para que haja maior comunicação e interação cooperativa entre os juízos no exercício da função jurisdicional.

4.2 ALGUNS CONCEITOS AFINS

4.2.1 Compartilhamento de competências e delegação de competência

Em Direito Público, a delegação ocorre quando há a transferência de atribuições próprias do órgão delegante para pessoa ou órgão delegatário, que não teria ordinariamente a competência para exercer essas atribuições[4]. Daí por que deve o próprio ordenamento jurídico autorizar que haja a delegação do exercício da competência, permitindo o exercício legítimo de funções pelo órgão delegatário.

Há ordenamentos jurídicos em que a delegação do exercício da competência é bastante ampla. Em alguns países, não é raro haver a delegação do exercício da competência, especialmente em matéria de execução, para órgãos e pessoas que não pertencem aos quadros do Poder Judiciário. É o caso da Grécia, Alemanha e Áustria, por exemplo,[5] em que há modelos de execução desjudicializados ou descentralizados, atribuindo-se a execução para a figura de um Oficial de Execução independente do Poder Judiciário.[6]

Em Portugal, também existe a figura do agente da execução, a quem incumbe o exercício de atividades executivas, ficando reservado ao juiz o julgamento dos incidentes surgidos no processo.[7]Nos Estados Unidos, por

4 No direito administrativo, para que ocorra a delegação de competência, deve haver norma expressa autorizativa, normalmente lei, que permita a transferência das funções de um órgão para outro. Por todos: CARVALHO FILHO, José dos Santos. *Manual de direito administrativo*. cit, p. 109; DONATI, Donato. *Principii di diritto amministrativo e scienza dell'amministrazione*. Padova: CEDAM, 1932, p. 97.

5 Nesses países, o oficial de execução é um funcionário não pertencente aos quadros do Poder Judiciário, porém designado por esse Poder, sendo, normalmente, um profissional liberal, que possui capacitação técnica e prática para o exercício da atividade. Na Áustria, a execução de dívidas civis, comerciais e trabalhistas estão a cargo do oficial de execução (*Gerichtsvollzieher*). Na Alemanha, o Gerichtsvollzieher não detém o monopólio de todo o processo executivo, mas apenas de alguns atos e em relação a alguns bens. Na Grécia, o oficial de execução ("dikastikos epimelitis") é responsável pela aplicação das decisões, notificações e execuções judiciais e extrajudiciais. (RAGONE, Álvaro Pérez. El modelo orgánico de la ejecución civil desjudicializada desde el punto de vista del derecho comparado. Mitos y realidades de la desjudicialización. *Revista de Derecho de la Pontificia Universidad Católica de Valparaíso,* XXXVIII. Valparaíso, Chile, 2012, 1er semestre, p. 407-411).

6 RAGONE, Álvaro Pérez. El modelo orgánico de la ejecución civil desjudicializada desde el punto de vista del derecho comparado, cit, p. 393 - 430.

7 Nos termos do art. 719 do CPC Português, caberá ao agente de execução, dentre outras atribuições, *efetuar todas as diligências do processo executivo que não estejam atribuídas à secretaria ou*

sua vez, a execução das ordens e decisões judiciais é objeto de delegação específica para um xerife (*U.S. Marshall*).[8]

Igualmente, no direito brasileiro, a delegação do exercício da competência é fenômeno comum. A própria Constituição, ao tratar da competência do Supremo Tribunal Federal, prevê expressamente, no seu art. 102, I, *m*, a possibilidade de o STF delegar o exercício da competência para execução das sentenças nas causas de sua competência originária.[9] No caso do Superior Tribunal de Justiça, muito embora não exista texto normativo expresso, admite-se que a Constituição alberga competências implícitas[10], conferindo, igualmente, àquele tribunal superior a faculdade de delegar a competência para execução de suas próprias decisões.[11]

O Código de Processo Civil contém diversas hipóteses de delegação do exercício de competências. A título de exemplo, cita-se a previsão dos seus arts. 159, 861, § 3º e 862[12]. Com efeito, a possibilidade de um juiz confiar a guarda e a conservação de bens penhorados a um terceiro (depositário ou administrador) revela, rigorosamente, uma delegação parcial de competência para gestão daquela atividade, cabendo aos delegatários exercer a atividade objeto da delegação, reportando-se ao órgão delegante.

Ressalte-se que não é necessário que a delegação esteja prevista em lei. É possível que ela decorra da própria lei, da previsão normativa de um tribunal (a exemplo das hipóteses de delegação previstas nos Regimentos Internos dos tribunais) ou, até mesmo, da decisão do órgão jurisdicional[13].

---

sejam da competência do juiz, incluindo citações, notificações, publicações, consultas de bases de dados, penhoras e seus registos, liquidações e pagamentos.

8 PAJIC, N. Avenues for enforcement and execution of judgments. In. VAN RHEE, C.H.; UZELAC, Alan (ed.). *Enforcement and enforceability. Tradition and reform*. Antwerp, 2010, p. 244-245.

9 O Regimento Interno do STF, por sua vez, prevê outras possibilidades de delegação. É o caso, por exemplo, da delegação prevista nos arts. 21, XIII, 247, § 2º e no art. 267, parágrafo único, todos do RISTF.

10 DIDIER JR., Fredie. *Curso de direito processual civil*. v. 1, cit, p. 199.

11 O Regimento Interno do STJ disciplina várias hipóteses de delegação da competência jurisdicional. A título de exemplo, cita-se: art. 34, III, XVI; art. 225, § 1º; art. 236 e art. 303, todos do RISTJ.

12 Os exemplos são extraídos do texto: CABRAL, Antonio do Passo. *New trends and perspectives on case management: proposals on contract procedure and case assignment management*. cit.

13 No particular, cita-se recente decisão do Supremo Tribunal Federal a respeito da competência para processar e julgar o cumprimento de sentença da verba honorária nas reclamações (STF, Rcl 24.417 AgR, Rel. Min. Roberto Barroso, 1ª Turma, *DJe* 16/3/2017). Entendeu o STF que a competência para processar e julgar o cumprimento de sentença da verba honorária, na reclamação, é do juízo reclamado. Como bem ressaltou Gustavo Azevedo, houve, na hipótese, uma delegação da competência, orientada pela eficiência processual. Pertinente o registro do autor: "O STF não é aparelhado de forma adequada e suficiente para processar cumprimento de sentença, proceder com penhoras, perseguir patrimônio etc. Não é eficiente para as partes, para o STF, para o regular desempenho do exercício jurisdicional e para os jurisdicionados. O STF não detém a competência adequada para processar cumprimento de sentença de verba honorária, daí por que – balizado no princípio da eficiência – é correto delegar a competência para o juízo reclamado". (AZEVEDO, Gustavo. *Reclamação constitucional no direito processual civil*. Rio de Janeiro: Forense, 2018. p. 310-311).

O importante a registrar é que deve o próprio sistema jurídico oferecer subsídios para implementar delegações do exercício de competências. E, no ordenamento jurídico brasileiro, é possível vislumbrar repertório normativo de apoio para a delegação do exercício das funções jurisdicionais, a exemplo das regras que permitem uma maior flexibilização do procedimento pelo juiz (no particular, os arts. 139, IV, 140, 536, do CPC).[14]

Não necessariamente a delegação será realizada entre órgãos de diferentes posições hierárquicas; a atividade não corresponde sempre a um ato de subordinação. A delegação não será sempre vertical, podendo dar-se entre órgãos jurisdicionais de uma mesma posição hierárquica. Basta citar como exemplo a delegação de competência para oitiva de testemunha situada em comarca diversa, pelo que a delegação poderá ser realizada por meio das cartas precatórias.

Por meio da delegação, o delegante transfere o *exercício* da competência ao órgão delegatário, a quem cumprirá o *exercício* da competência delegada[15]. A delegação corresponde, portanto, à transferência do exercício da competência, habilitando o delegatário para que este pratique o ato processual, tornando-se circunstancialmente competente para o ato.

É preciso insistir que a transferência da competência, por meio da delegação, é uma transferência apenas do seu *exercício*, não retirando a competência própria do órgão delegante, que continua sendo legítimo para o ato[16]. Não há competência derivada de um ato de delegação[17], o que há, repise-se, é a transferência de *exercício* da competência própria do órgão delegante.

Os instrumentos de delegação da competência entre os órgãos jurisdicionais, por excelência, são as cartas (de ordem, precatória, arbitral e rogatória), que, em seu bojo, deverão conter o ato processual que constitui objeto da delegação (CPC, art. 260), bem como o prazo fixado para seu cumprimento (CPC, art. 261), o que permite haja o controle da atividade pelo juízo delegante. A delegação da competência não constitui uma "carta branca" para o juízo delegatário praticar o ato como lhe aprouver, mas antes constitui um *exercício* vinculado à competência do órgão delegante, a quem caberá o controle do ato, podendo, inclusive, revogar parcial ou totalmente a delegação, a depender das circunstâncias do caso.

---

14 CABRAL, Antonio do Passo. *Juiz natural e eficiência processual*, cit. p. 475.

15 José Cândido de Pinho afirma tratar-se a delegação de competência de uma transferência de exercício, afirmando que "o que o delegado faz é o exercício de uma competência que não é sua, e portanto, que não é própria, mas do delegante (logo, alheia), em virtude de um acto de transferência. Transferência de exercício e não transferência de competência, sublinhe-se." (PINHO, José Cândido. *Breve ensaio sobre a competência hierárquica*. Coimbra: Almedina, 2000. p. 13).

16 CUNHA, Leonardo Carneiro da. *Jurisdição e competência*, cit, p. 27-28.

17 PINHO, José Cândido. *Breve ensaio sobre a competência hierárquica*, cit, p. 14.

Isso porque a eficiência processual é a força motriz da delegação de competência. Se o exercício da delegação não se mostrar eficiente, justifica-se que o órgão delegante modifique os termos da delegação ou, até mesmo, avoque para si a realização do ato processual.

Logo, é possível admitir que haja a delegação da competência, total ou parcial, por razões de eficiência, quando a transferência de seu exercício for conveniente, em virtude de circunstâncias de natureza técnica, social, econômica, jurídica ou territorial.[18]

Talvez o aspecto mais relevante e distintivo da delegação de competência em relação ao compartilhamento é o fato de que, na delegação, não se exige o consenso do órgão delegatário[19]. Não caberá ao órgão delegatário discutir os termos da delegação, questionando, por exemplo, se o ato objeto da delegação será eficiente para os fins propostos. Ao delegatário cabe, tão-somente, cumprir a determinação ou, caso discorde, recusar o cumprimento, quando, então, a questão será decidida pelo órgão responsável por apreciar eventual conflito de competência.[20]

O compartilhamento de competências, por sua vez, é caracterizado pelo consenso dos órgãos jurisdicionais no exercício da competência.[21] Como visto no início do capítulo, o compartilhamento de competências justifica-se num modelo cooperativo de processo; é resultado das trocas interativas entre os órgãos jurisdicionais no exercício de suas competências, com vistas a alcançar resultados coincidentes no processo, e não interesses particulares – muitas

18 Nesse sentido dispõe o art. 12, da Lei nº 9.784/1999, que disciplina o processo administrativo na esfera federal, ao prever a possibilidade de um órgão administrativo e seu titular "delegar parte da sua competência a outros órgãos ou titulares, ainda que estes não lhe sejam hierarquicamente subordinados, quando for conveniente, em razão de circunstâncias de índole técnica, social, econômica, jurídica ou territorial". Por se tratar de norma de procedimento, ainda que de direito administrativo, entendemos perfeitamente aplicável no âmbito do processo civil, que, por sua vez, não contém nenhuma regra contrária a esse entendimento. Pelo contrário, o sistema processual civil contemporâneo possui repertório normativo que ampara essa colocação, por força dos princípios da competência adequada e da eficiência processual, bem como do dever de recíproca cooperação entre os órgãos jurisdicionais, por exemplo. Entendendo aplicável ao processo civil a norma inserta no art. 12 da Lei nº 9.784/1999, por força do art. 15 do CPC: CABRAL, Antonio do Passo. *Juiz natural e eficiência processual, cit*, p. 461.

19 CABRAL, Antonio do Passo. *Juiz natural e eficiência processual*, cit, p. 488.

20 É remansosa a jurisprudência do Supremo Tribunal Federal no sentido de não considerar cabível o conflito de competência entre órgãos ou tribunais com vinculação hierárquica entre si. Nesse sentido: STF, AgRg no CC 7594/RJ, Rel. Min. Celso de Mello, Plenário, DJe 29/9/2011; CC 7094-QO/MA, Rel. Min. Sepúlveda Pertence, Plenário, DJe 4/5/2011; CC 7161, Rel. Min. Marco Aurélio, Plenário, DJe 26/11/2004; CC 6.997, Rel. Min. Carlos Velloso, Plenário, DJe 25/9/1992.

21 Antonio do Passo Cabral fala em *assunção consensual de competência*, para tratar dessa possibilidade de transferência da competência. Diferencia a *assunção consensual* do incidente de assunção da competência, que revela uma assunção hierárquica e avocatória de competência. (CABRAL, Antonio do Passo. *Juiz natural e eficiência processual*, cit, p. 509 e ss).

vezes divergentes – de cada órgão jurisdicional. Há, em suma, um exercício coordenado de competências.

Tanto a delegação quanto o compartilhamento de competências constituem instrumentos de colaboração e de gestão da competência. Ambos são mecanismos que oferecem dinamismo e eficiência ao exercício das atividades jurisdicionais, atribuindo, assim, flexibilidade e adaptabilidade ao sistema de competências. Porém, no caso do compartilhamento, exige-se mais pró-atividade dos juízes no exercício de suas competências, tanto daquele que motiva o compartilhamento, requerendo a colaboração do outro órgão, quanto daquele que manifesta seu consentimento para a prática do ato.

4.2.2 Compartilhamento de competências e competência concorrente

O compartilhamento de competências não se confunde com a competência concorrente. Diz-se que a competência é concorrente quando sua norma atributiva confere, a um só tempo, a mesma competência para mais de um órgão, no tocante à mesma matéria. A Constituição Federal de 1988, em seu art. 24, prevê hipóteses de competência concorrente entre a União, os Estados e o Distrito Federal.

Outra hipótese de competência concorrente é a prevista no art. 109, § 2º, da CF, ao dispor que as demandas contra a União poderão ser ajuizadas na seção judiciária em que for domiciliado o autor, naquela em que ocorreu o ato ou fato, naquela onde esteja localizada a coisa ou, ainda, no Distrito Federal. No CPC, igualmente, há hipóteses de competência concorrente, a exemplo da previsão do parágrafo único do seu art. 516.

Contudo, no caso de competência concorrente, muito embora a competência seja atribuída a mais de um órgão, ela será exercida por apenas um deles, isoladamente. Uma vez exercida a competência por um juízo, o outro "fica impedido de fazer com o mesmo conteúdo, sobre o mesmo assunto e com a mesma força de grau primário"[22]. É que, muito embora, no caso da competência concorrente, a competência seja conferida a mais de um órgão, tal circunstância não autoriza que ela seja *exercida* concorrentemente.

Como se viu em linhas anteriores, muitas vezes, no curso do procedimento, a prática eficiente dos atos processuais não prescinde da atuação colaborativa de outro órgão jurisdicional. Por razões de eficiência, o juiz do processo é instado a requerer o concurso de outros órgãos jurisdicionais para a prática de atos processuais, a fim de emprestar eficiência à tutela adequada dos direitos em litígio. Não haverá, necessariamente, nesse caso, uma "competência conjunta", mas sim um exercício compartilhado de competências.

---

22 PINHO, José Cândido. *Breve ensaio sobre a competência hierárquica*, cit, p. 68.

O compartilhamento de competências tem como característica a coparticipação de mais de um órgão jurisdicional, cada qual dotado de competências próprias, com vistas à obtenção de resultados comuns, convergentes, num determinado processo.

O compartilhamento de competências não pressupõe a competência concorrente. É possível imaginar o exercício compartilhado de competências de um juiz estadual com um juiz do trabalho, por exemplo.

Imagine-se a hipótese em que tramita uma execução individual contra alguma empresa, no juízo trabalhista, sendo determinada a penhora sobre algum bem. Sobrevindo a decretação de falência, se o ato expropriatório do bem ocorre antes da quebra, se admite o prosseguimento da execução individual no juízo trabalhista até a auferição dos valores, quando o montante será revertido ao juízo estadual, para apuração da ordem legal de preferência. Há, nesse caso, um exemplo de compartilhamento de competências, que não pressupõe competência concorrente.

4.2.3 Compartilhamento de competências e competência adequada

A noção de exercício compartilhado da competência está intimamente relacionada com o princípio da competência adequada.

O princípio da competência adequada não revela apenas a busca pelo órgão competente diante de um caso concreto, mas também descortina a necessidade de o próprio juiz do processo examinar se o exercício de sua competência, para cada ato processual, se faz de maneira adequada. Em outros termos, deve o juiz exercer o controle da competência adequada.

Pelo princípio da competência adequada, permite-se seja a adequação da competência examinada durante todo o procedimento, alinhando a própria teoria da competência ao caráter dinâmico do processo. É plenamente possível que, exercendo o controle da competência adequada no processo, o juiz vislumbre que determinado ato processual será mais eficiente e trará resultados mais positivos para o processo, se praticado por outro órgão jurisdicional situado num foro diverso.

Imagine-se a situação em que, numa execução promovida e processada num determinado juízo, penhoram-se os bens disponíveis do devedor, sem que existam, no mesmo foro, outros bens aptos a serem expropriados, de modo a satisfazer a execução. Nesse caso, é possível que o magistrado, tendo notícias da existência de bens disponíveis do devedor em outro foro, solicite a cooperação do juiz do local onde há bens do devedor, para realizar os atos de expropriação pertinentes, a fim de assegurar a efetividade da execução.

Outro exemplo seria a existência de múltiplas demandas decorrentes de um acidente aéreo e distribuídas perante dois ou mais juízos de comarcas distintas. É perfeitamente possível que esses órgãos cooperem entre si, definindo que a instrução probatória se dará perante o juízo da comarca de onde ocorreu o dano, porque este reuniria as melhores condições para instruir o processo, por exemplo.

Haverá, nesses exemplos, o exercício compartilhado de competências, com a finalidade única conferir ao processo mais eficiência, evitando-se, com isso, seu prolongamento desnecessário.

O compartilhamento de competências sugere o exercício responsável da competência. Traz à lume a ideia de gestão da competência adequada[23], colocando em evidência a necessidade de se obter um sistema de competências mais operativo e que viabilize resultados eficientes.

Em outras palavras, o exercício compartilhado de competências não passa ao largo de um juízo prévio acerca da necessidade e conveniência desse compartilhamento.

4.3 O FUNDAMENTO NORMATIVO PARA O COMPARTILHAMENTO DE COMPETÊNCIAS: A COOPERAÇÃO JUDICIÁRIA NACIONAL

4.3.1 Cooperação judiciária nacional: objetivos e antecedentes

A cooperação judiciária nacional possui, ao menos, dois marcos antecedentes que merecem registro, quais sejam, o CPC/1973 e a Recomendação nº 38 do Conselho Nacional de Justiça – CNJ.

O CPC/1973 já previa, em seus arts. 200 a 212, que as formas de comunicação entre os juízos seriam efetivadas por meio das cartas rogatória, precatória e de ordem. Ali já se preparava terreno fértil para o desenvolvimento e a instituição da cooperação nacional, porém não da forma como hoje é estruturada.

Atualmente, o CPC/2015 mantém a disciplina das cartas em seus arts. 236, §§ 1º e 2º, 237 e 260 a 268, regulando detalhada e minunciosamente esses meios de comunicação, ainda marcados pela preponderância da forma, pela hierarquia e pela territorialidade, considerando que não houve alteração substancial nesse particular. A diferença é que o novo código prevê novos instrumentos de cooperação entre juízos, esses caracterizados pela informalidade, horizontalidade e flexibilidade, que dão uma nova tônica à cooperação judiciária nacional, conforme será visto adiante.

---

23 HARTMANN, Guilherme Kronemberg. Controle da competência adequada no processo civil. Tese (Doutorado) – Universidade do Estado do Rio de Janeiro, Rio de Janeiro, 2018. p. 220.

Ao tratar da cooperação nacional, o CPC/2015 claramente baseou-se nas disposições contidas na Recomendação nº 38 do CNJ[24], incorporando seu conteúdo com as devidas alterações.

O referido documento é uma recomendação dirigida aos tribunais para a instituição de mecanismos de cooperação judiciária entre os diversos órgãos do Poder Judiciário, com o objetivo de desburocratizar e agilizar o cumprimento de atos judiciais fora do âmbito de competência do juízo requerente ou em intersecção com ele[25]. De acordo com a normativa, recomenda-se que os Tribunais instituam juízes e núcleos de cooperação para viabilizar o atingimento de tais objetivos. Esses órgãos de cooperação (juízes e núcleos) comporiam, assim, o sistema de cooperação judiciária nos tribunais.

Por sua vez, a Recomendação nº 38 do CNJ inspirou-se nos mecanismos de cooperação judiciária utilizados no âmbito da União Europeia[26]. O estudo sobre a cooperação interjudicial teve terreno mais fértil no âmbito do direito internacional, tendo como objeto de análise as trocas cooperativas entre autoridades judiciárias e entidades governamentais dos diferentes Estados[27].

O sistema de cooperação interjudicial instituído pela Recomendação nº 38 possui dois mecanismos básicos: os *núcleos de cooperação judiciária*[28] e os *juízes de cooperação*.

---

24 Disponível em: http://www.cnj.jus.br/images/recomendacao_gp_38_2011.pdf Data de acesso: 9/11/2017.

25 A Recomendação n. 38-CNJ, em suas *considerações*, expressamente menciona a cooperação judiciária como mecanismo contemporâneo, desburocratizado e ágil para o cumprimento de atos judiciais.

26 Nesse sentido, importante citar o Regulamento n. 1206/2001 do Conselho da União Europeia, de 28 de maio de 2001, relativo à cooperação entre os tribunais dos Estados-Membros no domínio da obtenção de provas em matéria civil ou comercial.

Vale, ainda, salientar que a expressão "cooperação judiciária em matéria civil" teve origem *Tratado de Maastricht*, o Tratado da União Europeia, que descreveu a cooperação judiciária em matéria civil como um assunto de interesse comum para os Estados-Membros. Atribui-se ao *Tratado de Lisboa*, que entrou em vigor no início de 2009, a referência explícita ao princípio do reconhecimento mútuo de decisões em matéria civil.

O artigo 81. do *Tratado sobre o Funcionamento da União Europeia*, ao tratar da cooperação judiciária em matéria civil, estabelece medidas a serem adotadas pelos Estados-Membros para o bom funcionamento do mercado interno e destinadas a assegurar: O reconhecimento mútuo entre os Estados-Membros das decisões judiciais e extrajudiciais e a respetiva execução; A citação e notificação transfronteiriça dos atos judiciais e extrajudiciais; A compatibilidade das normas aplicáveis nos Estados-Membros em matéria de conflitos de leis e de jurisdição; A cooperação em matéria de obtenção de meios de prova; O acesso efetivo à justiça; A eliminação dos obstáculos à boa tramitação das ações cíveis, promovendo, se necessário, a compatibilidade das normas de processo civil aplicáveis nos Estados-Membros; O desenvolvimento de métodos alternativos de resolução dos litígios; O apoio à formação dos magistrados e dos funcionários e agentes de justiça.

27 São exemplos os tratados e acordos internacionais de cooperação e assistência jurisdicional em matéria civil, comercial e penal entre dois Estados, a exemplo do acordo Brasil-Espanha (Decreto nº 166, de 3/6/1991); acordo Brasil-Itália (Decreto nº 1.476, de 2/5/1995) e acordo Brasil-França (Decreto nº 3.598, de 12/9/2000).

28 Os Núcleos de Cooperação Judiciária, instituídos conforme Recomendação 38/2011 do CNJ, foram, posteriormente, convertidos em meta do Judiciário para o ano de 2012 (*Meta 4*). São espaços

De acordo com o art. 9º do Anexo da Recomendação nº 38, os núcleos de cooperação possuem a função de "sugerir diretrizes de ação coletiva, harmonizar rotinas e procedimentos, bem como atuar na gestão coletiva de conflitos e na elaboração de diagnósticos de política judiciária, propondo mecanismos suplementares de gestão administrativa e processual, fundados no princípio da centralização, colaboração e eficácia". Já os juízes de cooperação têm a função[29] de intermediar o contato entre magistrados, a agilização do intercâmbio de atos forenses e a concertação de procedimentos entre os juízes cooperantes, dentre outras prerrogativas descritas no art. 7.º da Recomendação do CNJ.

O objetivo é a formação de Rede Nacional de Cooperação Judiciária, sugerindo uma mudança de paradigma para o Poder Judiciário, a fim de ajustá-lo às necessidades e emergências de uma sociedade hipercomplexa e globalizada.

A concepção tradicional atribuída à jurisdição para lidar com a pulverização de demandas repetitivas, conexas ou que pressuponham a intersecção de competência de mais de um juiz, tende, muitas vezes, a potencializar o conflito, impactando no tempo despendido para solucioná-lo. A cultura da litigiosidade ainda é presente na sociedade contemporânea, a despeito do incentivo à adoção de métodos consensuais de resolução de disputas.[30-31]

O paradigma da cooperação judicial, portanto, pressupõe o exercício da jurisdição em uma sociedade hipercomplexa[32]. Propõe-se, através desse modelo, a atuação coordenada, colaborativa e cooperativa entre os órgãos jurisdicionais, que se traduz não apenas na harmonização de procedimentos, mas também na harmonização de entendimento.

---

institucionais de análise, diagnóstico e deliberação a respeito da litigiosidade em cada tribunal, foro ou localidade, com o objetivo de favorecer o diálogo interno entre os juízes ou mesmo entre o Judiciário, os demais sujeitos do processo e os agentes públicos e sociais.

29 Nos termos do art. 6º da Recomendação n. 38, "os magistrados designados para atuar como Juízes de Cooperação terão a função de facilitar a prática de atos de cooperação judiciária e integrarão a Rede Nacional de Cooperação Judiciária".

30 FALECK, Diego. *Manual de design de sistemas de disputas*: criação de estratégias e processos eficazes para tratar conflitos. Rio de Janeiro: Lumen Juris, 2018. p.12.

31 Importante citar a Resolução n. 125/2010 do CNJ, que instituiu a "política judiciária nacional de tratamento adequado dos conflitos de interesses", reconhecendo caber ao Judiciário promover uma política pública de tratamento adequado dos conflitos que lhes são submetidos, por meio do incentivo e constante aperfeiçoamento dos mecanismos consensuais de solução de conflitos.

32 Para um estudo sobre a linha evolutiva do processo tomando como ponto de partida a tensão entre os interesses individuais e os coletivos: LACERDA, Galeno. Processo e cultura. *Revista de direito processual civil*, São Paulo, 1962. p. 74-86; MANCUSO, Rodolfo de Camargo. *Interesses difusos: conceito e legitimação para agir.* 6.º ed., São Paulo: Revista dos Tribunais, 2004, p. 50.

4.3.2 A cooperação judiciária nacional e o dever de recíproca cooperação

A partir de um modelo de processo cooperativo, é possível, então, vislumbrar a existência de deveres de cooperação para todos os sujeitos processuais. Como bem observa Leonardo Carneiro da Cunha, a cooperação "impõe deveres para todos os intervenientes processuais, a fim de que se produza, no âmbito do processo civil, uma 'eticização' semelhante à que já se obteve no direito material, com a consagração de cláusulas gerais como as da boa-fé e do abuso de direito"[33].

A cooperação deve ser observada por todos os sujeitos processuais; não apenas pelas partes entre si, ou só pelas partes em relação aos juízes e vice-versa, mas principalmente entre os próprios órgãos jurisdicionais quando interagem entre si, pois não existe um isolacionismo jurisdicional.

Num mesmo processo, é possível vislumbrar inúmeras interações entre órgãos jurisdicionais, de diferentes instâncias ou, até mesmo, submetidos a diferentes Justiças e jurisdições. É preciso, portanto, situar essas interações no âmbito do processo civil colaborativo, impondo também a esses sujeitos deveres de recíproca cooperação.

No direito brasileiro, as interações colaborativas entre os órgãos jurisdicionais são informadas diretamente pelos princípios da *eficiência* (CF, art. 37, *caput*; CPC, art. 8º) e da *razoável duração do processo* (CF, art. 5.º, LXXVIII; CPC, art. 4º) e não apenas pelo princípio da cooperação[34]. Esse conjunto de normas já é capaz de fundamentar as trocas e os contatos estabelecidos entre o juízos na condução e gestão eficiente dos processos. Todavia, o Código de Processo Civil reservou espaços próprios para tratar da cooperação entre os órgãos jurisdicionais a nível nacional (arts. 67 - 69) e a nível internacional (arts. 26-41).

O art. 67 do CPC estabelece que aos órgãos do Poder Judiciário[35], em todas as instâncias e graus de jurisdição, incumbe o dever de recíproca cooperação, por meio de seus magistrados e servidores. Do próprio texto normativo extrai-se que o foco está na eficiência do procedimento particularmente considerado - em cada uma de seus etapas -, bem como na gestão do acervo processual por todos os servidores do Judiciário, a quem, em última análise, também incumbe a prestação da justiça.

---

33 CUNHA, Leonardo Carneiro da. *A atendibilidade dos fatos supervenientes no processo civil*. cit., p. 67.

34 Nesse sentido: AVELINO, Murilo Teixeira. Arts. 67 a 69. In: STRECK, Lenio Luiz; NUNES, Dierle; CUNHA, Leonardo (orgs.). *Comentários ao Código de Processo Civil*. São Paulo: Saraiva, 2016, p. 124.

35 Criticamos a redação do artigo quando se refere a "órgãos do Poder Judiciário", uma vez que o dever de recíproca cooperação também abrange a relação entre juiz e árbitro (CPC, art. 260, §3º), muito embora este não integre os órgãos do Poder Judiciário.

O dever de recíproca cooperação encartado no art. 67 do CPC decorre do princípio da unidade da jurisdição[36] e funciona como estímulo para que os órgãos jurisdicionais cooperem entre si na condução do processo. É um reforço[37] para que juízes de quaisquer instâncias e Justiças atuem conjuntamente na condução de litígios que surjam a partir de um mesmo conjunto de fatos ou que envolvam idêntica questão de direito.

A ideia é que os diferentes órgãos jurisdicionais brasileiros devem cooperar entre si para a prestação de uma tutela jurisdicional mais eficiente, viabilizando a obtenção de resultados máximos, com menor dispêndio de tempo e custos[38]. Reforça-se, portanto, a noção de *gerenciamento processual*[39] (*case management*), que prevê a aplicação racional das regras e técnicas processuais no exercício da jurisdição, a fim de que o processo cumpra sua finalidade política e social.

A cooperação nacional pode acontecer sob diferentes níveis de interação, desde interações mais intensas até interações menos intensas e pontuais. O art. 69 do CPC traz um rol exemplificativo dos instrumentos de cooperação interjudicial, permitindo, assim, a adoção, de instrumentos atípicos de cooperação, em prol da eficiência processual.

4.3.3. O modelo de cooperação judiciária nacional: a proposta de Fredie Didier Jr.

Convém registrar o modelo de cooperação judiciária nacional proposto por Fredie Didier Jr.

---

36 Entendendo que o dever de recíproca cooperação decorre do *princípio da unidade da jurisdição*: SCHENK, Leonardo Faria. Comentários aos arts. 64-69 do CPC, *cit.*, p. 270. CABRAL, Antonio do Passo. *Juiz natural e eficiência processual*, cit, p. 536.

37 Isso porque a cooperação possui um viés prospectivo, tendente a promover um estado ideal de coisas. Bem se sabe, todavia, que as tentativas de se promover o intercâmbio cooperativo entre juízos podem falhar em alguns casos, sobretudo naqueles em que o juiz é cético a respeito da cooperação transjudicial. Francis E. McGovern aponta como possíveis razões para esse ceticismo: a escassez de informação sobre a precisa natureza da interação entre os juízes, análises pouco explícitas acerca das questões mais contemporâneas sobre processo, federalismo, justiça e ética que são geradas a partir da cooperação entre juízos, além da ausência de meios bem definidos para medir, em geral, os valores dos esforços de cooperação entre juízos (McGOVERN, Francis E. Rethinking cooperation among judges in mass tort litigation. *UCLA Law Review*, v. 44, 1997, p. 1852).

38 Aqui a eficiência ganha maior relevo, na medida em que se relaciona com "o alcance de finalidades pré-estabelecidas, dizendo respeito aos *meios* empregados para tanto. Haverá *eficiência* se os meios adotados forem ótimos, gerando pouco esforço ou dispêndio, com o melhor resultado possível". (CUNHA, Leonardo Carneiro da. A previsão do princípio da eficiência no projeto do novo código de processo civil brasileiro. *Revista de Processo*. v. 233, jul./2014. p. 67).

39 Segundo Paulo Eduardo Alves da Silva, o gerenciamento processual "pode ser compreendido como o planejamento da condução de demandas judiciais em direção à resolução mais adequada do conflito, com o menor dispêndio de tempo e custos" (ALVES DA SILVA, Paulo Eduardo. *Gerenciamento de processos judiciais*. São Paulo: Saraiva, 2010. p. 35).

Ao investigar a cooperação judiciária nacional, o autor sistematizou o instituto, desenhando um modelo de cooperação, que se distingue em *tipos*, *instrumentos* e *atos*.

Conforme bem observado pelo autor, o art. 69 do CPC congrega, a um só tempo, tipos, instrumentos e atos de cooperação, o que pode gerar certa dificuldade de compreensão e de aplicação para o operador do direito.[40] Daí a relevância do modelo proposto por Fredie Didier Jr., a permitir a adequada sistematização da cooperação nacional.

Partindo da proposta do autor, os *tipos* correspondem ao *modo* como a cooperação poderá ser realizada. A cooperação seria, assim, gênero que poderá se perfectibilizar por meio de (i) solicitação, (ii) delegação, ou (iii) concertação, o que não exclui outros modos que, porventura, venham a surgir.[41]

De acordo com o autor, os *tipos* de cooperação teriam como característica comum a *compulsoriedade*, que seria extraída do próprio dever de cooperação encartado no texto do art. 67 do CPC. Assim, a diferença entre os *tipos* de cooperação seria quanto à intensidade da *compulsoriedade*. Ao passo que na solicitação, a compulsoriedade seria menos intensa, na delegação e na concertação ela seria mais forte, destacando o fato de que, nesta última, a compulsoriedade tem origem negocial.

Particularmente quanto à compulsoriedade, não nos parece que essa característica poderia ser extraída da cooperação judiciária nacional, pelo menos não de acordo com a interpretação que lhe conferimos no presente trabalho.

Em nosso sentir, a compulsoriedade está associada à ideia de ordem, de imposição, de um comando de um órgão jurisdicional superior para outro subordinado, o qual não teria qualquer ingerência para a prática do ato. Este seria um mero executor, algo que, para nós, é contrário ao paradigma da cooperação judiciária nacional.

O que nos parece, seguindo a proposta de Fredie Didier Jr., é que os *tipos* de cooperação podem ser diferenciados quanto à regulação do dever previsto no sistema.

---

40 Conforme bem explicitado por Nilsiton Rodrigues de Andrade Aragão, "o artigo 69, por exemplo, transmite a ideia de que seus incisos tratam de instrumentos de cooperação judiciária, mas a prestação de informações é um típico objeto de cooperação. Já o § 2º do mesmo artigo 69 dá a entender que as situações ali descritas são objetos exclusivos de atos concertados, quando, na verdade, podem decorrer de um pedido de cooperação e ser objeto de outro instrumento de cooperação."(ARAGÃO, Nilsiton Rodrigues de Andrade. Potencialidades e limites da cooperação judiciária nacional. *Civil Procedure Review*, v. 11, n. 1: jan.-abr. 2020, p. 35-36).

41 DIDIER JR., Fredie. *Cooperação judiciária nacional* – esboço de uma teoria para o direito brasileiro. Salvador: JusPodivm, 2020, p. 72.

Enquanto que, na cooperação por solicitação, há uma regulação mínima (a cooperação se perfectibiliza com a solicitação de uma providência ou diligência, sem que haja um controle do ato), na delegação e na concertação há uma regulação maior, sendo que, nesta última, a regulação é *máxima*. Em nenhum dos casos, há subordinação de um órgão a outro. Em nenhum dos casos haverá compulsoriedade.

Como visto em linhas anteriores, na delegação, um órgão cooperante transfere o exercício da competência para um órgão que não a detém, tornando-se este circunstancialmente competente para o ato objeto da delegação. Assim, é a competência do delegante que controla, regula o exercício da competência pelo delegatário, podendo aquele, inclusive, revogar o ato objeto da delegação.

Já, na concertação, há uma regulação *máxima*, na medida em que os juízos cooperantes, ao concertarem atos e procedimentos, se autovinculam. O controle advém do próprio *acordo* entre os juízos cooperantes, que constitui a norma que fundamenta o ato concertado.

Ainda que se alegue que as cartas de ordem poderiam exemplificar uma hipótese de delegação compulsória (CPC, art. 267), ainda assim não nos parece que o atributo da compulsoriedade poderia ser atrelado à cooperação judiciária nacional. E por uma razão muito simples. É que as cartas de ordem instrumentalizam apenas uma parcela do fenômeno da delegação, qual seja a *delegação hierárquica*, operada entre órgãos componentes de uma estrutura hierarquizada, de superposição.

De fato, com relação à delegação hierárquica é possível identificar a compulsoriedade. Porém esse atributo não se faz presente na delegação horizontal, que se dá entre órgãos de uma mesma estrutura de poder, por exemplo. Portanto, não seria possível estender o atributo da compulsoriedade – que está adstrito aos casos de delegação hierárquica –, para contemplar todo o fenômeno da delegação e, por extensão, da própria cooperação nacional.

Logo, em nosso sentir, partindo do modelo de cooperação judiciária proposto por Fredie Didier Jr., o que diferencia os *tipos* de cooperação é o *grau de regulação do de*ver de cooperar, que é máximo na concertação e mínimo na solicitação.

Ainda segundo o modelo proposto pelo autor, é possível identificar os *instrumentos* de cooperação. Estes como o próprio nome já sugere, correspondem aos *meios, as ferramentas,* através das quais a cooperação se concretiza. São exemplos de instrumentos de cooperação, as cartas, o auxílio direto, o ato concertado etc.[42-43]

42 Ibidem, p. 72.

43 É possível, ainda, imaginar a cooperação por meio de *e-mail*, telefone, aplicativos de mensagem etc.

Já os *atos* de cooperação correspondem, efetivamente, ao *objeto* da cooperação; a que a cooperação se destina. Pode-se citar, como exemplo, a prestação de informações, a reunião ou apensamento de processos, a centralização de processos repetitivos, a execução de decisão judicial, dentre tantos outros exemplos não necessariamente discriminados no rol do art. 69 do CPC.

4.3.3.1 A previsão contida no art. 69 do CPC

Como se viu, o art. 69 do CPC prevê, a um só tempo, tipos, instrumentos e atos de cooperação. A despeito da ausência de sistematização do texto normativo, convém destrinchar as hipóteses legais ali previstas, para que se possa traçar um panorama geral dos atributos da cooperação nacional.

- *Auxílio direto*

O auxílio direto não constitui originariamente um instrumento de cooperação *nacional*. Sua utilização difundiu-se, primeiramente, no âmbito internacional, como instrumento para perfectibilizar os pedidos de cooperação e de assistência judiciária internacional. Tanto é assim que esse instrumento de cooperação está regulado nos arts. 28 a 34 do CPC, dentro do capítulo que disciplina a cooperação internacional.

O auxílio direto consiste num *instrumento* simplificado de cooperação[44], por meio do qual o intercâmbio entre os juízos cooperantes acontece sem a interferência de outros órgãos ou autoridades. No caso do auxilio direto internacional, por exemplo, dispensa-se a interferência do Superior Tribunal de Justiça[45].

Nos termos do art. 30 do CPC, o auxílio direto terá como objeto (i) *obtenção e prestação de informações sobre o ordenamento jurídico e sobre processos administrativos ou jurisdicionais findos ou em curso*; (ii) *colheita de provas, salvo se a medida for adotada em processo, em curso no estrangeiro, de competência exclusiva de autoridade judiciária brasileira;* e (iii) *qualquer outra medida judicial ou extrajudicial não proibida pela lei brasileira.* Conforme se observa dos objetos descritos no dispositivo, o auxílio direto não se limita ao pedido de cooperação jurisdicional, mas compreende, igualmente, a cooperação entre órgãos administrativos e entidades que não integram a estrutura judiciária dos Estados nacionais.

44 Por meio do auxílio direto, a autoridade estrangeira "solicita ao Estado requerido que mobilize seus órgãos internos para que adotem as medidas legais necessárias para a consecução daquele objetivo, sem fixar-ljhe qualquer forma predeterminada." (VERGUEIRO, Luiz Fabricio Thaumaturgo. Cooperação jurídica internacional vertical - civil e criminal. São Paulo: Quartier Latin, 2016, p. 68-69).

45 MEDINA, José Miguel Garcia. *Direito processual civil moderno* (livro eletrônico). São Paulo: Revista dos Tribunais, 2017. p. 62.

A diferença desse instrumento de cooperação e o tradicional sistema das cartas rogatórias, por exemplo, é que o auxílio direto prescinde do juízo de delibação, pela autoridade do Estado requerido, do pedido de cooperação formulado pela autoridade de outro Estado[46]. O pedido de cooperação é diretamente enviado à autoridade central do Estado requerido pelo órgão estrangeiro interessado (CPC, art. 29).

No âmbito do direito interno, o auxílio direto, nos termos do art. 69, I, do CPC, é instrumento de cooperação entre os órgãos jurisdicionais e administrativos integrantes do Poder Judiciário. É possível cogitar, por exemplo, que um tribunal do Estado A solicite, por auxílio direto, informações ao tribunal do Estado B acerca da quantidade e do estado dos processos que discutem determinada questão de direito.

O auxílio direto caracteriza-se por ser um mecanismo informal e ágil de cooperação e assistência jurisdicional e administrativa, sem que haja um juízo prévio de admissibilidade.[47]

- *Reunião ou apensamento de processos*

De acordo com o art. 69, II, do CPC é possível que o pedido de cooperação seja executado para que haja a reunião ou o apensamento de processos. Como se viu, a reunião ou o apensamento de processos não constitui um instrumento de cooperação, mas sim um dos objetos da cooperação.

A reunião ou o apensamento de processos poderá acontecer nos casos de continência (CPC, art. 56), conexão (CPC, art. 55) e, ainda, nos casos em que, a despeito de não haver conexão, existir o risco de serem prolatadas decisões conflitantes ou contraditórias (CPC, art. 55, § 3º).

O art. 55, *caput*, do CPC determina que haverá conexão entre duas ou mais ações quando lhes for comum o pedido ou a causa de pedir. É certo que há vários níveis de conexidade. Não é sem razão que a doutrina costuma classificar a conexão em própria (simples ou qualificada) e imprópria. Todavia, não é o objetivo deste trabalho adentrar nas teorias sobre a conexão. O que aqui releva examinar são os efeitos do fato "conexão" para o procedimento.

Quando entre duas ou mais ações houver algum elemento comum, é conveniente a reunião dos processos para julgamento conjunto, evitando-se o risco de serem prolatadas decisões contraditórias, o que se compraz com a exigência constitucional de um processo devido[48]. Nesse caso, as ações

46 POLIDO, Fabrício Bertini Pasquot. *Direito processual internacional e o contencioso internacional privado*. Curitiba: Juruá, 2013. p. 73.

47 MEIRELES, Edilton. Cooperação Judicial e poderes do juiz na execução conforme o CPC de 2015. *In* Revista Jurídica Luso-brasileira, Ano 4 (2018), nº 1, p. 461.

48 CUNHA, Leonardo Carneiro da. *Jurisdição e competência*. cit., p. 169.

serão processadas simultaneamente e julgadas na mesma sentença, em *simultaneus processus.*

Fredie Didier Jr. entende que, se for constatada a conexão e a reunião dos processos for viável, esta *deverá* ocorrer, pois se trata de regra processual cogente. Afirma que a conexão é fato que atribui ao juízo competência absoluta, podendo o órgão jurisdicional conhecê-la de ofício[49].

Em sentido contrário, Daniel Gomes de Miranda entende que, para haver reunião de ações conexas, é necessária a manifestação da parte: o autor, na petição inicial, pode requerer a distribuição por dependência e o réu, na contestação, pode alegar preliminarmente a existência de conexão. Não alegada a conexão, opera-se a preclusão consumativa para solicitar a reunião das demandas.[50] Assim, o autor defende que esse ato unilateral da parte teria natureza negocial[51].

Interpretando o texto do art. 69, II, do CPC, entendemos que o ordenamento outorga aos órgãos jurisdicionais uma faculdade para determinar a reunião de processos. É que, a depender do caso concreto, a reunião dos processos pode não ser conveniente ou eficiente.

É possível que um dos processos conexos esteja num estágio mais avançado do que o outro, por exemplo; nesse caso, a reunião das causas para julgamento conjunto poderia retardar aquele processo mais avançado e próximo de ser julgado, resultando em ineficiência.

Nesse particular, ao julgar o Recurso Especial nº 1.707.572/SP[52], o STJ entendeu que a "reunião de ações conexas para julgamento conjunto constitui faculdade do magistrado, cabendo a ele gerenciar a marcha processual, deliberando pela conveniência, ou não, do processamento e julgamento simultâneo."

E o fundamento utilizado pelo STJ foi, justamente, a eficiência processual[53]. Observou-se que, no caso concreto, a despeito da existência de

---

49 DIDIER JR., Fredie. *Curso de direito processual civil*. v. 1. cit., p. 230.

50 Parece-nos que essa é uma interpretação *contra legem*. Isso porque o art. 337, VIII, § 5º, do CPC elenca a conexão como matéria cognoscível de ofício, não se sujeitando à preclusão. Assim, é lícito ao réu alegar a conexão após ofertada a contestação (CPC, art. 342, II).

51 MIRANDA, Daniel Gomes de. Sobre o afastamento negocial da perpetuatio jurisdictionis, ou sobre a convenção de eleição de foro incidental. In. CABRAL, Antonio do Passo; e NOGUEIRA, Pedro Henrique (Coord.). *Negócios Processuais*. 2. ed. Salvador: JusPodivm, 2016. p. 470-471.

52 REsp. nº 1.707.572/SP, rel. Min. Herman Benjamin, 2ª Turma, j. 7.12.2017, DJe 16.2.2018. Nesse mesmo sentido: AgRg nos EDcl no AREsp. nº 677.314/DF, rel. Min. Raul Araújo, 4ª Turma, DJe 22.2.2016; AgRg no REsp. nº 1.204.934/RJ, rel. Min. Benedito Gonçalves, 1ª Turma, DJe 22.4.2015.

53 Nesse sentido, Editon Meirelles afirma: "A reunião dos processos teria razão nos princípios constitucionais da eficiência, celeridade e efetividade da decisão judicial, em ponderação com o princípio do juízo natural. Tudo a ser apreciado diante do caso concreto." (MEIRELES, Edilton. "Cooperação Judicial e Poderes do Juiz na Execução Conforme o CPC de 2015" *in* Revista Jurídica Luso-brasileira, Ano 4 (2018), nº 1, p. 466.)

centenas de demandas conexas – o que, em tese, ensejaria o julgamento conjunto perante o mesmo Juízo – os processos estavam em fases distintas, recomendando-se o julgamento autônomo. O julgamento conjunto implicaria a suspensão de parte das demandas, em prejuízo da eficiência.

O apensamento, por sua vez, consiste na reunião de processos para tramitação simultânea, mas sem autuação conjunta, de forma que cada processo tramitará com sua própria numeração. O apensamento é recomendado para situações em que o motivo da reunião é precário, facilitando posterior desapensamento[54].

De fato, presume-se que a reunião ou o apensamento de causas para julgamento conjunto garantirá a eficiência processual, eliminando o risco de haver provimentos contraditórios. Contudo, não se trata de um critério absoluto.

- <u>*Prestação de informações*</u>

Os pedidos de cooperação também poderão ser executados para prestação de informações. A prestação de informações deve se dar sem maiores formalidades.

Esse tipo de cooperação é potencializado com a difusão dos meios eletrônicos de comunicação, permitindo que os órgãos jurisdicionais tenham livre acesso para trocarem informações relevantes a respeito de seus processos, viabilizando a prática de atos processuais.

A prestação de informações pode se dar por meio de *e-mail,* telefone, aplicativos de mensagem etc.

Assim, sempre que um órgão jurisdicional necessitar de alguma informação relevante para o exercício de suas funções, poderá solicitar a cooperação ao juízo cooperante.

- <u>*Atos concertados*</u>

Por se tratar de tema central ao presente trabalho, os atos concertados serão pormenorizadamente analizados no Capítulo 5. Por enquanto, limitar-nos-emos a dizer que os atos concertados constituem um tipo de cooperação definido de comum acordo entre os juízes cooperantes. São diversos os atos que podem ser concertados. A redação do §2º do art. 69 do CPC deixa evidente a não taxatividade do rol legalmente previsto[55].

---

54 Apensamento e desapensamento. Disponível em: https://uspdigital.usp.br/proteos/manual/apensamento.htm, Data de acesso: 15/1/2019.

55 § 2º. Os atos concertados entre os juízes cooperantes poderão consistir, <u>além de outros</u>, no estabelecimento de procedimento para:

I – a prática de citação, intimação ou notificação de ato;

II – a obtenção e apresentação de provas e a coleta de depoimentos;

Os atos concertados são tipos de cooperação, em que os órgãos jurisdicionais concertam procedimentos como forma de racionalizar e otimizar suas atividades. Esses procedimentos podem ter por finalidade a prática de atos de comunicação (CPC, art. 69, § 2º, I), a instrução probatória (CPC, art. 69, § 2º) e a efetivação de decisões (CPC, art. 69, § 2º, III, IV e VI).

O concerto de atos mostra-se adequado para a condução de processos complexos ou que envolvam questões repetitivas. É o caso de imaginar a hipótese de litígios decorrentes de desastres aéreos e ambientais, por exemplo. Nesse caso, é possível que os juízos para onde as causas foram distribuídas concertem atos no sentido de determinar que a colheita da prova testemunhal acontecerá no juízo mais próximo ao acidente, por exemplo. Trata-se de técnica adequada de racionalização e distribuição do trabalho entre os órgãos jurisdicionais.

De igual modo, poderão os juízos concertar atos para centralizar processos repetitivos para julgamento conjunto, como forma de emprestar solução isonômica aos processos. Nessa hipótese haverá uma modificação da competência inicialmente atribuída, que passará a ser do órgão jurisdicional para o qual os processos foram reunidos.

4.3.4 A cooperação judiciária e seus reflexos sobre o sistema de competência. Reforço aos atributos da flexibilidade e adaptabilidade da competência

A cooperação judiciária tem reflexos diretos sobre o sistema de competências. Isso porque o princípio da cooperação proporciona a intensificação das interações colaborativas entre diferentes juízos, com vistas a uma atuação eficiente, tornando, assim, o sistema de competências mais flexível e adaptável.

O art. 69, § 2º do CPC apresenta um rol exemplificativo dos atos concertados, não esgotando os procedimentos que podem ser objeto de concerto pelos magistrados. Por conseguinte, possibilita-se a adoção de técnicas atípicas de gestão do procedimento pelos órgãos jurisdicionais segundo os parâmetros de eficiência processual.

Conforme se viu no item anterior, haverá casos em que as trocas cooperativas interjudiciais poderão ensejar a modificação da competência.

III – a efetivação de tutela provisória;

IV – a efetivação de medidas e providências para recuperação e preservação de empresas;

V – a facilitação de habilitação de créditos na falência e na recuperação judicial;

VI – a centralização de processos repetitivos;

VII – a execução de decisão jurisdicional.

É o que ocorre na hipótese de pedido de cooperação para *reunião ou apensamento de processos* (CPC, art. 69, § 2º, II), bem como no concerto de atos para *centralização de processos repetitivos* (CPC, art. 69, § 2º, VI).

As possibilidades de modificação da competência como resultado das trocas cooperativas reforça o atributo da adaptabilidade da competência. Esta, conforme sustentamos, não é estática, nem infensa às circunstâncias fáticas. O sistema de competências, em sua dinâmica contemporânea, considera a possibilidade de conformação da competência no curso do procedimento pelos órgãos jurisdicionais (ex. atos concertados para reunião de processos repetitivos)[56]. Daí o reforço ao atributo da flexibilidade da competência normativamente atribuída.

A cooperação judiciária, numa perspectiva intraprocessual, visa a promover eficiência ao processo, diminuindo os custos da litigância e o atraso do procedimento[57]. Diante de uma rede nacional de cooperação, as interações entre os juízos cooperantes são inúmeras, ensejando a formação de um ambiente em que o exercício das competências jurisdicionais pode ser compartilhado.

4.3.5 O objeto do pedido de cooperação judiciária. (Im)possibilidade de serem praticados atos de natureza decisória

O ato de cooperação não possui objeto pré-definido. Conforme dispõe o art. 68 do CPC, os juízos poderão formular entre si pedidos de cooperação para a prática de *qualquer ato processual,* que, por sua vez, podem ser executados sob diversas formas, inclusive aquelas elencadas nos incisos do art. 69 do CPC.

A expressão *qualquer ato processual* não restringe a cooperação entre os juízos apenas em relação aos atos jurisdicionais (decisórios e instrutórios), que se inserem no plano *intraprocessual.* Na verdade, o texto normativo não faz limitação alguma. É possível pensar, portanto, em trocas interjudiciais no nível *macroprocessual*, de administração judiciária. As trocas de informações entre juízos cooperantes podem ser relativas a instrumentos de gestão administrativa das varas e serventias judiciárias, por exemplo.

---

56 Também não se exclui a possibilidade de conformação da competência no curso do procedimento, seguindo a vontade das partes, o que reforça, ainda mais, os atributos de flexibilidade e adaptabilidade da competência. Porém, considerando os limites deste trabalho, nos limitamos à conformação da competência no âmbito da cooperação interjudicial.

57 Francis E. McGovern aponta como benefícios da cooperação entre juízes a economia em custo e tempo, a qualidade dos resultados, e o aumento da satisfação e justiça. (McGOVERN, Francis E. Rethinking cooperation among judges in mass tort litigation. *cit.* 1852).

A divulgação de relatórios de boas práticas[58] pelas corregedorias do tribunais constitui eficiente ferramenta de cooperação, cujo objetivo é, justamente, a divulgação dos seus atos de organização e de administração judiciária, que têm o potencial de influenciar a implementação de medidas administrativas eficientes por outros órgãos, com vistas ao aperfeiçoamento dos serviços por eles prestados.

Quanto à natureza dos atos processuais objeto dos pedidos de cooperação, o art. 68 do CPC também não faz qualquer limitação. A interpretação mais consentânea com o dispositivo é aquela que vislumbra a possibilidade de o pedido de cooperação judiciária abranger a prática de todo e qualquer ato processual, tanto os atos de natureza instrutória, quanto os de natureza decisória.

Nesse sentido, não concordamos com a posição manifestada por Murilo Teixeira Avelino, no sentido de que "só é possível a cooperação jurisdicional para a prática de atos instrutórios, diretivos e executórios"[59]. Como fundamento, o autor afirma que o dispositivo deve ser interpretado em face da impossibilidade de *delegação* dos atos decisórios, o que implicaria a derrogação da competência, violando a garantia do juiz natural.

Haverá casos, ainda, em que a cooperação judiciária não ensejará, propriamente, uma delegação de competência, mas sim seu compartilhamento entre os juízos cooperantes, estando a prática de atos decisórios abrangida no exercício desses atos de cooperação. Isso porque o compartilhamento de competências, como visto no início do capítulo, é caracterizado pelas trocas dialógicas, consensuais e não impositivas entre os órgãos jurisdicionais. Não há relação de subordinação de um juízo ao outro, mas relação de coordenação, em que as competências dos juízos são conformadas para o atendimento de um fim comum, no caso, a prática de um ato processual.

Exemplo do que ora se afirma é o concerto de atos entre os juízos que implique a tomada de alguma decisão no curso da diligência pelo juízo cooperante, como seriam os atos sobre a inquirição de testemunha, sobre a perfectibilização da penhora, sobre a nomeação e substituição de depositário, sobre a escolha de perito diante de eventual recusa do perito anterior, dentre inúmeros outros exemplos.

Do mesmo modo, seria o caso do deferimento de alguma medida de urgência pelo juízo cooperante. Imagine-se a existência de várias

58 O sítio do Tribunal Regional Federal da 5ª Região comumente divulga as boas práticas desempenhadas nas Seções Judiciárias dos Estados que abrange. Disponível em: https://www.trf5.jus.br/index.php?option=com_content&view=article&id=734&Itemid=105 Data de acesso: 5/1/2019.

59 AVELINO, Murilo Teixeira. Comentários aos Arts. 67 a 69. In. STRECK, Lenio Luiz; NUNES, Dierle; CUNHA, Leonardo (orgs.). *Comentários ao Código de Processo Civil.* São Paulo: Saraiva, 2016. p. 125.

execuções contra um mesmo devedor, em que tenha havido, em todos os processos, a penhora sobre um mesmo bem. Eventual ato decisório praticado pelo juiz cooperante no sentido de deferir medida de urgência para assegurar a satisfação dos exequentes parece ser justificável nesse caso, não devendo encontrar óbice no sistema de competências. Nesse mesmo exemplo, pode o juiz cooperante conceder uma tutela de urgência para determinar a venda antecipada do bem penhorado, diante do iminente risco de sua deterioração.

Pode-se citar, ainda, o concerto de atos entre os juízos para reunião de causas repetitivas (CPC, art. 69, § 2º) a serem centralizadas e decididas num único juízo, mais precisamente perante aquele juízo mais adequado, que reúne as condições de julgar a demanda de maneira mais eficiente, podendo ser o juízo prevento (CPC, art. 58) ou não. Aliás, no nosso sentir, esse é o ponto distintivo entre a reunião de demandas prevista no art. 55, §3º e aquela disciplinada no art. 69, § 2º.

É que a reunião para julgamento conjunto prevista no art. 55, § 3º do CPC deverá ocorrer perante o juízo prevento, nos termos do art. 58, enquanto que a reunião dos processos prevista no art. 69, § 2º, não. Esta se dará perante aquele órgão mais adequado, conveniente, mais eficiente, que não necessariamente será o juízo prevento. Em qualquer dessas hipóteses, todavia, haverá a modificação da competência legalmente atribuída, que cede diante do risco de serem proferidas decisões contraditórias (CPC, art. 55, § 3º) e diante de um juízo de conveniência, adequação e eficiência (CPC, art. 69, § 2º).

Todos esses exemplos citados revelam a prática de atos decisórios pelo juízo cooperante, mas que não representam prejuízo ao processo, muito menos às partes, nem encontram óbice no sistema de competências contemporâneo. Muito pelo contrário, a prática desses atos são encorajadas pelo sistema processual, uma vez que atendem às exigências de eficiência processual, equalizando o ônus do tempo no processo.

Ainda que se utilize como parâmetro o sistema das cartas (precatória, rogatória, de ordem e arbitral), que é dotado de uma maior rigidez, a possibilidade de o órgão delegatário praticar atos de cunho decisório no cumprimento da diligência solicitada não pode ser afastada.

Ora, uma análise acerca da impenhorabilidade de um bem, o cabimento da citação por hora certa (CPC, arts. 252 e 253)[60], bem como a pertinência dos questionamentos a serem feitos a uma testemunha são exemplos de atos

60 SICA, Heitor Vitor Mendonça. *Comentários ao código de processo civil:* da comunicação dos atos processuais até o valor da causa. v. 5. arts. 236 a 293. São Paulo: Saraiva, 2019. p. 29.

decisórios que podem ser praticados pelo juízo deprecado.[61] O próprio art. 914, § 2º, do CPC atribui ao juízo deprecado a competência para julgar os embargos à execução quando esses versarem unicamente sobre vícios ou defeitos da penhora, da avaliação ou da alienação dos bens efetuadas.

Afirmar que os instrumentos de cooperação só se destinam à prática de atos instrutórios, diretivos e executórios, sem dúvidas, limita a utilização desses mecanismos, que devem servir ao gerenciamento eficiente dos processos, sobretudo aqueles que apresentem uma complexidade maior, conforme será demonstrado no Capítulo 5.

4.4 SÍNTESE DOS ATRIBUTOS QUE INFORMAM A COOPERAÇÃO JUDICIÁRIA

Das trocas e interações entre os órgãos jurisdicionais é possível extrair características que regem o tema da cooperação judiciária. Cabe sintetizar os atributos da cooperação judiciária conforme os itens a seguir.

4.4.1 Reconhecimento quanto a existência de objetivos comuns aos juízos cooperantes. Eficiência como baliza para as trocas interjudiciais

O primeiro atributo que informa a cooperação judiciária é o reconhecimento quanto à existência de metas comuns a serem alcançadas pelos juízos cooperantes em suas trocas cooperativas.

---

61 Há precedentes do STJ, prolatados ainda sob a égide do CPC/1973, que reconhecem a possibilidade de o juízo deprecado praticar atos decisórios, sem que isso implique violação à garantia do juízo natural. Nesse sentido: "AGRAVO REGIMENTAL NO RECURSO ESPECIAL. VIOLAÇÃO DO ART. 535 DO CPC.AUSÊNCIA DE INTERESSE RECURSAL. INEXISTÊNCIA DE EMBARGOS DEDECLARAÇÃO. EXECUÇÃO POR CARTA PRECATÓRIA. LOCALIZAÇÃO DO BEM PENHORADO PELO JUÍZO DEPRECADO. COMPETÊNCIA PARA SOLUCIONAR CONTROVÉRSIAS DO JUÍZO DEPRECADO. ENUNCIADOS NS. 46 e 83/STJ.AUSÊNCIA DE PREQUESTIONAMENTO. ENUNCIADO N. 282/STF. AGRAVOREGIMENTAL DESPROVIDO. 1. Inexistência de interesse recursal por alegada violação do art. 535 do CPC quando sequer houve oposição de embargos de declaraçãoperante o Tribunal de origem. 2. Competência do juízo deprecado para solucionar controvérsiasacerca de vícios ou defeitos da penhora, avaliação ou alienação debens quando por ele tiver sido o bem localizado (Enunciado n.46/STJ). 3. Ausente o prequestionamento da matéria, porquanto não apreciadapelo acórdão recorrido, é inviável a análise do recurso (Enunciadon. 282/STF). 4. AGRAVO REGIMENTAL DESPROVIDO. (STJ, AgRg no Ag 1.340.386/PR 2010/0139922-4, rel. Min. Paulo de Tarso Sanseverino, j. 28/2/2012, 3ª Turma, DJe 7/3/2012)".

"DIREITO PROCESSUAL CIVIL. BEM DE FAMÍLIA DO SÓCIO DA PESSOA JURÍDICA EXECUTADA. PENHORA. JUÍZO DEPRECADO. GARANTIA DE PESSOA JURÍDICA DADA POR TERCEIRO NÃO DEVEDOR. PEDIDO DE DESCONSTITUIÇÃO. COMPETÊNCIA DO JUÍZO DEPRECADO.

(...) II - Compete ao Juízo deprecado, em execução por carta precatória, decidir quanto ao pedido de desconstituição de penhora, questão que não guarda relação com o valor da execução em si. Agravo Regimental improvido. (STJ, AgRg no REsp 1.116.207/RS 2009/0006182-8, rel. Min. Sidnei Beneti, j. 20/4/2010, 3ª Turma, DJe 7/5/2010)

Os órgãos jurisdicionais compõem estruturas judiciárias semelhantes, compartilham a mesma função jurisdicional e respondem a um mesmo ordenamento. São verdadeiros "pares", que comungam objetivos e desafios comuns que são diariamente enfrentados no exercício de suas funções.

As semelhanças existentes entre esses órgãos viabilizam as interações e trocas cooperativas entre eles. E essas trocas são inúmeras, que vão desde o intercâmbio de informações e experiências, até mesmo o concerto de atos processuais para criação e adequação de procedimentos (CPC, art. 69, § 2º).

A identificação de objetivos comuns coloca os juízos cooperantes em "projetos compartilhados em torno da proteção eficiente de direitos"[62]. A eficiência, portanto, fundamenta a cooperação, servindo também de baliza para o incremento de atitudes colaborativas. Isto é, quanto mais eficiente for a cooperação para os fins a que se propõe, mais interações e trocas interjudiciais poderão ser desencadeadas.

4.4.2 Informalidade, flexibilidade e atipicidade da cooperação

A Recomendação nº 38/2011 do CNJ, que inspirou a redação dos dispositivos que tratam da cooperação nacional (CPC, arts. 67 a 69), contém a previsão, no parágrafo único do seu art. 2º, de que "o processamento dos pedidos [de cooperação] será informado pelos princípios da *agilidade, concisão, instrumentalidade das formas* e *unidade da jurisdição nacional*, dando-se prioridade ao uso dos meios eletrônicos".

Além disso, a primeira previsão contida na referida recomendação é a de que os tribunais adotem mecanismos de cooperação, a fim de institucionalizar meios que garantam maior fluidez e agilidade nas comunicações entre os órgãos jurisdicionais.

Com efeito, a previsão de um dever de recíproca cooperação entre os juízos (CPC, art. 67), bem como o estabelecimento de instrumentos cooperativos que prescindem de forma específica (CPC, art. 69) confirmam os "princípios" já previstos na Recomendação do CNJ, indicando que devem prevalecer a informalidade, a celeridade e a flexibilidade das trocas interjudiciais.

A informalidade, a celeridade e a flexibilidade das interações interjudiciais servem de estímulo e reforço para que juízos e tribunais cooperem entre si, não apenas para o cumprimento de atos judiciais, mas também para viabilizar a harmonia de rotinas e procedimentos forenses. Esses atributos podem, inclusive, representar um fator de diminuição da resistência à adoção

62 CABRAL, Antonio do Passo. *Juiz natural e eficiência processual,* cit. p. 516.

dos mecanismos cooperativos. Isso porque, quanto mais informal e flexível forem os instrumentos de cooperação, mais facilmente eles serão aceitos e utilizados, intensificando as trocas cooperativas interjudiciais[63].

A tônica da cooperação judiciária é, justamente, a informalidade[64] e a atipicidade[65] das interações entre os juízos. O próprio art. 69 do CPC estabelece que o pedido de cooperação formulado por um juízo cooperante prescinde de forma específica. Igualmente, o art. 263 do CPC, ao tratar das cartas (instrumento de comunicação interjudicial por excelência), determina que elas serão expedidas, preferencialmente, por meio eletrônico, revelando, assim, que a cooperação judiciária pode se perfectibilizar por instrumentos mais informais, flexíveis e adaptáveis, o que contribui para o fomento e a intensificação das trocas interjudiciais.

4.4.3 Foco no estímulo à formação de uma rede judiciária de cooperação, permeada pela consensualidade

O reforço aos mecanismos informais de interação interjudicial afasta-se da concepção clássica de organização do Poder Judiciário com base na territorialidade[66]. A cooperação judiciária, na forma prevista pelo CPC, demonstra que as interações entre os órgãos jurisdicionais não seguem uma mesma direção – como nas trocas caracterizadas pela ausência de mutualidade[67]–, mas sim que essas interações podem ser multidirecionais, numa perspectiva dialógica e horizontalizada, tendo como base a funcionalidade dos instrumentos de cooperação.

Num ambiente de cooperação, as interações interjudiciais são dinâmicas, podendo caracterizar um verdadeiro diálogo judicial, em que os participantes adquirem postura proativa, seja para solicitar informações a outro

---

63 McGOVERN, Francis E. Rethinking cooperation among judges in mass tort litigation. *cit*. p. 1870.

64 CABRAL, Antonio do Passo. *Juiz natural e eficiência processual,* cit. p. 530-531.

65 Nesse sentido, Fredie Didier Jr. foi quem primeiro observou que o rol previsto no art. 69, *caput,* do CPC é heterogêneo, pois "mistura instrumentos (auxílio direto e ato concertado, incisos I e IV) com os atos de cooperação (reunião ou apensamento de processos e prestação de informações, incisos II e III)." (DIDIER JR., Fredie. *Cooperação judiciária nacional,* cit, p. 73).

66 " In former times, the territoriality standard focused first and foremost on the geographical location of the court. The standard of territoriality further encompassed issues of timeliness, hearing and understanding, comprehensibility, accessibility and visibility of the judiciary towards society." (MAK, Elaine. Balancing territoriality and functionality, cit, p. 1).

– Trad. livre: "Em tempos passados, o padrão da territorialidade focava primeiro e primordialmente na localização geográfica do tribunal. O padrão da territorialidade depois abrangeu questões de oportunidade, audiência, compreensão, compreensibilidade, acessibilidade e visibilidade do Judiciário em relação à sociedade."

67 De acordo com Anne-Marie Slaughter, as interações interjudiciais marcadas pela ausência de mutualidade caracterizam um monólogo judicial. SLAUGHTER, Anne-Marie. A Typology of Transjudicial Communication. *University of Richmond Law Review*. v. 29, 1994, p. 113.

juízo cooperante, seja para requerer a cooperação para a prática de algum ato processual, ou simplesmente, para compartilhar algumas boas práticas, contribuindo para a participação dos demais órgãos na gestão judiciária.

A cooperação judiciária enuncia um compromisso de solidariedade, de co-responsabilidade e, bem assim, de confiança dos órgãos jurisdicionais no exercício de suas funções (sejam elas de natureza jurisdicional ou administrativa).

O destaque está no estímulo à consolidação de uma rede judiciária de cooperação, em que todos os órgãos cooperem entre si, alinhando-se com as diretrizes já previstas na Recomendação nº 38/2011 para implementação de uma Rede Nacional de Cooperação Judiciária[68]. Os órgãos jurisdicionais compõem uma verdadeira "rede judiciária", em que todos devem reconhecer-se mutuamente como instituições semelhantes, que desempenham as mesmas funções e que estão sob o amparo de um mesmo ordenamento jurídico[69].

O dever de recíproca cooperação deve ser observado por todos os órgãos jurisdicionais e servidores de todos os ramos do Poder Judiciário (CPC, arts. 67 e 69, § 3º). Significa dizer que, havendo espaço para cooperar, as trocas interjudiciais devem acontecer, em benefício da harmonia e eficiência, tanto numa perspectiva institucional, quanto na perspectiva do próprio processo. A interpretação deve ser sempre favorável à cooperação.

O respeito e o reconhecimento mútuo dos órgãos jurisdicionais são a chave para que a cooperação intensifique-se voluntariamente, reafirmando os laços de solidariedade e confiança recíprocos.[70]

4.5 O COMPARTILHAMENTO DE COMPETÊNCIAS DECORRENTE DAS INTERAÇÕES COLABORATIVAS ENTRE OS ÓRGÃOS JURISDICIONAIS

Conforme adiantado anteriormente, o compartilhamento de competências pressupõe um comportamento dialógico, comunicativo e colaborativo entre os órgãos jurisdicionais para o atingimento de objetivos comuns no processo. O enfoque está, justamente, nas interações colaborativas entre os juízos como coparticipantes de uma mesma dinâmica processual.

---

68 A Recomendação nº 38/2011 do CNJ, nos capítulos II e III, previa a criação dos juízes de cooperação e dos núcleos de cooperação, respectivamente, cuja função era facilitar o contato entre os órgãos jurisdicionais, conferir agilidade ao intercâmbio de informações e atos forenses, além do concerto de procedimentos.

69 SLAUGHTER, Anne-Marie. A typology of transjudicial communication, *cit*, p. 122.

70 TYLER, Tom R. *Why people cooperate: the role of social motivations*. New Jersey: Princeton University Press, 2011. p. 108-109.

Para que não se diga que o compartilhamento de competências é uma novidade do sistema processual inaugurado pelo atual CPC, demonstra-se que o fenômeno é comum e recorrente na prática forense, sendo que, até então, os desdobramentos das interações entre os órgãos jurisdicionais não foram objeto de uma investigação sistemática.

O ordenamento jurídico possui ampla base normativa para que haja interações dinâmicas e colaborativas entre os órgãos jurisdicionais, que, não raras as vezes, perfectibilizam-se por meio de um exercício compartilhado de competências.

Pretende-se, no presente tópico, demonstrar exemplos de interações entre órgãos jurisdicionais amplamente conhecidas e que têm potencial de ensejar o exercício compartilhado de competências no processo.

4.5.1 As interações entre árbitro e juiz

A relação árbitro-juiz[71] é o exemplo paradigmático de cooperação entre órgãos jurisdicionais no processo. A atividade do árbitro, especialmente quando considerada sob o sistema jurídico brasileiro, não prescinde da atuação colaborativa do juízo estatal.

Ao contrário do que se possa imaginar, não existe uma contraposição de papéis e interesses entre o juiz arbitral e o juiz estatal. Tanto a arbitragem quanto o processo judicial são meios adjucatórios de resolução de conflitos. Constituem mecanismos de heterocomposição destinados a tutelar adequadamente os interesses em litígio. E, para consecução desse objetivo comum, muitas vezes haverá a intersecção entre as esferas arbitral e estatal, em que juiz estatal e juiz arbitral exercerão, cada um, suas atividades num mesmo processo.

Não há relação de hierarquia entre juiz e árbitro, mas sim relação de complementariedade e cooperação. Nessa interação, os âmbitos de atuação do juiz arbitral e do juiz estatal são bem delimitados e, por vezes, coordenados. Idealmente[72], há divisão clara das competências jurisdicionais de ambos e,

71 "The relationship between national courts and arbitral tribunals swings between forced cohabitation and true partnership. Arbitration is dependent on the underlying support of the courts, which alone have the power to rescue the system when one party seeks to sabotage it." (Trad.: a relação entre cortes nacionais e tribunais arbitrais oscila entre coabitação forçada e verdadeira parceria. A arbitragem é dependente do suporte subjacente das cortes nacionais, que sozinhas têm o poder para resgatar o sistema quando uma parte tenta sabotá-lo). BLACKBY, Nigel; PARTASIDES, Constantine *et al. Redfern and Hunter on International Arbitration* (Sixth Edition). 6th edition (© Kluwer Law International; Oxford University Press 2015). p. 415-440.

72 Diz-se idealmente, porque, na prática, é possível que as competências do juiz arbitral e do juiz estatal não estejam tão bem delimitadas, ensejando, não raras as vezes, conflitos de competência a serem dirimidos pelo STJ.

não raras as vezes, seu exercício é compartilhado, sem que se admita a ingerência desnecessária e prejudicial da atividade de um juízo sobre a do outro.

Bem se sabe que as partes, no exercício de sua autonomia da vontade, podem estipular, por meio de convenção de arbitragem (cláusula compromissória ou compromisso arbitral), que os litígios decorrentes de determinada relação jurídica deverão ser submetidos à arbitragem. Assim, uma vez eleita a via arbitral, mediante convenção de arbitragem validamente estipulada em contrato, fica vedado ao juízo estatal analisar o mérito das controvérsias cuja resolução esteja nos limites da convenção. Trata-se do efeito negativo da convenção de arbitragem, que subtrai do Poder Judiciário o exame do mérito da controvérsia.

Por outro lado, por meio da convenção de arbitragem validamente estipulada, as partes comprometem-se a submeter os conflitos decorrentes de determinado contrato à arbitragem, cabendo ao árbitro exercer a jurisdição, conhecendo da controvérsia, a fim de prolatar a sentença arbitral (efeito positivo da convenção de arbitragem).

Quando se fala em arbitragem, logo se vem à mente a clássica afirmação de que o árbitro não possui poder de império[73]. Isto é, ao árbitro não é dado o poder de executar suas próprias decisões; a atividade do árbitro – embora seja ele equiparado a um juiz de fato e de direito nos termos do art. 18 da Lei nº 9.307/1996 –, circunscreve-se à fase de conhecimento do processo.

A sentença arbitral produz os mesmos efeitos da sentença proferida pelos órgãos do Poder Judiciário, constituindo título executivo judicial (Lei nº 9.307/1996, art. 31; CPC, art. 515, VII). Contudo, o árbitro, uma vez que não possui poder de império, não pode praticar os atos constritivos e executórios necessários à efetivação da sentença arbitral, devendo o procedimento executivo da sentença ser instaurado e processado perante o juízo estatal. Esse é, aliás, o paradoxo da arbitragem.[74]

Para que a arbitragem seja eficiente e cumpra seu escopo, é necessário que haja um canal fluído de interação entre a arbitragem e o Poder Judiciário, que ficará responsável por fornecer medidas de apoio e controle da

---

73 Compartilhamos do entendimento de Clávio Valença Filho e João Bosto Lee, que admitem que o árbitro possui *imperium*, porém na modalidade *imperium mixtum*, e não *imperium merum*. Ou seja, o árbitro pode ordenar atos de execução indireta (pode determinar o cumprimento de alguma determinação, sob pena de incidir multa, por exemplo), mas não poderá ordenar os atos de execução direta (não poderá determinar a penhora de bens e valores). VALENÇA Filho, Clávio de Melo; LEE, João Bosco. O árbitro, o juiz e a distribuição da tutela de urgência. *In*. MELO, Leonardo de Campos; BENEDUZI, Renato Resende (Coord.). *A reforma da lei de arbitragem*. Forense: Rio de Janeiro, 2016. p. 651.

74 Como bem pontuado por João Lessa, a arbitragem, "paradoxalmente, precisa do Poder Judiciário para funcionar bem" (AZEVEDO Neto, João Luiz Lessa de. *Arbitragem e Poder Judiciário*: a definição da competência do árbitro. Salvador: JusPodivm, 2016. p. 36).

arbitragem em todas as suas fases (pré-arbitral, arbitral e pós-arbitral). Daí ser possível vislumbrar inúmeros pontos de contato entre os juízos arbitral e estatal, ampliando oportunidades cooperativas no processo, a fim de conferir eficiência ao procedimento.

Por isso que se diz que as atividades de juiz arbitral e juiz estatal assemelham-se a uma "corrida com bastões"[75], em que cada um desses órgãos tem um papel próprio para desempenhar, a fim de alcançar o final da corrida. A analogia é deveras ilustrativa: antes de instalada a arbitragem, o bastão está com o juiz estatal, uma vez que nesse estágio, a princípio,[76] cabe apreciar pedidos de urgência, não havendo outra organização que possa prevenir a cláusula arbitral de se tornar ineficiente. Quando instaurada a arbitragem, o árbitro toma o bastão e permanece com ele até que profira sua sentença. Nesse momento, dado que o árbitro não possui poder de império, o bastão é repassado para o juiz estatal, a fim de que este, caso necessário, utilize-se de seu poder coercitivo para executar a sentença arbitral[77].

A comunicação entre os juízos estatal e arbitral não é apenas desejável, mas imprescindível para o sucesso da arbitragem. E a execução da sentença arbitral pelo Poder Judiciário revela, apenas, uma das facetas dessa interação entre os juízos arbitral e estatal, já que se limita à fase pós-arbitral.

Sobretudo na fase pré-arbitral, a cooperação dos órgãos do Poder Judiciário para a instalação da arbitragem mostra-se necessária para garantir a utilidade da prestação jurisdicional que se busca naquele procedimento. Não é sem razão que, antes de instituída a arbitragem, caberá ao Poder Judiciário examinar os pedidos provisórios de urgência, de natureza cautelar ou antecipatória, postulados pelas partes; o Poder Judiciário é competente para processar e julgar o pedido de *tutela provisória pré-arbitral* (Lei nº 9.307/1996, art. 22-A), a fim de garantir o resultado útil da arbitragem.

75 BLACKBY, Nigel; PARTASIDES, Constantine *et al*, cit, p. 418.

76 Diz-se "a princípio", porque há instituições arbitrais cujos regulamentos preveem a figura do "árbitro de emergência", responsável por apreciar os requerimentos de urgência formulados pelas partes, caso estas, no exercício da autonomia da contade, optem pelo procedimento. Algumas Câmaras de arbitragem nacionais que prevêem o procedimento do árbitro de emergência em seus regulamentos são a Câmara de Comércio Brasil-Canadá (CAM-CCB) e a Câmara de Arbitragem e Mediação Especializada (CAMES).

77 "In the initial stages, before the arbitrators are seized of the dispute, the baton is in the grasp of the court; for at that stage there is no other organisation which could take steps to prevent the arbitration agreement from being ineffectual. When the arbitrators take charge they take over the baton and retain it until they have made an award. At this point, having no longer a function to fulfil, the arbitrators hand back the baton so that the court can in case of need lend its coercive powers to the enforcement of the award." (BLACKBY, Nigel; PARTASIDES, Constantine *et al*, cit, p. 418).

Não há uma competência concorrente (comum) entre juiz estatal e juiz arbitral para a concessão de tutelas provisórias de urgência[78]. Um órgão jurisdicional age quando o outro não pode agir, daí a complementariedade de que ora se fala[79], pois não se pode admitir a existência de um vácuo jurisdicional.

Também na fase pré-arbitral, o Poder Judiciário exerce importante papel de apoio à instalação da arbitragem quando se estiver diante de uma cláusula compromissória vazia ou quando houver resistência de uma das partes para firmar o compromisso (Lei nº 9.307/1996, art. 7º). Evidencia-se, assim, a necessária complementariedade do exercício da jurisdição pelo juiz arbitral e pelo juiz estatal.

Instituída a arbitragem, caberá ao árbitro – órgão competente que é para julgar o mérito do processo –, examinar a tutela provisória concedida pelo Poder Judiciário, seja para confirmá-la, seja para revogá-la. Observa-se que nessa fase, o árbitro, no exercício da sua competência, dialoga com a decisão proferida pelo juízo estatal, ainda que sob cognição sumária; o árbitro avalia as premissas, faz o contraponto do decidido com as circunstâncias do caso concreto, podendo, inclusive, confirmar as conclusões do juízo estatal, mediante a manutenção da tutela provisória, quando da prolação da sentença arbitral.

Durante a arbitragem, o árbitro poderá, ainda, solicitar providências e medidas de apoio ao Poder Judiciário, que sejam necessárias à prática de atos processuais na área de competência territorial do juízo estatal (Lei nº 9.307/1996, art. 22-C). O árbitro pode, inclusive, solicitar a cooperação do Poder Judiciário, para que, comprovada a existência da arbitragem, a autoridade judiciária conduza a testemunha renitente para depor no procedimento arbitral, cuja convocação desatendeu (Lei nº 9.307/1996, art. 22, § 2º). Nesses casos, não caberá ao juiz estatal examinar a pertinência do pedido de cooperação feito pelo árbitro, mas, tão-somente, executar impositivamente aquelas determinações para as quais o árbitro carece de poderes.

E o ordenamento jurídico oferece instrumentos de cooperação para facilitar a comunicação entre juiz estatal e juiz arbitral. É o caso da carta arbitral, por meio da qual o árbitro solicita a cooperação do juiz estatal para

78 VALENÇA Filho, Clávio de Melo; LEE, João Bosco. O árbitro, o juiz e a distribuição da tutela de urgência, *cit*, p. 652.

79 No julgamento do REsp. 1.297.974-RJ, o voto condutor do acórdão, da lavra da Ministra Nancy Andrighi, bem elucida: "na realidade, em situações nas quais o juízo arbitral esteja momentaneamente impedido de se manifestar, desatende-se provisoriamente as regras de competência, submetendo-se o pedido de tutela cautelar ao juízo estatal; mas essa competência é precária e não se prorroga, subsistindo apenas para a análise do pedido liminar." (STJ, REsp. 1.297.974-RJ, rel. Min. Nancy Andrigui, 3ª Turma, j. 12/6/2012, DJe 19/6/2012).

a prática dos atos processuais que estão fora de sua competência. A carta arbitral é o instrumento para realização da cooperação jurídica entre árbitro e juiz estatal, no âmbito nacional (CPC, art. 69, § 1º).

Convém afirmar, mais uma vez, que a relação entre juiz estatal e juiz arbitral não é hierárquica; não revela uma sobreposição de poderes. Assim não é, e nunca poderia ser, sob pena de se transformar o Poder Judiciário, em relação à arbitragem, numa instância recursal, o que é inadmissível, sobretudo porque a sentença arbitral não fica sujeita a recurso (Lei nº 9.307/1996, art. 18).

A relação entre juiz estatal e árbitro é horizontal, recíproca e não impositiva. Cada órgão jurisdicional respeita a autoridade do outro e reconhece a imprescindibilidade da atuação coordenada e cooperativa para a melhor consecução da atividade jurisdicional. É necessário o diálogo jurisdicional para que a arbitragem atinja seu fim.

Imagine uma arbitragem que tem sede em Recife. Surgindo a necessidade de ser ouvida uma testemunha situada no Rio de Janeiro, poderá o árbitro solicitar a cooperação do juiz local para colher o testemunho. Da mesma forma, havendo necessidade de ser arrestado um bem em São Paulo, poderá o árbitro solicitar o concurso do juiz local.

Como se pode perceber, as competências do juiz arbitral e do juiz estatal são distintas, idealmente bem delimitadas e podem ser exercidas em paralelo. Pode-se citar como exemplo o ajuizamento de uma execução de título executivo extrajudicial para cobrança de dívidas originadas em contrato que contenha cláusula compromissória. A existência de convenção de arbitragem no título executivo não obsta o ajuizamento da execução. Todavia, em virtude do efeito negativo da cláusula arbitral, deverá o Poder Judiciário abster-se de conhecer o mérito da controvérsia, que caberá ao árbitro examinar.

Ou seja, eventuais embargos à execução que versem sobre questões relativas à obrigação consignada no título (*v.g.*, existência, constituição ou extinção do crédito) deverão ser submetidas à arbitragem, cabendo ao juízo estatal examinar, tão-somente, as questões formais do título, aquelas referentes aos atos de execução (*v.g*, irregularidade da penhora, da avaliação ou alienação etc.) ou, ainda, as questões que envolvam direitos patrimoniais indisponíveis.[80]

Na hipótese retratada, ao Poder Judiciário cumprirá examinar as objeções meramente processuais veiculadas na execução, cabendo ao árbitro

80 Assim entendeu o Superior Tribunal de Justiça em acórdão da lavra do Ministro Luís Felipe Salomão (STJ, REsp. nº 1.465.535/SP, 4ª Turma, Rel. Luís Felipe Salomão, j. 21/6/2016, DJe 22/8/2016).

conhecer das questões concernentes às obrigações retratadas no título, bem como as relações jurídicas de direito material dele decorrentes.

No exercício de sua competência, por exemplo, o árbitro poderá solicitar informações do andamento da execução para o juiz. Se, por outro lado, no trâmite do processo executivo, surgir incidentalmente alguma questão que toque a interpretação de alguma cláusula contratual discutida na arbitragem, é possível que o juiz solicite a cooperação do árbitro para esclarecê-la, obviamente, garantindo-se a confidencialidade da informação.

É possível, ainda, que apenas uma parte da controvérsia esteja submetida à arbitragem e a outra parte à jurisdição estatal, exsurgindo daí o trâmite de demandas conexas perante os juízos estatal e arbitral.

Imaginemos o caso de contratos multilaterais, ou multipartes, em que a cláusula compromissória estipule que as controvérsias relacionadas a algumas das partes será submetida à arbitragem, enquanto que aquelas em relação aos demais contratantes serão submetidas ao foro de eleição. Havendo processos conexos tramitando nas justiças estatal e arbitral, é possível imaginar uma interação cooperativa ainda maior entre juiz e árbitro.

Nesse caso, a prática de atos concertados entre árbitro e juiz, tendente a estabelecer e harmonizar procedimentos é ainda mais evidente. Ainda nesse exemplo de processos conexos, poderíamos pensar na possibilidade de árbitro e juiz designarem audiências conjuntas, com todas partes, para ouvirem uma *expert witness*, por exemplo. Poderiam, ainda, os juízos arbitral e estatal definirem que a verificação quanto à existência da obrigação e de eventuais danos caberá ao árbitro, enquanto que a dimensão e a extensão dos danos serão definidas pelo juízo estatal, por exemplo. É evidente o compartilhamento de competências nesses casos.

A relação entre o juiz estatal e o arbitral, assim como uma corrida com bastão, é uma "corrida de equipe". Não há vitória de um atleta isoladamente considerado; quem vence é a equipe na consecução de seu objetivo comum.[81] Tal analogia bem retrata a complementariedade e a cooperação que norteiam o exercício compartilhado da competência jurisdicional.

A interferência do Poder Judiciário na arbitragem deve se dar de tal forma que a atividade do juiz estatal não se sobreponha à atividade do árbitro (o que seria destrutivo para o procedimento), nem retire a eficácia da arbitragem por meio da ausência do suporte estatal que lhe é necessário. Significa dizer que a atuação do árbitro e a do juiz estatal devem ser equilibradas e harmônicas; devem visar o objetivo maior e comum, que é *garantir o resultado útil e eficiente da arbitragem, em respeito à autonomia da*

81 AZEVEDO NETO, João Luiz Lessa de. *Arbitragem e Poder Judiciário*, cit, p. 44-45.

vontade daqueles jurisdicionados que optaram por submeter suas controvérsias à jurisdição privada.

4.5.2 A atuação jurisdicional nos processos falimentares e de recuperação judicial

Também nos processos falimentares e de recuperação judicial é possível vislumbrar inúmeras possibilidades de contato e interação entre diferentes órgãos jurisdicionais, que podem ensejar o exercício compartilhado de competências no processo.

O procedimento de falência e recuperação judicial, por si só, é capaz de interferir em outros processos existentes em face do devedor, tendo em vista os princípios da universalidade do juízo, da função social da empresa e de sua preservação. Tais princípios servem de critério hermenêutico no exame das regras relativas aos procedimentos de falência e recuperação judicial.

O processo de falência objetiva identificar e classificar os credores de empresas submetidas a um estado de crise econômico-financeira irreversível, garantindo a observância da ordem de preferência entre os créditos. A recuperação judicial, por sua vez, busca viabilizar o soerguimento do devedor cuja recuperação ainda é economicamente viável, permitindo a manutenção da fonte produtora, do emprego dos trabalhadores e dos interesses dos credores. Para tanto, o devedor deverá apresentar um plano de recuperação, que deverá ser aprovado pelos credores, sob pena de convolação em falência.

A competência para homologar o plano de recuperação extrajudicial, deferir a recuperação judicial ou decretar a falência é do juízo do local do principal estabelecimento do devedor ou da filial de empresa que tenha sede fora do Brasil (Lei nº 11.101/2005, art. 3º). Por *principal* se entende o estabelecimento mais importante do ponto de vista econômico[82], onde são exercidas as atividades mais relevantes da empresa.

Como forma de garantir a observância da ordem de preferência, na falência, e o sucesso do plano de soerguimento, na recuperação judicial, a decretação da primeira e o deferimento do processamento da segunda ensejam a suspensão do curso da prescrição e de todas as ações e execuções em face do devedor. Não se suspendem, contudo, as ações que demandam quantia ilíquida, as ações trabalhistas até a apuração do respectivo crédito, as execuções fiscais e os processos movidos pelos credores após o decurso

82 COELHO, Fábio Ulhoa. *Curso de direito comercial*. 8. ed. São Paulo: Saraiva, 2008, v. 3, p. 261.

do prazo de 180 dias[83] contado do deferimento do processamento da recuperação (Lei nº 11.101/2005, art. 6º[84]).

Conforme art. 76 da Lei nº 11.101/2005, o juízo da falência é *indivisível e competente para conhecer de todas as ações sobre bens, interesses e negócios do falido*, ressalvadas as ações fiscais, trabalhistas e não reguladas naquela Lei, em que o falido figure como autor ou litisconsorte ativo. Portanto, decretada a falência pelo juízo competente, em regra, instaura-se o juízo universal da falência, em decorrência da aptidão atrativa do juízo falimentar.

O princípio da universalidade objetiva evitar a dispersão do patrimônio e submeter as questões relevantes ao juízo conhecedor da realidade do processo e da empresa[85]. Ainda que se trate de ações não atraídas pelo juízo universal, a propositura de toda ação ou execução deve ser comunicada ao juízo falimentar assim que possível[86], conforme previsto no art. 6º, § 6º, da Lei nº 11.101/2005.

Conforme salienta Leonardo Carneiro da Cunha, "estando em curso uma execução fiscal, e sobrevindo a decretação da falência do devedor, não será necessário que a Fazenda Pública habilite seu crédito no juízo falimentar."[87] Disso resulta que eventual penhora determinada no bojo da execução fiscal, deverá ser realizada no rosto dos autos do processo de falência[88], pagando-se à Fazenda Pública preferencialmente, seguindo a ordem do art. 186 do CTN.

Por outro lado, se no momento em que decretada a falência, já existia penhora na execução fiscal, o bem penhorado será levado à leilão, "devendo o seu produto ser repassado ao juízo da falência para apuração das preferências."[89]

Ou seja, com a decretação da quebra, a execução fiscal não sofre solução de continuidade, que poderá prosseguir com a realização de leilão. Contudo, não se permite à Fazenda Pública adjudicar o bem, pois, nesse caso, não seria

83 A despeito de o art. 6º, § 4º da Lei 11.101/2005 assegurar o direito dos credores de prosseguirem com seus processos, após o decurso do prazo *improrrogável* de 180 dias, o STJ tem mitigado sua aplicação, sob a justificativa de que essa determinação é difícil de ser conciliada com o objetivo maior de implementação do plano de recuperação da empresa. Nesse sentido: STJ, 2ª Seção, AgRg no CC 143.802/SP, rel. Min. Marco Aurélio Belizze, j. 13.4.2016, *DJe* 19.4.2016; STJ, 2ª Seção, AgRg no CC 141.719/MG, rel. Min. João Otávio de Noronha, j. 27.4.2016, *DJe* 2.5.2016.

84 STJ, 4ª Turma, REsp 1.006.093/DF, Rel. Min. Antonio Carlos Ferreira, j. 20/5/2014, DJe 16/10/2014.

85 STJ, 4ª Turma, RMS 30.078/SP, Rel. Ministro Fernando Gonçalves, j. 1º.12.2009, DJe 18.12.2009.

86 RAMOS, André Luiz Santa Cruz. Direito empresarial. Rio de Janeiro: Forense, 2017, p. 793.

87 CUNHA, Leonardo Carneiro da. *A Fazenda Pública em juízo*. cit., p. 433.

88 Súmula 44 do TFR: "Ajuizada a execução fiscal anteriormente à falência, com penhora realizada antes desta, não ficam os bens penhorados sujeitos à arrecadação no juízo falimentar; proposta a execução fiscal contra a massa falida, a penhora far-se-á no rosto dos autos do processo de quebra, citando-se o síndico".

89 CUNHA, Leonardo Carneiro da. *A Fazenda Pública em juízo*. cit.,, p. 434.

possível a apuração das preferências. É possível, todavia, haver a arrematação do bem, sendo o produto da venda destinado ao juízo falimentar.[90]

Na recuperação judicial, como forma de viabilizar a superação da situação de crise econômico-financeira do devedor, todas as questões que possam afetar as estratégias traçadas no plano de recuperação devem ser submetidas ao juízo da recuperação. Portanto, a constrição de bens inseridos no plano recuperacional, determinada em outros processos, deve ser submetida à deliberação perante o juízo da recuperação. Por outro lado, a constrição de bens não abrangidos pelo plano foge da competência do juízo da recuperação judicial[91].

A relação entre a execução fiscal e os processos da falência e recuperação judicial demonstram a importância da interação entre os juízos.

O art. 6º, §7º, da Lei nº 11.101/2005 determina que "as execuções de natureza fiscal não são suspensas pelo deferimento da recuperação judicial, ressalvada a concessão de parcelamento nos termos do Código Tributário Nacional e da legislação ordinária específica". Embora o dispositivo se refira apenas à recuperação judicial, o STJ entende que a execução fiscal contra a massa falida tampouco se suspende, correndo normalmente perante o juízo no qual foi proposta[92]. O entendimento está em harmonia com a Lei de Execuções Fiscais[93].

O deferimento da recuperação judicial não suspende a execução fiscal, porém os atos de constrição que possam reduzir o patrimônio da empresa recuperanda devem ser submetidos ao juízo da recuperação.[94]-[95]-[96]

O objetivo é garantir a preservação da empresa, viabilizando o cumprimento do plano de recuperação. Tratando-se de bem não inserido no plano, não se configura a competência do juízo da recuperação judicial, conforme prevê o enunciado da súmula nº 480 do STJ. A interação entre os

---

90 STJ, AgRg no REsp 1.238.682/SC, 1ª Turma, DJ 23/3/2012; REsp 695.167/MS, 2ª Turma, DJ 5/11/2008; AgRg no REsp 783.318/SP, Rel. Min. Humberto Martins, 2ª Turma, j. 19/3/2009, DJe 14/4/2009

91 Súmula 480 do STJ: O juízo da recuperação judicial não é competente para decidir sobre a constrição de bens não abrangidos pelo plano de recuperação da empresa.

92 STJ, CC 63.919/PE, Rel. Min. Humberto Martins, DJ 12.2.2007.

93 Art. 5º da Lei nº 6.830/1980: a competência para processar e julgar a execução da Dívida Ativa da Fazenda Pública exclui a de qualquer outro Juízo, inclusive o da falência, da concordata, da liquidação, da insolvência ou do inventário.

94 CUNHA, Leonardo Carneiro da. *A Fazenda Pública em juízo*. cit.,, p. 434.

95 AgRg no CC nº 123.228 – SP, Rel. Ministro LUIS FELIPE SALOMÃO, SEGUNDA SEÇÃO, j. 26.06.2013, DJe 1º.07.2013.

96 Enunciado nº 47 da Jornada de Direito Comercial do Conselho da Justiça Federal – CJF: "Embora a execução fiscal não se suspenda em virtude do deferimento do processamento da recuperação judicial, os atos que importem em constrição do patrimônio do devedor devem ser analisados pelo Juízo recuperacional, a fim de garantir o princípio da preservação da empresa."

juízos da execução fiscal e do processo de recuperação judicial é essencial para garantir o sucesso do plano recuperacional.

Flávio Machado Vitória ressalta que *somente os atos de efetiva alienação dos bens penhorados nos autos da execução fiscal é que serão suspensos por conta da admissão do pedido de recuperação judicial*[97]. Para nós, no entanto, qualquer ato constritivo, ainda que não expropriatório, deve ser submetido ao juízo da recuperação, que deverá avaliar se o ato constritivo, de alguma forma, inviabiliza o cumprimento do plano de recuperação empresarial.

Seja qual for o entendimento adotado[98], a interação entre os juízos da execução fiscal e do processo de recuperação judicial é essencial para garantir o sucesso do plano recuperacional.

Imagine-se uma ação promovida em face de uma empresa em recuperação judicial. Ao juízo da recuperação caberá avaliar a essencialidade do bem litigioso ao funcionamento e ao soerguimento da empresa[99] e essa avaliação só é possível mediante interações recíprocas entre os juízos. Considerado ser o bem essencial à preservação da empresa, caberá ao juízo da recuperação processar e julgar a causa; a competência será do juízo da recuperação, impondo-se a remessa do processo instaurado àquele juízo.

De fato, a aprovação do plano de recuperação judicial suspende o curso de todas as ações e execuções movidas em face do devedor (art. 6º da Lei nº 11.101/2005), o que não impede, todavia, que tenham prosseguimento as açoes que demandarem quantia ilíquida, as ações trabalhistas até a apuração do respectivo crédito, as execuções fiscais e os processos movidos pelos credores após o decurso do prazo de 180 dias[100] contado do deferimento do processamento da execução.

---

97 VITÓRIA, Flávio Machado. *O STJ e o conflito entre recuperação judicial e execução fiscal federal*. Conteudo Juridico, Brasilia-DF: 9 de julho de 2014. Disponível em: http://www.conteudojuridico.com.br/artigo,o-stj-e-o-conflito-entre-recuperacao-judicial-e-execucao-fiscal-federal,48964.html.

98 A 1ª Seção do STJ determinou a afetação dos Recursos Especiais nº 1.712.484/SP, nº 1.694.316/SP e 1.694.261/SP, para serem julgados sob a sistemática dos Recursos Repetitivos, suspendendo o processamento de todos os feitos pendentes, individuais ou coletivos, que versem sobre a "*possibilidade da prática de atos constritivos em face de empresa em recuperação judicial, em sede de execução fiscal* (Tema 987).

99 Conforme já assentou o STJ, "o juízo de valor acerca da essencialidade ou não do bem ao funcionamento da sociedade cumpre ser realizado pelo Juízo da recuperação judicial, que tem acesso a todas as informações sobre a real situação dos bens da empresa recuperanda" (STJ, 4ª Turma, Ag.Int. no AREsp. 767.698/SP, rel. Min. Luis Felipe Salomão, j. 19.5.2016, DJe 30.5.2016).

100 A despeito de o art. 6º, § 4º da Lei 11.101/2005 assegurar o direito dos credores de prosseguirem com seus processos, após o decurso do prazo *improrrogável* de 180 dias, o STJ tem mitigado sua aplicação, sob a justificativa de que essa determinação é difícil de ser conciliada com o objetivo maior de implementação do plano de recuperação da empresa. Nesse sentido: STJ, 2ª Seção, AgRg no CC 143.802/SP, rel. Min. Marco Aurélio Belizze, j. 13.4.2016, *DJe* 19.4.2016; STJ, 2ª Seção, AgRg no CC 141.719/MG, rel. Min. João Otávio de Noronha, j. 27.4.2016, *DJe* 2.5.2016.

Nesse sentido, o Supremo Tribunal Federal, ao julgar o Recurso Extraordinário nº 583.955/RJ, com repercussão geral reconhecida (Tema 90), fixou a tese de que "compete ao juízo comum falimentar processar e julgar a execução dos créditos trabalhistas no caso de empresa em fase de recuperação judicial."[101]

Em todas essas hipóteses, verifica-se ampla oportunidade de contato e diálogo entre órgãos jurisdicionais, que detêm competências distintas. A comunicação entre os juízos, no processo concursal, é indispensável para se promover eficiência ao procedimento, além de evitar o dispêndio desnecessário de tempo e recursos.

Daí ser possível imaginar a implementação de atos de cooperação entre juízos para gerenciar a habilitação dos créditos e o processamento de arrecadação de bens, por exemplo.

Pode-se pensar na possibilidade de os juízos estabelecerem mecanismos mais ágeis e eficientes de divulgação das convocações das assembleias de credores, dos atos processuais, das próprias atas de assembleias etc. No caso de recuperação judicial de uma grande empresa, por exemplo, que possui milhares de credores espalhados no país, seria possível pensar na criação de plataformas inteligentes de dados para congregar o cadastro de credores, as informações relevantes dos processos, assim como o contato com o Administrador Judicial, que poderia ser acessado por todos os interessados e demais juízos.

A penhora e a prática de atos expropriatórios unificados num único juízo também são uma possibilidade real de cooperação entre os juízos.

Observa-se que a relação entre esses diferentes órgãos jurisdicionais não é hierárquica, mas sim coordenada. Não há sujeição de um juízo em relação ao outro, mas sim atuação cooperativa, a fim de que se atinja o escopo que o ordenamento atribuiu maior relevância, quais sejam a recuperação e a preservação da empresa. Daí a afirmação de que, nos processos concursais, há espaço para o exercício compartilhado de competências.

4.6 CONCLUSÃO PARCIAL

No presente capítulo, vimos que o compartilhamento de competências encontra fundamento na cooperação judiciária. Apresentamos os contornos normativos da cooperação nacional, elencando seus antecedentes, objetivos, instrumentos de cooperação e, principalmente, seus reflexos para o sistema de competências.

---

101 STF, Pleno, RE nº 583.955/RJ, rel. Min. Ricardo Lewandowski, j. 28.5.2009, Dje 28/8/2009.

Vimos que a cooperação judiciária pressupõe a existência de interações consensuais entre os juízos cooperantes, orientadas pela eficiência e que se perfectibilizam por meio de instrumentos de cooperação informais, flexíveis e céleres.

Vimos, igualmente, que as interações cooperativas entre os juízos sugerem uma concordância prática de competências jurisdicionais, que, no nosso entender qualifica o exercício compartilhado de competências.

Em suma, no processo civil contemporâneo há espaço para o exercício compartilhado de competências, o que pode ser evidenciado, por exemplo, na relação entre juízo estatal e juízo arbitral e, bem assim, nos procedimentos submetidos aos juízos falimentar e de recuperação judicial.

Capítulo 5

O COMPARTILHAMENTO DE COMPETÊNCIAS DECORRENTE DO CONCERTO DE ATOS ENTRE JUÍZES COOPERANTES

5.1 NOTAS PRELIMINARES DO CAPÍTULO

Já se viu que a coexistência de vários órgãos jurisdicionais num mesmo sistema jurídico e o exercício da função jurisdicional sobre os mesmos destinatários constituem fatores que favorecem o exercício concertado de competências pelos órgãos jurisdicionais. Os órgãos jurisdicionais convivem num sistema enredado de interações recíprocas, que, no exercício da função jurisdicional, devem orientar suas atividades de acordo com o princípio da eficiência (CPC, art. 8º), a fim de promover uma prestação jurisdicional adequada, em tempo razoável e que resolva o mérito (CPC, art. 4º).

Viu-se, ademais, que o sistema de competências no processo civil contemporâneo é ordenado por parâmetros de eficiência, o que permite haver a conformação do exercício da competência no curso do procedimento, flexibilizando e adaptando a competência inicialmente atribuída. Exemplo disso é a possibilidade de os juízos, em observância ao dever de recíproca cooperação (CPC, art. 67), concertarem atos para reunião de processos que, caso decididos separadamente, têm o potencial de ensejar a prolação de decisões contraditórias ou conflitantes. Nessa hipótese, os processos poderão ser reunidos para processamento e julgamento conjunto, ocasião na qual haverá a modificação da competência, emprestando ao processo maior eficiência.

O Código de Processo Civil não define os atos concertados. O seu art. 69, IV, apenas prevê que os pedidos de cooperação entre os juízos poderão ser executados mediante *atos concertados*. Igualmente, o seu art. 69, § 2º, estabelece um rol exemplificativo quanto às finalidades que esses atos concertados poderão assumir. Porém, a definição e os contornos dos atos concertados não são fornecidos pela legislação, ficando esses questionamentos numa zona cinzenta. Cabe, então, à doutrina esclarecer essas questões, conferindo um tratamento sistemático e adequado aos atos concertados.

No presente capítulo, inseriremos os atos concertados na tipologia dos fatos jurídicos, a fim de investigar sua natureza jurídica e, por conseguinte, analisar a repercussão do concerto de atos entre os juízos para o sistema de competência em sua feição contemporânea.

5.2 ATOS CONCERTADOS: UMA CONVENÇÃO PROCESSUAL ENTRE JUÍZOS

No presente tópico, propomos-nos a demonstrar que os atos concertados possuem natureza negocial. Para tanto, partiremos de uma breve introdução acerca dos fatos jurídicos, apontando suas espécies, para que possamos encerrar uma abordagem sistemática acerca dos atos concertados dentro da tipologia dos fatos jurídicos, comprovando sua natureza negocial.

5.2.1 Uma breve introdução acerca dos fatos jurídicos

Muito embora não seja objeto do presente trabalho realizar um estudo aprofundado acerca da teoria dos fatos jurídicos, não se pode deixar de apresentar, ainda que brevemente, uma introdução acerca da tipologia dos fatos jurídicos, para que se chegue até os negócios jurídicos processuais.

Pontes de Miranda definiu o fato jurídico como "o fato ou complexo de fatos sobre o qual incidiu a regra jurídica; portanto o fato de que dimana, agora, ou mais tarde, talvez condicionalmente, ou talvez não dimane, eficácia jurídica. Não importa se é singular ou complexo, desde que, conceptualmente, tenha unidade."[1] Em outros termos, os fatos tornam-se jurídicos quando sofrem a incidência de normas jurídicas que assim o caracterizam, podendo produzir efeitos.

Os fatos jurídicos *lato sensu* podem corresponder a fatos da natureza ou a atos humanos, que exteriorizam uma vontade. Quando os fatos da natureza recebem a incidência da norma jurídica, adentrando o mundo do direito, caracterizam-se como fatos jurídicos *stricto sensu*. Por sua vez, quando a incidência normativa dá-se sobre os atos humanos, esses passam a ostentar a categoria dos atos jurídicos, que poderão ser classificados como atos jurídicos *stricto sensu*, ato ilícito, atos-fatos e negócios jurídicos[2].

Nos atos jurídicos em sentido estrito, o elemento volitivo compõe o suporte fático da norma de incidência, porém a vontade só se destina à

---

1 MIRANDA, Francisco Cavalcanti Pontes de. *Tratado de direito privado*. São Paulo: Revista dos Tribunais, 1983. Tomo 2. p. 77.

2 CUNHA, Leonardo Carneiro da. Negócios processuais no processo civil brasileiro. In: CABRAL, Antonio do Passo; NOGUEIRA, Pedro Henrique (Coord.). *Negócios Processuais*. 2. ed. Salvador: JusPodivm, 2016. p. 40.

prática do ato, e não à escolha da categoria jurídica ou de seus efeitos. Esses serão, necessariamente, aqueles regulados previamente pela lei[3]. Exemplo de ato jurídico em sentido estrito é a constituição de domicílio, em que a vontade do indivíduo é dirigida a fazer permanente sua estada, constituindo o fato (domicílio)[4].

Os atos ilícitos "são os atos contrários a direito, quase sempre culposos, (porém não necessariamente culposos) dos quais resulta, pela incidência da lei e *ex lege*, consequência desvantajosa para o autor"[5]. No caso dos atos ilícitos, não importa se houve ou não manifestação de vontade. A incidência da regra jurídica juridiciza o ato atribuindo uma situação de desvantagem a quem o pratica.

Por sua vez, os atos-fatos correspondem aos atos humanos em que não houve vontade, "ou dos quais não se leva em conta o conteúdo de vontade, aptos, ou não, a serem suportes fáticos de regras jurídicas"[6]. Exemplos de atos-fatos são a caça, a pesca e o achado de tesouro[7].

Por fim, os negócios jurídicos constituem atos jurídicos em que a manifestação da vontade compõe o núcleo do suporte fático do ato, estando também autorizada pelo ordenamento jurídico a dispor acerca dos efeitos do ato jurídico praticado, dentro dos limites previstos no ordenamento. Adota-se aqui a definição de negócio jurídico proposta por Marcos Bernardes de Mello, para quem o negócio jurídico:

> "[...] é o fato jurídico cujo elemento nuclear do suporte fático consiste em manifestação ou declaração consciente de vontade, em relação à qual o sistema jurídico faculta às pessoas, dentro de limites pré-determinados e de amplitude vária, o poder de escolha de categoria jurídica e de estruturação do conteúdo eficacial das relações jurídicas respectivas, quanto ao seu surgimento, permanência e intensidade no mundo jurídico."[8]

O negócio jurídico é, assim, definido pela liberdade de escolha dos sujeitos quanto à categoria negocial, bem como quanto ao conteúdo eficacial da relação jurídica, cujos efeitos devem estar previstos ou, ao menos, ser

---

3 MELLO, Marcos Bernardes de. *Teoria do fato jurídico: plano da existência*. São Paulo: Saraiva, 2003. p. 157

4 MIRANDA, Francisco Cavalcanti Pontes de. *Tratado de direito privado*. Campinas: Bookseller, 1999. Tomo 1. p. 138.

5 MIRANDA, Francisco Cavalcanti Pontes de. *Tratado de direito privado*. cit. p. 125.

6 MIRANDA, Francisco Cavalcanti Pontes de. *Tratado de direito privado*. cit. p. 133.

7 MELLO, Marcos Bernardes de. *Teoria do fato jurídico*: plano da existência. cit., p. 130.

8 MELLO, Marcos Bernardes de. *Teoria do fato jurídico*: plano da existência. cit, p. 245.

admitidos pelo ordenamento[9]. O negócio jurídico "é produto da autonomia da vontade ou da autorregulação de interesses, implicando liberdade de celebração e de estipulação[10]

O elemento volitivo compõe o suporte fático do negócio, enquanto que os efeitos jurídicos estão previstos no próprio sistema, que confere aos sujeitos de direito liberdade de escolha da categoria jurídica[11]. No ato jurídico, a vontade não cria efeitos. O próprio ordenamento dá alguma margem de escolha aos sujeitos quanto à categoria jurídica, porém já determina os efeitos.

Ou seja, para que o negócio adquira o atributo de jurídico, é preciso que do ordenamento conste norma permissiva, incidente sobre um fato jurídico, que confira ao sujeito de direito liberdade de escolha da categoria negocial e do conteúdo eficacial das relações jurídicas decorrentes do negócio.

5.2.1.1 Os negócios jurídicos processuais. A cláusula geral do art. 190 do CPC e os sujeitos do negócio jurídico

É possível conceituar os negócios jurídicos processuais de forma similar ao conceito de negócio jurídico apresentado no item *supra*. Nesse sentido, Fredie Didier Jr. e Pedro Henrique Nogueira definem o negócio jurídico processual como "fato jurídico voluntário cujo suporte fático faculta ao sujeito a escolha da categoria jurídica e o estabelecimento, dentro dos limites fixados no sistema, de situações jurídicas processuais"[12].

A vontade manifestada no negócio jurídico processual é voltada para a produção de efeitos processuais, que, por sua vez, devem estar previstos ou, ao menos, ser admitidos pelo ordenamento. Para a definição adotada de negócio jurídico processual, é indiferente perquirir "(a) o sujeito que pratica o negócio; (b) se a manifestação de vontade que perfaz um dos elementos do negócio jurídico integra ou não a cadeia típica formadora do procedimento"[13].

O que caracteriza o negócio processual é sua aptidão para produzir efeitos no processo. Não é por outra razão que Antonio Cabral classifica o negócio jurídico processual como "ato que produz ou pode produzir efeitos no processo escolhidos em função da vontade do sujeito que o pratica".[14]

Os negócios jurídicos processuais não são novidade no processo civil brasileiro, tendo a doutrina, ainda durante a vigência do Código revogado,

9 CUNHA, Leonardo Carneiro da. Negócios processuais no processo civil brasileiro. *cit*, p. 43.

10 CUNHA, Leonardo Carneiro da. Comentários ao Código de Processo Civil, cit. p. 39.

11 Ibidem.

12 DIDIER JR., Fredie. e NOGUEIRA, Pedro Henrique Pedrosa. *Teoria dos fatos jurídicos processuais*. Salvador: JusPodivm, 2011. p. 59-60.

13 NOGUEIRA, Pedro Henrique. *Negócios jurídicos processuais*. Salvador: JusPodivm, 2018. p. 175.

14 CABRAL, Antonio do Passo. *Convenções processuais*. Salvador: JusPodivm, 2016. p. 48.

debruçado-se sobre o tema[15]. A grande novidade do atual CPC (e que há muito vem ocupando o centro dos debates acadêmicos), é a previsão de uma cláusula geral de negociação processual atípica (art. 190).

De fato, o art. 190 do CPC outorga às *partes* o poder de alterar o procedimento, a fim de ajustá-lo às especificidades da causa, podendo dispor sobre seus ônus, poderes, faculdades e deveres processuais, antes ou durante o processo. Contudo, deve-se ressaltar que a expressão "parte" não se restringe às partes da relação material, tampouco às partes do processo[16].

Conforme salientado por Lorena Miranda, o termo "partes" utilizado pelo dispositivo deve ser interpretado no contexto do microssistema negocial processual, que é ancorado pelo princípio do autorregramento da vontade, privilegiando-se a liberdade negocial[17]. Adota-se, neste trabalho, a posição da autora, para quem o termo "parte" expresso no texto normativo deve ser compreendido, numa aproximação conceitual, no sentido de *sujeito processual,* podendo abranger partes, juiz, membros do Ministério Público, testemunhas, perito etc.[18]

Em suma: "parte do acordo, seja ele celebrado antes ou durante o processo, é quem tenha potencialidade de figurar como sujeito processual ou quem assim já se ache qualificado"[19]. Dessa concepção de parte do acordo, é possível sustentar a possibilidade de serem celebrados acordos processuais

---

15 Ainda sob a vigência do CPC-1973, a doutrina controvertia quanto ao tema, surgindo opiniões contrárias e favoráveis à existência dos negócios jurídicos processuais. Adotando posição contrária: DINAMARCO, Cândido Rangel. *Instituições de direito processual civil.* 6. ed. São Paulo: Malheiros, 2009, v. 2. p. 484.; CÂMARA, Alexandre Freitas. *Lições de direito processual civil.* 25. ed. São Paulo: Atlas, 2014. v. 1. p. 276.; PASSOS, José Joaquim Calmon de. *Esboço de uma teoria das nulidades aplicadas às nulidades processuais.* Rio de Janeiro: Forense, 2005. p. 69-70.

Admitindo a existência dos negócios jurídicos processuais: MOREIRA, José Carlos Barbosa. Convenções das partes sobre matéria processual. In: *Temas de direito processual – terceira série.* São Paulo: Saraiva, 1984. p. 90., SANTOS, Moacyr Amaral. *Primeiras linhas de direito processual civil*: processo de conhecimento. 25. ed. São Paulo: Saraiva, 2007. p. 291-292. GRECO, Leonardo. Os atos de disposição processual - primeiras reflexões. *Revista eletrônica de direito processual.* 1ª ed. Out./Dez. 2007.; MIRANDA, Francisco Cavalcanti Pontes de. *Comentários ao código de processo civil.* Rio de Janeiro: Forense, 1973. Tomo 1. p. 5.; DIDIER JR., Fredie.; NOGUEIRA, Pedro Henrique Pedrosa. *Teoria dos fatos jurídicos processuais.* Salvador: JusPodivm, 2011. p. 54-64.

16 CABRAL, Antonio do Passo. *Convenções processuais.* cit, p. 219.

17 BARREIROS, Lorena Miranda Santos. *Convenções processuais e poder público.* Salvador: JusPodivm, 2017. p. 202.

18 Para chegar a essa conclusão, a autora utiliza os negócios processuais típicos como parâmetro hermenêutico do art. 190 do CPC. A autora aponta como exemplos o art. 109, § 1º e o art. 191, ambos do CPC, em que é possível vislumbrar, na primeira hipótese, a celebração de negócio processual com terceiro (no caso, o adquirente/cessionário) e, na segunda hipótese, a participação do órgão jurisdicional no acordo, concluindo que o sentido de "parte" que mais se aproxima da essência do art. 190 é o de sujeito processual ou sujeito do processo (BARREIROS, Lorena Miranda Santos. *Convenções processuais e poder público.* cit., p. 201-202).

19 Idem. p. 203.

sobre intervenção de terceiros[20] e, sobretudo, a possibilidade de o juiz ser parte do negócio, o que será tratado em item próprio.

5.2.1.2 Classificação dos negócios jurídicos processuais

Os negócios jurídicos processuais podem ser classificados sob diferentes critérios, a depender[21] da tipicidade (negócios típicos e atípicos); dos sujeitos (negócios unilaterais, bilaterais e plurilaterais); da forma em que a vontade é exteriorizada (negócios expresso e tácito) e, por fim, da eficácia (negócios que produzem efeitos após homologação judicial e que prescindem de homologação).

Os negócios processuais típicos são aqueles regulados em tipos legais. O CPC elenca diversos exemplos de negócios processuais típicos. São exemplos: a cláusula de eleição de foro (art. 63); o calendário processual (art. 191); o acordo para suspensão do processo (art. 313, II); a convenção sobre o ônus da prova (art. 373, §§ 3º e 4º); a escolha consensual do perito (art. 471), dentre inúmeros outros. Já os negócios processuais atípicos podem ser celebrados, em virtude da previsão de uma cláusula geral de negociação processual (art. 190).

Alguns exemplos de negócios processuais atípicos são o pacto de impenhorabilidade, o acordo para ampliação de prazos das partes, o acordo de rateio das despesas processuais, o pacto para não promover a execução provisória, dentre outros[22].

Os negócios jurídicos serão unilaterais quando decorrentes da manifestação de uma única vontade (ex. a desistência e a renúncia). Por sua vez, serão bilaterais quando, para celebração do negócio, concorrer a manifestação da vontade de dois sujeitos (ex. eleição convencional do foro; escolha

20 Registra-se o trabalho de Marília Siqueira, para quem a cláusula geral do art. 190 do CPC permite a celebração de convenções processuais sobre intervenção de terceiros, podendo ampliar suas hipóteses e flexibilizar o regramento. (COSTA, Marília Siqueira da. *Convenções processuais sobre intervenção de terceiros*. Salvador: JusPodivm, 2018).

21 A classificação utilizada no presente trabalho é apresentada por DIDIER JR., Fredie. *Curso de direito processual civil*. cit. p. 380-383.

22 Enunciado nº 19 do FPPC: "São admissíveis os seguintes negócios processuais, dentre outros: pacto de impenhorabilidade, acordo de ampliação de prazos das partes de qualquer natureza, acordo de rateio de despesas processuais, dispensa consensual de assistente técnico, acordo para retirar o efeito suspensivo de recurso, acordo para não promover execução provisória; pacto de mediação ou conciliação extrajudicial prévia obrigatória, inclusive com a correlata previsão de exclusão da audiência de conciliação ou de mediação prevista no art. 334; pacto de exclusão contratual da audiência de conciliação ou de mediação prevista no art. 334; pacto de disponibilização prévia de documentação (pacto de disclosure), inclusive com estipulação de sanção negocial, sem prejuízo de medidas coercitivas, mandamentais, sub-rogatórias ou indutivas; previsão de meios alternativos de comunicação das partes entre si; acordo de produção antecipada de prova; a escolha consensual de depositário-administrador no caso do art. 866; convenção que permita a presença da parte contrária no decorrer da colheita de depoimento pessoal."

consensual do perito) e plurilaterais quando concorrer a manifestação de mais de duas vontades (ex. sucessão processual prevista no art. 109, § 1º)[23].

Os negócios bilaterais e plurilaterais podem ser perfectibilizados por meio de contratos ou convenções (acordos). A diferença entre ambos está na dinâmica dos interesses envolvidos. Enquanto que, no contrato, os interesses dos sujeitos são divergentes ou contrapostos, na convenção, as vontades concorrem para um escopo e interesse comuns[24]–[25].

Os negócios expressos são aqueles que, como o nome bem sugere, são expressamente pactuados (contrato ou convenção), ao passo que os negócios tácitos originam-se de condutas comissivas (ex. prática incompatível com a vontade de recorrer) ou omissivas (ex. não alegação da convenção de arbitragem e não alegação da incompetência relativa do juízo).

Há, por fim, negócios processuais que, para produzirem efeitos, precisam ser homologados pelo juiz, a exemplo da desistência da demanda (CPC, art. 200, parágrafo único). Todavia, a maioria dos negócios prescindem de homologação judicial para produzirem efeitos (CPC, art. 200, *caput*). A eficácia do negócio é, via de regra, imediata.[26]

5.2.1.3 O objeto dos negócios jurídicos processuais

O Código de Processo Civil é estruturado para privilegiar o *autorregramento da vontade* das partes no processo, elencando uma cláusula geral de negociação processual (art. 190), que permite amplas possibilidades de arranjo e flexibilização do procedimento, a partir da celebração de convenções processuais.

---

23 Antonio do Passo Cabral aponta os negócios unilaterais e plurilaterais também podem ser classificados quanto às consequências que se produzem para as partes. Segundo o autor, são unilaterais os negócios que estabelcem obrigações e regras que oneram apenas uma das partes e bi- ou plurilaterais, aqueles negócios cujas consequencias atingem todos aqueles que o celebram. (CABRAL, Antonio do Passo. *Convenções processuais.* cit., p. 50-51).

24 CABRAL, Antonio do Passo. *Convenções processuais.* cit., p. 53.

25 Ainda durante a vigência do Código revogado, José Carlos Barbosa Moreira já revelava ser preferível utilizar a terminologia *convenções processuais*, "*de cunho mais técnico e, sobretudo, mais aderente à linguagem do Código [1973], que usa 'convenção' nos arts. 111, 181, 265, n.º II, 333, parágrafo único, e 453, n.º I, bem como palavras cognatas dessa noutros dispositivos (arts. 456, § 1.º, 606, n.º I, 656, 792, 1.028, 1.031, n.º I, 1.113, § 3.º).*" (MOREIRA, José Carlos Barbosa. Convenções das partes sobre matéria processual. *Temas de direito processual – terceira série*. São Paulo: Saraiva, 1984. p. 89). Igualmente, Antonio Cabral entende não ser adequado o conceito de contrato para se referir aos negócios processuais, uma vez que esse instrumento está ligado a uma ideologia patrimonialista e obrigacional. Daí ser preferível utilizar a terminologia convenção ou acordo para se referir aos negócios processuais, muito embora o autor reconheça que é possível encontrar exemplos de contratos processuais, a exemplo dos contratos para distribuição dos custos do processo. (CABRAL, Antonio do Passo. *Convenções processuais.* cit., p. 55).

26 Enunciado 133 do FPPC: "Salvo nos casos expressamente previstos em lei, os negócios processuais do art. 190 não dependem de homologação judicial."

Estabelece o art. 190 do CPC que, versando o processo sobre direitos que admitem autocomposição[27], podem as partes "estipular mudanças no procedimento para ajustá-lo às especificidades da causa e convencionar sobre os seus ônus, poderes, faculdades e deveres processuais, antes ou durante o processo". Os negócios jurídicos processuais, portanto, possuem dois objetos possíveis: (i) pode-se negociar sobre o procedimento, bem como (ii) é possível convencionar sobre direitos, ônus, deveres e faculdades no processo[28]. É possível que o negócio trate de apenas um deles ou de ambos, de forma conjugada.

Como exemplo de negócio jurídico sobre o procedimento, pode-se imaginar a convenção que suprime audiência de mediação ou que convenciona o adiamento da audiência de instrução e julgamento (CPC, art. 362, I); a eleição negocial do foro (CPC, art. 63); o acordo para suspensão do processo (CPC, art. 313, II) etc. É possível, igualmente, que as partes convencionem que a sentença proferida no processo não será desafiada por recurso, sendo, portanto, irrecorrível (*pacto de não recorrer*). E, nessa última hipótese, tem-se um exemplo de negócio jurídico processual que dispõe sobre faculdades processuais.

No âmbito de negociação processual, as convenções ou acordos são as espécies mais importantes de negócio jurídico processual. De acordo com José Carlos Barbosa Moreira, a convenção processual é ato uno. Decorre das declarações de vontade que se fundem, formando uma entidade nova, capaz de produzir efeitos específicos[29]. Em sentido semelhante, Lorena Miranda conceitua a convenção processual como "negócio jurídico bilateral ou plurilateral cujas vontades conformadoras dirigem-se ao atendimento de interesse comum, consistente na disposição sobre situações jurídicas processuais (criação, modificação ou extinção destas) ou sobre o procedimento, em processo atual ou futuro".[30]

Ainda segundo Barbosa Moreira, "a vontade das partes pode ordenar-se a influir no modo de ser do processo, no conteúdo da relação processual, como acontece na eleição de foro e nas convenções sobre distribuição do ônus

---

27 O dispositivo fala em direitos que admitem autocomposição, e não em "direitos indisponíveis". Nesse sentido é o enunciado nº 135 do Fórum Permanente de Processualistas Civis: "A indisponibilidade do direito material não impede, por si só, a celebração de negócio jurídico processual". Isso por que há casos em que, muito embora o direito material seja indisponível, há aspectos que admitem disponibilidade (ex. processo em que se discute alimentos).

28 Nesse sentido é o enunciado nº 257 do FPPC: "O art. 190 autoriza que as partes tanto estipulem mudanças no procedimento para ajustá-lo às especificidades da causa e convencionar sobre os seus ônus, poderes, faculdades e deveres processuais, antes ou durante o processo".

29 MOREIRA, José Carlos Barbosa. Convenções das partes sobre matéria processual. *cit.*, p. 89.

30 BARREIROS, Lorena Miranda Santos. *Convenções processuais e poder público*. Salvador: JusPodivm, 2017. p. 143.

da prova, sobre suspensão do feito, (...)."[31] Nesses casos, haverá a produção de *efeitos dispositivos*. Todavia, se as partes convencionarem criar, "para uma delas ou ambas, a obrigação de assumir determinado comportamento, de praticar ou deixar de praticar certo ato processual (...)", ter-se-á a produção de *efeitos obrigatórios*[32].

Nesse sentido, quanto ao objeto, tem-se que os acordos serão *dispositivos*, quando versarem sobre o procedimento, derrogando normas que o disciplinam, ou *obrigacionais*, quando produzirem efeitos abdicativos, estabelecendo obrigações de fazer e não fazer, bem como criando, modificando ou extinguindo situações jurídicas processuais[33].

Mais especificamente em relação às convenções sobre o procedimento, Pedro Henrique Nogueira propõe uma *tipologia dos acordos de procedimento*[34], classificando esses acordos em: (i) estáticos e dinâmicos, conforme haja ou não a previsão de um regramento sobre o procedimento na convenção; e (ii) antecedentes e subsequentes, de acordo com o momento da celebração da convenção.

Os acordos estáticos correspondem às convenções que recaem sobre o rito, em que há uma restrição de escolha das partes em relação ao procedimento previsto em lei, sem que sejam autorizadas pelo ordenamento para disciplinar (convencionar) livremente sobre como a causa deve ser processada. Por sua vez, os acordos dinâmicos são caracterizados pela ampla liberdade das partes para convencionarem acerca do procedimento, ajustando-o de acordo com seus interesses. Tal possibilidade decorre da incidência do art. 190 do CPC.

Por fim, os acordos antecedentes são aqueles estipulados previamente ao processo, em que vislumbra a escolha do procedimento previsto em lei ou a sua adaptação. Os acordos subsequentes, por sua vez, caracterizam-se por serem celebrados na pendência da demanda, em que as partes convencionam o desenrolar do procedimento ou sobre suas situações jurídicas processuais.

5.2.1.4 Os negócios jurídicos processuais sobre competência

A possibilidade de celebração de negócio jurídico processual não é novidade inaugurada pelo CPC. Ainda na vigência do CPC/1973 já se destacava a existência de uma série de convenções processuais, dentre as quais, podem ser citadas a modificação do réu na nomeação à autoria (CPC/1973, arts. 65

---

31 MOREIRA, José Carlos Barbosa. Convenções das partes sobre matéria processual. *cit.*, p. 97.

32 Idem. Ibidem.

33 BARREIROS, Lorena Miranda Santos. *Convenções processuais e poder público*. cit., p. 144.

34 NOGUEIRA, Pedro Henrique. Sobre os acordos de procedimento no processo civil brasileiro. *In*: CABRAL, Antonio do Passo; e NOGUEIRA, Pedro Henrique (Coord.). *Negócios processuais*. 2. ed. Salvador: JusPodivm, 2016. p. 104.

e 66), a sucessão do alienante ou cedente pelo adquirente ou cessionário da coisa litigiosa (CPC/1973, art. 43, §1º), a desistência do recurso (CPC/1973, art. 158), as convenções sobre prazos dilatórios (CPC/1973, art. 181) etc[35].

Dentre os negócios processuais admitidos ainda na vigência do Código revogado, vários se relacionavam à determinação da competência. São eles: o acordo de eleição de foro (CPC/1973, art. 111), a prorrogação da competência territorial por inércia do réu (CPC/1973, art. 114), a convenção de arbitragem (CPC/1973, art. 267, VII, e art. 301, IX), a revogação da convenção de arbitragem (CPC/1973, art. 301, IX, e § 4º), a escolha do juízo da execução (CPC/1973, art. 475-P, parágrafo único) e a escolha do foro competente pela Fazenda Pública na execução fiscal (CPC/1973, art. 578, parágrafo único).

Os negócios jurídicos processuais, como visto, podem ser explícitos, como o acordo de eleição de foro, ou implícitos, como a prorrogação da competência territorial por inércia do réu. Além disso, as convenções processuais podem ser bilaterais, como a convenção de arbitragem (CPC, art. 337, X); unilaterais, como a escolha do juízo da execução ou a escolha do foro competente pela Fazenda Pública na execução fiscal (CPC, art. 46, § 5º); ou mesmo plurilaterais, como no caso da sucessão do alienante ou cedente pelo adquirente ou cessionário da coisa litigiosa (CPC, art. 109, § 1º).

Outro exemplo de negócio processual sobre competência, este de natureza unilateral, é a opção do autor entre a justiça comum e os juizados especiais cíveis estaduais, ao ajuizar sua ação. Tratando-se de causas de menor complexidade, cujo valor da causa não exceda a quarenta salários mínimos, desde que não envolva qualquer dos sujeitos previstos no art. 8º da Lei nº 9.099/1995[36], faculta-se ao autor optar pela justiça comum ou pelo juizado especial cível. Essa possibilidade, todavia, não se aplica aos juizados especiais federais e da Fazenda Pública, cuja competência é absoluta.

---

35 CUNHA, Leonardo Carneiro da. Negócios jurídicos processuais no processo civil brasileiro. In: CABRAL, Antonio do Passo; e NOGUEIRA, Pedro Henrique (Coord.). *Negócios processuais*. 2. ed. Salvador: JusPodivm, 2016. p. 54-55.

36 Art. 8º Não poderão ser partes, no processo instituído por esta Lei, o incapaz, o preso, as pessoas jurídicas de direito público, as empresas públicas da União, a massa falida e o insolvente civil.

§ 1o Somente serão admitidas a propor ação perante o Juizado Especial:

I - as pessoas físicas capazes, excluídos os cessionários de direito de pessoas jurídicas;

II - as pessoas enquadradas como microempreendedores individuais, microempresas e empresas de pequeno porte na forma da Lei Complementar no 123, de 14 de dezembro de 2006;

III - as pessoas jurídicas qualificadas como Organização da Sociedade Civil de Interesse Público, nos termos da Lei no 9.790, de 23 de março de 1999;

IV - as sociedades de crédito ao microempreendedor, nos termos do art. 1o da Lei no 10.194, de 14 de fevereiro de 2001.

§ 2º O maior de dezoito anos poderá ser autor, independentemente de assistência, inclusive para fins de conciliação.

5.2.1.4.1 A extensão dos negócios processuais sobre a competência: uma questão aparentemente tormentosa

Como se vê, a possibilidade de ser negociada a competência não é estranha ao sistema. A questão aparentemente tormentosa que se põe é, justamente, a extensão dessa possibilidade.

Bem se sabe que o objeto dos negócios processuais deve ser disponível. Porém, no caso de negócio jurídico processual sobre a competência, seria válida uma convenção que implique a modificação da competência absoluta? O autorregramento da vontade poderia se sobrepor às normas ditas cogentes? Haveria algum espaço de disponibilidade, ainda que mínimo, nesses casos?

Guilherme Hartmann, por exemplo, defende que os negócios jurídicos processuais sobre a competência seriam restritos às hipóteses de competência relativa, em virtude do interesse privado que permeia esse critério alocativo da competência. Para o autor, a competência absoluta, fundada no interesse público, possui natureza indisponível, sendo descabida sua modificação por convenção (sentido dos arts. 62-63, CPC).[37-38]

Edilton Meirelles, partindo da premissa de que a competência em razão da matéria, da pessoa ou da função é prevista no texto constitucional, argumenta que, a princípio, não é possível sua modificação por norma infraconstitucional (e, aqui, poderíamos incluir os negócios processuais).

Porém, o autor admite que, excepcionalmente, seria possível pensar na modificação da competência absoluta, com fundamento na efetividade da prestação jurisdicional e na eficiência, a exemplo de concertação de ato para reunião de processos perante um "juízo não constitucionalmente competente". Haveria, assim, um juízo de ponderação de normas constitucionais, que privilegiaria os princípios da duração razoável (CF, art. 5º, LXXVIII) e da eficiência (CF, art. 37) em detrimento da regra definidora da competência absoluta.[39]

Na versão não comercial do presente trabalho defendemos que os negócios jurídicos processuais sobre a competência seriam restritos às hipóteses de competência relativa, como nos casos da eleição de foro e da opção pelos juizados especiais cíveis estaduais, cujas competências são definidas, respectivamente, pelos elementos territorial e do valor da causa. Não vislum-

---

37 HARTMANN, Guilherme Kronemberg. Controle da competência adequada no processo civil. Tese (Doutorado) – Universidade do Estado do Rio de Janeiro, Rio de Janeiro, 2018.p. 29.

38 Nesse mesmo sentido, considerando que não é admitido negócio jurídico processual que modifique a competência absoluta, sob pena de violação a regras constitucionais expressas: CUNHA, Leonardo Carneiro da. Negócios jurídicos processuais no processo civil brasileiro. *cit*, p. 71.

39 MEIRELLES, Edilton. Reunião de processos, cooperação e conflito de competência. *Revista de processo*, vol. 294/2019, ago/2019, p. 77-94.

bramos, naquela oportunidade, a possibilidade de modificação convencional da competência absoluta, o que desafiaria regras constitucionais expressas, implicando uma interpretação *de lege ferenda* impossível de sustentar.

Todavia, reconhecemos que o tema merece reflexões mais aprofundadas. Não se pode negar que há casos em que a cognição acerca de questões de fato e de direito controvertidas pode estar submetida a competências absolutas distintas.

Poderíamos pensar, assim, nos casos de falência, de insolvência civil, de processos de inventário etc., casos esses em que há o deslocamento da competência absoluta (a exemplo dos créditos trabalhistas e tributários) para um *foro de atração,* na justiça comum, onde serão discutidas e decididas todas as demandas relacionadas àquela universalidade jurídica. Rigorosamente, nessas situações, há a alteração da competência absoluta para decidir uma questão comum.

Tal situação nos levou a indagar se seria possível a alteração convencional da competência absoluta. Seria possível que os juízos, por ato concertado, determinem a reunião de demandas submetidas a competências absolutas distintas?

Nesse particular, aderimos às diretrizes apresentadas por Fredie Didier Jr. para a modificação da competência por ato concertado, que nos parece ter apresentado uma solução sistemática, *de lege lata* e bastante útil.

Partindo da premissa de que o ato concertado é um negócio jurídico processual, tal como defendemos, Fredie Didier Jr. defende a possibilidade de concertação de ato que implique a modificação da competência absoluta para decisão de questões *incidentais.*[40]

Desenvolve o tema, afirmando que (i) o ato concertado não poderá implicar a alteração da competência absoluta para a decisão das questões principais, o que dependeria de previsão legal; (ii) por sua vez, o ato concertado poderá implicar alteração da competência relativa para decisão das questões principais; e, por fim, (iii) quanto às questões incidentais, sejam elas de direito ou de fato, o ato concertado poderá modificar a competência absoluta.

Assim, é possível imaginar, por exemplo, a possibilidade de juízos das justiças estadual e federal concertarem ato, para estabelecer que a definição acerca da legalidade de um ato normativo de uma agência reguladora, *que seja questionada incidentalmente em demandas de consumo*, na justiça estadual, seja decidida pelo juízo federal.

---

40 DIDIER JR., Fredie. Cooperação jurídica nacional, cit, p. 100-102.

Parece-nos que o sistema de competências permite essa possibilidade. Trata-se de interpretação *de lege lata*, que melhor coaduna a flexibilização das regras de competência absoluta com a eficiência processual e a segurança jurídica necessárias ao sistema de competências, tal como defendemos no presente trabalho.

5.2.1.4.2 O momento limite para as convenções sobre competência

Ponto que merece atenção se relaciona ao momento limite para essas convenções processuais sobre competência e o possível reflexo na *perpetuatio jurisdictionis*. Conforme visto no Capítulo 2, o art. 43 do CPC prevê que a competência se determina no momento do registro ou da distribuição da petição inicial, sendo irrelevantes as modificações do estado de fato ou de direito ocorridas posteriormente, salvo quando suprimirem órgão judiciário ou alterarem a competência absoluta.

Além da supressão do órgão judiciário e da alteração da competência absoluta, identifica-se outra exceção à *perpetuatio jurisdictionis*: a opção, pelo exequente, entre o juízo do atual domicílio do executado, o juízo do local onde se encontrem os bens sujeitos à execução ou o juízo do local onde deva ser executada a obrigação de fazer ou de não fazer. Nesse caso, Daniel Gomes de Miranda[41] entende tratar-se de negócio jurídico processual típico, que permite a alteraçao negociada da competência territorial, no curso do processo.

Em sentido contrário, Leonardo Carneiro da Cunha rejeita a caracterização dessa hipótese como exceção à estabilização da competência. Argumenta que, com o encerramento da fase de conhecimento, marcado pela prolação da sentença de mérito, finda-se a litispendência. O início da fase de cumprimento, portanto, daria início a uma nova litispendência, permanecendo incólume a regra da *perpetuatio jurisdictionis* durante a fase de conhecimento[42].

Conforme apontado por Daniel Miranda, a estabilização da competência é uma norma de proteção contra a insegurança causada pela itinerância excessiva dos autos. Contudo, é possível que a garantia à segurança jurídica se alcance, justamente, pela modificação da competência. Em alguns casos, os danos sofridos pelas partes podem ser consequência da manutenção do processo no juízo inicialmente prevento.

---

41 MIRANDA, Daniel Gomes de. Sobre o afastamento negocial da perpetuatio jurisdictionis, ou sobre a a convenção de eleição de foro incidental. In: CABRAL, Antonio do Passo; NOGUEIRA, Pedro Henrique (Coord.). *Negócios processuais*. 2. ed. Salvador: JusPodivm, 2016. p. 466.

42 CUNHA, Leonardo Carneiro da. *Jurisdição e competência*. cit. p. 217.

Imagine-se, por exemplo, que as partes, inicialmente domiciliadas no juízo prevento, mudem-se para novo domicílio comum. Não haveria qualquer razão para proibir a convenção de remessa dos autos para a nova localidade.

Permitimo-nos ir além: não havendo prejuízo às partes ou perda de eficiência da atividade jurisdicional, não há razão para se vedar a convenção processual sobre competência no curso do processo. Ainda que não haja qualquer alteração na situação jurídica das partes, é possível a negociação para que o processo seja remetido para juízo que demonstre maior aptidão para satisfazer o interesse das partes, sem perda de eficiência.

E a cooperação nacional reforça esse entendimento. Os juízos cooperantes podem concertar atos para reunir, centralizar ou, até mesmo, desagregar processos, modificando, assim, a competência incialmente atribuída, por razões de eficiência. E, conforme detalharemos adiante, os atos concertados são negócios jurídicos processuais.

A regra da prevenção e o princípio do juiz natural tampouco são óbices à alteração negociada da competência. A prevenção relaciona ações diferentes, não sendo hipótese de competência funcional, que se dá dentro de um mesmo processo. Ademais, a prevenção não é critério de fixação de competência, mas apenas uma regra de racionalização e moralização da atividade imposta a juízes igualmente competentes. Como já visto, os critérios de fixação de competência são o material, o pessoal, o funcional, o territorial e o do valor da causa. Logo, negociada a modificação da competência sem perda da eficiência e da imparcialidade do juízo, não há óbices à negociação.

Tradicionalmente, pelo princípio do juiz natural, só pode exercer a jurisdição aquele órgão ao qual a Constituição atribui poder jurisdicional[43]. A convenção processual sobre a competência não se relaciona com a escolha do próprio juízo. A negociação da competência não toca a investidura do juízo. Logo, permanece incólume a garantia do juiz natural.

A aplicação do art. 63, §1º, do CPC[44] no curso do processo deve ser feita adequadamente. Embora o dispositivo exija que a eleição do foro conste de instrumento escrito, nada impede que o negócio jurídico processual seja pactuado em audiência, cujos termos serão registrados em ata. Nada impede que, numa ação em que se discutam múltiplos negócios jurídicos

43 THEODORO JÚNIOR, Humberto. *Curso de direito processual civil.* v. 1. Rio de Janeiro: Forense, 2017. p. 146.

44 Art. 63. As partes podem modificar a competência em razão do valor e do território, elegendo foro onde será proposta ação oriunda de direitos e obrigações.

§ 1º. A eleição de foro só produz efeito quando constar de instrumento escrito e aludir expressamente a determinado negócio jurídico.

materiais, como na hipótese de contratos coligados[45], negocie-se a alteração da competência para apreciar todos os pedidos do processo, obviamente se nenhum deles reclamar competência absoluta.

Portanto, desde a vigência do CPC/1973 já se admitia a celebração de negócios jurídicos processuais sobre competência. Tais negócios podem ser celebrados antes ou durante o processo, como medida de flexibilização e adequação procedimental. Não havendo prejuízo às partes ou perda de eficiência da atividade jurisdicional, a modificação da competência no curso do processo não encontra óbices na estabilização da demanda, na prevenção do juízo ou na garantia do juiz natural.

5.2.1.5 A possibilidade de o juiz celebrar negócio jurídico processual

Não é objeto do presente trabalho aprofundar a controvérsia acerca da possibilidade ou não de o juiz ser parte do acordo processual, que já é bastante discutida na doutrina com fortes vozes a favor[46] e contra[47].

Como se viu em linhas anteriores, o processo civil contemporâneo fomenta o diálogo e a cooperação entre os sujeitos processuais, a fim de viabilizar a prestação de uma tutela jurisdicional adequada, eficiente e em tempo razoável. A expansão do conteúdo do contraditório reforça a participação no processo e traz o juiz para o mesmo degrau das partes, abrindo o diálogo para todas as instâncias[48].

Em um modelo cooperativo de processo, seria incongruente admitir a existência de um poder de flexibilização procedimental do juiz (CPC, art. 139, VI), facultando-lhe a opção de adaptar o procedimento por sua própria

45 Os contratos coligados caracterizam-se pelo fato de que "um depende do outro de tal modo que cada qual, isoladamente seria desinteressante. Mas não se fundem. Conservam a individualidade própria. Cada qual é a causa do outro, formando uma unidade econômica. Enfim, a intenção das partes é que um não exista sem o outro." (GOMES, Orlando. *Contratos*. Rio de Janeiro: Forense, 2008. p. 121-122).

46 Adiantamos nossa posição no sentido de admitir a possibilidade de o juiz ser sujeito do negócio jurídico. Também adotando esse posicionamento: AVELINO, Murilo Teixeira.; A posição do magistrado em face dos negócios jurídicos processuais. In: CABRAL, Antônio do Passo; e NOGUEIRA, Pedro Henrique (Coord.). *Negócios processuais*. 2. ed. Salvador: JusPodivm, 2016; BARREIROS, Lorena Miranda Santos. *Convenções processuais e poder público*. Salvador: JusPodivm, 2017; CÂMARA, Alexandre Freitas. *O novo processo civil brasileiro*. São Paulo: Atlas, 2018; COSTA, Marília Siqueira da. *Convenções processuais sobre intervenção de terceiros*. Salvador: JusPodivm, 2018; CUNHA, Leonardo Carneiro da. Negócios processuais no processo civil brasileiro. In: CABRAL, Antônio do Passo; e NOGUEIRA, Pedro Henrique (Coord.). *Negócios processuais*. 2. ed. Salvador: JusPodivm, 2016; NOGUEIRA, Pedro Henrique. *Negócios jurídicos processuais*. Salvador: JusPodivm, 2018; TALAMINI, Eduardo. *Um processo para chamar de seu: nota sobre os negócios jurídicos processuais*. Disponível em: https://www.migalhas.com.br/dePeso/16,MI228734,61044Um+processo+pra+chamar+de+seu+nota+sobre+os+negocios+juridicos Data de acesso: 8/11/2018.

47 Cabral, Antonio do Passo. *Convenções processuais*, cit. p. 223.

48 AVELINO, Murilo Teixeira. A posição do magistrado em face dos negócios jurídicos processuais. In: CABRAL, Antonio do Passo; e NOGUEIRA, Pedro Henrique (Coord.). *Negócios processuais*. cit., p. 369.

iniciativa e não permitir que ele o faça em cooperação com as partes.[49] Daí por que parte da doutrina afirma que o calendário processual é um exemplo de negócio jurídico típico celebrado pelas partes com o juiz[50].

Como bem elucida Lorena Miranda, a capacidade negocial do juiz para celebrar negócios jurídicos processuais com as partes pauta-se no trinômio discricionariedade, competência e imparcialidade. A autora afirma, então, que o juiz terá capacidade negocial quando: i) o ajuste do procedimento estiver no âmbito de um poder-dever discricionário, que – no caso dos negócios processuais atípicos – decorre do princípio da cooperação (CPC, art. 6º) e da cláusula geral do art. 190 do CPC; ii) o juiz for competente para a prática do ato e iii) praticá-lo com imparcialidade[51].

No modelo cooperativo, o juiz não é nem protagonista do processo (publicismo), nem espectador (privatismo); ele é partícipe. O órgão jurisdicional direciona o processo conforme padrões de eficiência e deveres de cooperação, esses que lhe são impostos pelo ordenamento, tanto em relação às partes (CPC, art. 6º), quanto em relação aos demais órgãos jurisdicionais (CPC, art. 67).

Murilo Teixeira Avelino, ao defender a capacidade negocial do magistrado, faz a distinção entre negócios jurídicos processuais que: i) não influenciam situação jurídica titularizada pelo juiz; e ii) influenciam situação jurídica titularizada pelo juiz. O autor explica que, na primeira hipótese, o juiz atua como mero verificador da validade de negócios processuais celebrados entre as partes ou, quando for o caso, como homologador. Nesse caso, cumpre ao juiz verificar se as partes são capazes, se o objeto é disponível e se a cláusula não é abusiva[52].

O autor afirma que, nos negócios jurídicos processuais que influenciam na situação jurídica do juiz, por sua vez, a manifestação de vontade do magistrado seria requisito de validade. Contudo, não é possível partilhar de tal posicionamento. A própria petição inicial é um exemplo de negócio jurídico, em que o autor limita o poder do juiz, já que este não poderá julgar além, aquém e nem fora do pedido ou da causa de pedir. A cláusula de eleição de foro, o acordo das partes para suspensão do processo (art. 313, II), a convenção sobre o ônus da prova (art. 373, §§ 3º e 4º), a escolha

49 BARREIROS, Lorena Miranda Santos. *Convenções processuais e poder público*. cit., p. 204.

50 Ibidem; CADIET, Loïc. Los acuerdos procesales en derecho francés: situación actual de la contractualización del proceso y de la justicia en Francia. *Civil Procedure Review*, v.3, n.3: 3-35, aug.-dec., 2012; CUNHA, Leonardo Carneiro da. Negócios processuais no processo civil brasileiro. In: CABRAL, Antonio do Passo; e NOGUEIRA, Pedro Henrique (Coord.). *Negócios processuais*. Salvador: JusPodivm, 2016.

51 BARREIROS, Lorena Miranda Santos. *Convenções processuais e poder público.* cit., p. 211.

52 AVELINO, Murilo Teixeira. A posição do magistrado em face dos negócios jurídicos processuais. *cit*, p. 378.

consensual do perito (art. 471), enfim, todos esses negócios, igualmente, limitam o poder do juiz.

Para Murilo Avelino, a fonte da capacidade negocial estaria no princípio da adequação, extraído do devido processo legal, e não na cláusula geral do art. 190 do CPC[53]. O autor defende uma interpretação restritiva de "parte", constante do dispositivo, em virtude da impossibilidade de auto composição pelos magistrados, por ausência de titularidade do direito posto em debate.

De fato, a garantia de uma tutela jurisdicional efetiva também depende do poder de adaptação procedimental por parte dos magistrados, conforme reiteradamente sustentado neste trabalho. Sempre que o procedimento for incapaz de proporcionar uma tutela jurisdicional efetiva, deve-se garantir às partes e ao juiz a possibilidade de promoverem ajustes no trâmite processual, por meio de sua adequação[54].

Contudo, entendemos não haver óbice à aplicação do art. 190 do CPC aos negócios processuais praticados pelos magistrados. Primeiro, porque, como já salientado, o termo "parte" no art. 190 deve ser entendido no sentido de *sujeito processual*, abrangendo qualquer sujeito que venha a participar do processo, dentre os quais está o magistrado. Segundo, porque há situações titularizadas pelos juízes que admitem disponibilidade, como o próprio exercício da competência, esta que é compreendida como legitimidade. Aliás, admitir a negociação processual judicial, como o fazemos, implica admitir a disponibilidade do objeto negociado, elemento de validade do negócio.

Antonio do Passo Cabral, por sua vez, não admite a possibilidade de o juiz ser parte de negócios processuais. O autor destaca a ausência de capacidade negocial do Estado-juiz, por não poder tomar parte de algum interesse. Ainda que se admita a manifestação de vontade, esta seria não-livre, sendo vinculada à prática do ato, ou ao seu conteúdo e efeitos. Mesmo no exercício do poder discricionário, não seria possível falar em autonomia ou liberdade negocial. Acrescenta que a função do Judiciário de controle sobre a validade das convenções seria incompatível com a celebração do negócio a ser controlado[55].

Todavia, não compartilhamos desse posicionamento. Em primeiro lugar, não se pode perder de vista que o negócio jurídico processual não apenas disciplina situações jurídicas processuais, mas pode disciplinar, igualmente, o procedimento. Nessa segunda hipótese, nem mesmo as partes, quando negociam o procedimento, tratam de situações jurídicas próprias.

---

53 AVELINO, Murilo Teixeira. A posição do magistrado em face dos negócios jurídicos processuais. *cit.*,p. 383.

54 REDONDO, Bruno Garcia. *Adequação do procedimento pelo juiz.* Salvador: JusPodivm, 2017. p. 129.

55 CABRAL, Antonio do Passo. *Convenções processuais.* cit., p. 222-225.

Em segundo lugar, muito embora o juiz não tenha interesse na solução da controvérsia *em benefício de qualquer das partes*, ele tem interesse na solução da controvérsia *com o máximo de eficiência*. Interessa-lhe solucionar a controvérsia de forma definitiva, com o menor dispêndio de tempo e recursos. O alcance do melhor resultado em termos de eficiência é imposição legal (CPC, art. 8º) e constitucional (CF, art. 37, *caput*[56]).

Além disso, quando o juiz delega e compartilha competências, ele está dispondo sobre o exercício de um poder seu, e não das partes, o que reforça o argumento da capacidade negocial judicial.

A imposição de um resultado eficiente não descaracteriza a capacidade negocial do juiz. A vinculação da finalidade (interesse público na eficiência) não é óbice à discricionariedade do objeto. A partir da tipologia dos fatos jurídicos, é fácil vislumbrar a natureza negocial do ato judicial discricionário.

Recorrendo à lição do direito administrativo, tem-se que, nos atos discricionários, a finalidade é elemento vinculado[57]. Pela margem de escolha do agente público, o ato discricionário é, rigorosamente, um negócio jurídico, pois o agente está a escolher a categoria jurídica e a eficácia do ato. Igualmente, no âmbito judicial, a margem de escolha conferida ao juiz para adequar o procedimento revela a discricionariedade do ato jurisdicional; nesse caso, o ato judicial discricionário só pode ser, segundo nos parece, um negócio jurídico.

O argumento da incompatibilidade entre as funções de controle dos negócios celebrados pela parte e da atuação do juiz como parte do negócio tampouco inviabiliza a capacidade negocial do juiz. A própria Administração Pública, que mantém órgãos de controle interno, celebra negócios jurídicos; o fato de a Administração Pública controlar seus atos não lhe retira a capacidade negocial. O mesmo racional se aplica para confirmar a capacidade negocial do juiz.

Dessa constatação, questiona-se: se é possível afirmar que a capacidade negocial do juiz para participar de acordo processual com as partes decorre do dever de cooperação imposto aos sujeitos processuais (CPC, art. 6º), seria possível, igualmente, suscitar a existência de capacidade negocial dos órgãos jurisdicionais para celebrarem acordos processuais entre si, considerando que a eles incumbe o dever de recíproca cooperação (CPC, art. 67)?

A resposta parece ser positiva. De fato, aos órgãos jurisdicionais incumbe o dever de recíproca cooperação. Já se viu que os juízes podem

56 Art. 37. A administração pública direta e indireta de qualquer dos Poderes da União, dos Estados, do Distrito Federal e dos Municípios obedecerá aos princípios de legalidade, impessoalidade, moralidade, publicidade e eficiência e, também, ao seguinte: [...]

57 PIETRO, Maria Sylvia Zanella Di. *Direito administrativo*. Rio de Janeiro Forense, 2018. p. 294.

cooperar entre si na prática de qualquer ato processual. Por sua vez, os atos de cooperação jurisdicional poderão ser executados a partir de diversos instrumentos, como auxílio direto, pedido de informações, cartas precatórias, atos concertados etc.

Especificamente quanto aos atos concertados, o Código dispõe, no seu art. 69, § 2º, que eles poderão consistir no estabelecimento de procedimentos para a prática de atos processuais, a exemplo daqueles listados nos incisos do seu § 2º.

Esse poder de disposição do procedimento na forma autorizada pelo art. 69, § 2º do CPC revela a capacidade do órgão jurisdicional para flexibilizar o procedimento em cooperação com outros órgãos jurisdicionais, permitindo-o, assim, dispor da competência.

5.2.1.6 Os negócios jurídicos processuais judiciais

Sobre a possibilidade de ser aplicado o conceito de negócio jurídico processual aos atos processuais praticados pelo juiz, Pedro Henrique Nogueira entende ser possível cogitar da existência de negócios processuais judiciais[58]. O autor parte da constatação de que os enunciados normativos apresentam certa margem para a discricionariedade judicial.

Trata-se da clássica diferença entre texto e norma, pois o texto não é portador da norma, mas um ponto de partida para interpretações diversas. Friedrich Müller já apontava para a incompletude do âmbito normativo, que não é dado de antemão no texto, mas é geralmente indicado de modo incompleto[59]. Müller concebia que o texto normativo apresenta "confiabilidade apenas limitada e partilha a relativização da metódica própria à ciência jurídica, sem, contudo, mostrar-se com isso dispensável ou secundário. Suas mencionadas funções fazem dele uma fronteira de concretização permitida."[60]

É preciso, contudo, advertir que a discricionariedade judicial não pode ser confundida com o arbítrio. Utilizamos o termo *discricionariedade* para designar uma margem de escolha do julgador, outorgada pelo próprio ordenamento, ao aplicar o direito[61]. Mais precisamente, a discricionariedade

---

58 NOGUEIRA, Pedro Henrique. *Negócios jurídicos processuais*. cit., p. 214.

59 MÜLLER, Friedrich. *Teoria estruturante do direito*. São Paulo: Revista dos Tribunais, 2008. p. 198.

60 MÜLLER, Friedrich. *Teoria estruturante do direito*. cit., p. 205.

61 Como bem elucida Michele Taruffo, "discricionariedade não pertence apenas à corte, apesar de nós usualmente falarmos principalmente da discricionariedade da corte. As partes fazem uso de discricionariedade quando elas decidem sobre movimentos processuais nos diversos passos ou fases do procedimento, e seus advogados também fazem uso da discricionariedade quando tomam decisões concernentes a táticas e estratégias e dispositivos e maquinários processuais. De certo modo, na verdade, *um processo deve ser interpretado e analisado como uma seqüencia de escolhas feita por vários sujeitos nos diversos degraus do desenvolvimento dos procedimentos*."

"significa que as condutas processuais não estão estrita e completamente determinadas pelas regras"[62].

O aplicador do direito utiliza o texto normativo como ponto de partida[63], para – diante do caso concreto – concretizar a norma jurídica, explicitando-lhe o sentido. Nesse processo de concretização da norma jurídica, é possível vislumbrar certa margem de discricionariedade – ou escolha – do julgador[64]. E tal constatação é relevante para enquadrar os negócios jurídicos processuais judiciais.

Os atos decisórios praticados pelo juiz são, em sua maioria, enquadrados como atos jurídicos processuais em sentido estrito, em que não se cogita de poder de autorregramento por parte do juiz[65]. Em outros casos, todavia, será possível enquadrar as decisões judiciais como atos de natureza negocial. Nessa perspectiva, Pedro Henrique Nogueira aproxima o conceito de negócio jurídico processual ao conceito de provimento, afirmando que tanto os negócios jurídicos processuais, quanto os provimentos, se perfazem pelo exercício de um poder jurídico, que no caso dos provimentos, corresponde à discricionariedade, ao passo que nos negócios jurídicos o poder corresponde à autonomia privada[66].

A discricionariedade judicial, portanto, corresponde ao exercício de um poder de autorregulação. Há normas jurídicas que conferem ao juiz algum poder de escolha das situações jurídicas processuais no procedimento. Alguns exemplos podem ilustrar o que ora se afirma: o juiz *(i)* poderá determinar todas as medidas indutivas, coercitivas, mandamentais e sub-rogatórias, para assegurar o cumprimento de ordem judicial (CPC, art. 139, IV); *(ii)* pode dilatar os prazos processuais e alterar a ordem de produção dos meios

---

(TARUFFO, Michele. Abuso de direitos processuais: padrões comparativos de lealdade processual (relatório geral). *Revista de Processo (online)*. v. 177. São Paulo: Revista dos Tribunais, nov./2009. p. 4).

62 TARUFFO, Michele. Abuso de direitos processuais: padrões comparativos de lealdade processual (relatório geral). *Revista de Processo (online)*. cit. p. 5.

63 Nesse sentido, "uma regra é agora percebida mais como uma diretriz para escolhas concretas e mais ou menos discricionárias do que como uma declaração autoritária capaz de 'determinar' em sentido estrito sua própria aplicação." (TARUFFO, Michele. Abuso de direitos processuais: padrões comparativos de lealdade processual (relatório geral). *Revista de Processo (online)*. cit. p. 5).

64 "Kelsen sustentava que nada constrange a discricionariedade do juiz ao escolher as propostas interpretativas, nem mesmo os métodos de interpretação concebidos pela teoria do direito. (...) Ou seja, mesmo a escolha dos métodos a serem utilizados na escolha entre as alternativas interpretativas é inescapavelmente discricionária e depende de um ato de vontade do juiz" (MELLO, Cláudio Ari. Interpretação jurídica e dever de fundamentação das decisões judiciais no Novo Código de Processo Civil. *Revista de Processo*. v. 255. p. 63-90. São Paulo: Revista dos Tribunais, maio/2016).

65 NOGUEIRA, Pedro Henrique. *Negócios jurídicos processuais*. cit., p. 237. O autor aponta como exemplos a sentença que reconhece a improcedência do pedido, a decisão que indefere a petição inicial e a decisão que determina a emenda da petição inicial.

66 NOGUEIRA, Pedro Henrique. *Negócios jurídicos processuais*. cit., p. 240.

de prova, para adequá-los às necessidades do conflito (CPC, art. 139, VI); *(iii)* pode, igualmente, concertar atos com outros juízos, estabelecendo procedimento para efetivação de alguma medida de maneira mais eficiente (CPC, art. 69, § 2º).

Em todos esses exemplos, o próprio ordenamento outorga ao juiz a "faculdade de escolha de determinadas categorias e de determinadas situações jurídicas processuais. Por isso, apresentam-se como autênticos negócios jurídicos processuais judiciais"[67].

Os exemplos (i) e (ii) são hipóteses de negócios jurídicos processuais unilaterais, ao passo que, no exemplo (iii), há negócio jurídico processual bi- ou plurilateral entre juízes, podendo ser caracterizado como verdadeira *convenção processual judicial.*

5.2.2 A natureza jurídica do ato concertado: uma abordagem sistemática

Partindo de uma breve análise a respeito da teoria dos fatos jurídicos, é possível enquadrar os atos concertados no âmbito dos atos jurídicos processuais. E não poderia ser diferente, primeiramente porque os atos concertados não correspondem a fatos da natureza juridicizados, não podendo ser enquadrados na categoria dos fatos jurídicos *stricto sensu.*

Em verdade, os atos concertados correspondem a uma ação humana. São atos humanos que têm como agentes os órgãos jurisdicionais. Daí por que devem ser enquadrados na categoria dos atos processuais, esses concebidos como atos jurídicos que se destinam a produzir efeitos no processo em relação ao qual são praticados[68].

Tratando-se de atos jurídicos processuais, resta investigar em qual categoria de atos processuais os atos concertados se enquadram. Os atos concertados seriam enquadrados na categoria dos atos jurídicos em sentido estrito, dos atos-fatos, dos atos ilícitos ou dos negócios jurídicos?

Nos termos do art. 69, § 2º, do CPC, os atos concertados apresentam-se como instrumento de cooperação judiciária, podendo ensejar o estabelecimento de procedimentos tendentes a diversas finalidades, que estão exemplificadamente previstas nos seus incisos.

Os atos concertados podem consistir no estabelecimento de procedimentos para: (i) facilitar a comunicação interjudicial (CPC, art. 69, § 2º, I); (ii) auxiliar a instrução probatória (CPC, art. 69, § 2º, II); (iii) viabilizar a

67 Idem, p. 244.

68 CÂMARA, Alexandre Freitas. *O novo processo civil brasileiro*. cit, p. 125.

efetivação das decisões (CPC, art. 69, § 2º, III, IV e VII) e (iv) promover a gestão otimizada dos processos (CPC, art. 69, § 2º, V, VI e VII)[69].

Disso resulta que os atos concertados não podem ser classificados nem como ato-fato, nem – muito menos – como ato ilícito. No primeiro caso, porque é possível vislumbrar, no concerto do ato entre juízos, uma *vontade* de praticar o ato[70] tendente à produção de efeitos processuais; a vontade é relevante no concerto de atos entre os juízos. Já no segundo caso, não se vislumbra qualquer ilicitude do ato concertado, que, ao contrário, tem sua prática prevista e autorizada pelo sistema processual (CPC, art. 69, IV). Além disso, seu exercício não enseja qualquer situação de desvantagem para quem o pratica. Muito pelo contrário, é prática orientada à promoção da eficiência, adequando-se à cláusula geral do devido processo legal.

Os atos concertados também não se enquadram na categoria dos atos processuais em sentido estrito. Isso porque é possível vislumbrar alguma margem de escolha da categoria jurídica ou da estruturação eficacial da respectiva situação jurídica. Nos atos concertados, o elemento volitivo não é direcionado apenas para a prática do ato, mas, principalmente, para os efeitos decorrentes de sua prática, que podem consistir, dentre outros, na *efetivação de medidas e providências para recuperação e preservação de empresas; na centralização de processos repetitivos; na execução de decisão jurisdicional* etc (CPC, art. 69, § 2º, IV, VI e VII).

Parece-nos, portanto, que os atos concertados devem ser inseridos na categoria dos negócios jurídicos processuais. Mais precisamente, os atos concertados conformam uma verdadeira convenção processual entre juízes. A natureza jurídica dos atos concertados é, conforme defendemos, negocial.

Partimos da premissa de que os juízes detêm capacidade negocial. O órgão jurisdicional pode celebrar negócio jurídico processual com as partes (ex. art. 191 do CPC), como também pode celebrar convenções processuais com outros juízos, conforme autoriza o art. 69, IV e § 2º do CPC.

A celebração de um ato concertado entre juízes, como negócio processual que é, não deixa de ser resultado de um exercício da autonomia

69 Daniel Mitidiero, Luiz Guilherme Marinoni e Sérgio Cruz Arenhart afirmam que os atos concertados entre os juízos "podem consistir na prática de atos de comunicação processual (prática de citação, intimação ou notificação), de organização do processo (centralização de processos repetitivos), de instrução da causa (obtenção e apresentação de provas e colheita de depoimentos, habilitação de créditos na falência ou na recuperação judicial) e de efetivação das decisões (efetivação de tutela antecipada e execução de decisão jurisdicional definitiva)." (MARINONI, Luiz Guilherme; ARENHART, Sérgio Cruz; MITIDIERO, Daniel. *Curso de processo civil*. São Paulo: Revista dos Tribunais, 2017, v. 2. p. 31).

70 O termo "vontade" é utilizado no sentido de escolha fruto de um poder discricionário que é outorgado e autorizado pelo próprio ordenamento.

da vontade. Mais precisamente, o ato concertado se perfaz no âmbito da discricionariedade judicial conferida pelo ordenamento jurídico[71].

A concepção de ato concertado pressupõe uma perspectiva de consensualidade, de colegialidade, orientada sempre prospectivamente, em busca da eficiência e da qualidade da decisão.

Os atos concertados são espécies de negócio processual que prescindem de forma específica (CPC, art. 69, *caput*). Logo, a sua forma é livre. Contudo, para que produzam efeitos, dentro do processo, é preciso que estejam reduzidos a termo, a fim de garantir a publicidade e a transparência do conteúdo do ato jurisdicional e da finalidade para a qual o ato se destina.

O ato concertado pode ser encarado como um ato de disposição processual. Mais precisamente, um ato de disposição da competência do órgão jurisdicional. De fato, por meio do ato concertado, a competência é *concertada* no caso concreto para o atingimento de uma finalidade comum aos juízos cooperantes. Haverá, no caso, um exercício *concertado*, *combinado* das competências como resultado do concerto de atos entre os órgãos jurisdicionais.

Nessa perspectiva, o ato concertado é um ato judicial complexo, na medida em que veicula manifestações de vontade de mais de um órgão jurisdicional que se aperfeiçoam para a construção de um só ato jurisdicional.[72] Sem a emanação dessas declarações de vontade originárias de fontes distintas, o ato não se completa.

Nos atos concertados, dispensa-se a necessidade de anuência das partes. Isso porque, ao concertarem um ato processual, os juízos não dispõem de situações processuais relativas às partes, mas sim de uma situação jurídica processual própria do órgão jurisdicional, qual seja, a competência. Tanto é assim que os juízos poderão concertar atos para racionalizar a prática de atos de comunicação processual (por exemplo, prática de citação e intimações), o que evidentemente prescinde de qualquer consentimento das partes. Daí por que não se exige a concordância das partes para a perfectibilização do ato.

Isso não significa, todavia, que o concerto de atos se dá à revelia das partes. Os mecanismos de gestão implementados por meio dos atos concertados poderão ser revistos, podendo as partes pedir esclarecimentos ou solicitar ajustes (CPC, art. 357, § 1º), a fim de se estabelecer um tratamento apropriado aos casos a serem resolvidos.

---

71 "Com efeito, a margem de discricionariedade concedida aos juízes é relativa, na medida em que opera em um determinado âmbito espacial e temporal e, portanto, pode variar segundo os diversos ordenamentos e épocas. Uma alteração normativa, ou de fato, ou até uma alteração socioeconômica, pode ampliar ou restringir a margem de discricionariedade deixada ao juiz." (PICARDI, Nicola. *Jurisdição e processo*. cit., p. 17).

72 CALAMANDREI, Piero. La sentenza soggetivamente complessa. In. *Estudios sobre el proceso civil*. Trad. Santiago Santis Melendo. Buenos Aires: EJEA, 1961, p. 478-479.

Na verdade, os atos concertados servem à racionalização da atividade jurisdicional, sobretudo no contexto de litigância complexa. Por meio deles, é possível a coordenação de procedimentos tendentes a impedir ou, ao menos, minimizar os riscos de repetição desnecessária de atos e a prolação de decisões contraditórias. E essa circunstância – de um ponto de vista amplo – beneficia a todos os litigantes.

As partes poderão, até mesmo, sugerir o concerto de atos entre os juízes, apontando eventuais ganhos em termos de eficiência processual. Poderão, por outro lado, alegar, por petição, o *desacerto* do ato, por ser inconveniente ou por representar prejuízo a garantias processuais, como a isonomia, o contraditório e a ampla defesa.

Imagine-se a hipótese em que os juízos convencionem a centralização de processos que versem sobre uma mesma questão de fato, sob a justificativa de que essa medida garante a eficiência na prestação jurisdicional. Entendendo a parte que a medida, na verdade, prejudica-lhe o exercício da ampla defesa, esta poderá suscitar o conflito de competência (CPC, art. 951 e ss.) ou, até mesmo, interpor agravo de instrumento, nos termos do art. 1.015 do CPC[73], na falta de outros instrumentos mais adequados para demonstrar o *desacerto*[74].

É preciso ressaltar: não há, no concerto de atos, derrogação da competência, mas, tão-somente, disposição da competência, nos termos e nos limites em que autoriza o ordenamento jurídico. Os atos concertados são espécies de negócios processuais celebrados entre juízes cooperantes (se enquadram, portanto, na categoria dos negócios processuais judiciais) para o atingimento de uma finalidade comum no processo.

5.3 OS ATOS CONCERTADOS E O COMPARTILHAMENTO DE COMPETÊNCIAS

O ordenamento jurídico confere uma margem de atuação negocial dos órgãos jurisdicionais para a prática de atos processuais orientados a uma finalidade comum. Antonio do Passo Cabral, muito embora negue a natureza negocial dos atos concertados, coloca-os como espécies de atos

---

73 Quanto a essa possibilidade, é válido ressaltar que o STJ, no julgamento dos recursos representativos da controvérsia (REsp. 1.696.396/MT e REsp 1.704.520/MT), fixou a tese de que o rol do art. 1.015 do CPC é de taxatividade mitigada, sendo admitida a interposição de agravo de instrumento quando verificada a urgência decorrente da inutilidade do julgamento da questão no recurso de apelação (Tema Repetitivo 988).

74 MARINONI, Luiz Guilherme; ARENHART, Sérgio Cruz; MITIDIERO, Daniel. *Curso de processo civil*. cit. p. 32.

conjuntos, que têm natureza consensual, "nos quais se verifica a *coordenação* ou *combinação* de competências para um mesmo escopo processual."[75]

Contudo, para nós, os atos concertados só podem ser enquadrados como negócios jurídicos. Dentro da tipologia dos fatos jurídicos, não há como negar a natureza negocial dos atos concertados.

Conforme defendemos, os atos concertados supõem uma perspectiva de consensualidade, de colegialidade. Encerram uma visão prospectiva de processo orientada, especialmente, à qualidade da decisão.

A prática dos atos concertados sugere uma *concertação* do exercício da competência pelos juízes cooperantes com vistas a um mesmo objetivo. Ou seja, os atos concertados podem ensejar um compartilhamento de competências entre os juízos cooperantes para o atingimento de uma *mesma* finalidade processual.

Imagine-se a celebração de um ato concertado para o estabelecimento de procedimento tendente à centralização de processos para definição de questões comuns de direito e de fato. É possível imaginar a possibilidade de os juízos concertarem atos estabelecendo que um deles definirá a questão comum de direito (imaginemos a discussão acerca da ilegalidade de um decreto legislativo, por exemplo), enquanto outro juízo ficará responsável pela definição da questão comum de fato (a apuração dos danos decorrentes do ato normativo).

A partir das definições das questões comuns, cada juízo poderá, então, julgar seus processos, garantindo eficiência, previsibilidade e segurança jurídica às suas decisões.

É inegável que, nessa hipótese, os juízes cooperantes estarão dispondo da própria competência. Estarão, assim, compartilhando competências. Afinal, conforme premissa que fixamos no Capítulo 1, a competência é legitimidade e, portanto, pode ser negociada.

Haverá, na prática, um compartilhamento de competências no curso do processo, como resultado de uma interação direta e colaborativa dos juízos cooperantes para a realização de uma finalidade comum, qual seja, a centralização de processos. Haverá uma alteração negocial da competência, ainda que episódica, por meio dos atos concertados.

Em outros termos, por meio do concerto de atos, os juízos conformarão as competências, de maneira cooperativamente orientada, podendo, em alguns casos, ensejar modificações legítimas de competência.

---

75 CABRAL, Antonio do Passo. *Juiz natural e eficiência processual. cit.* p. 678.

A fim de melhor demonstrar as potencialidades que os atos concertados representam para o processo civil contemporâneo, bem como a relação entre o concerto de atos jurisdicionais e o exercício compartilhado de competências, trataremos, em linhas gerais, do procedimento do *multidistrict litigation* nos Estados Unidos da América, a partir do qual extrairemos algumas lições, para, posteriormente, examinarmos a possibilidade de agregação de demandas no processo civil brasileiro, a partir da utilização dos atos concertados.

5.3.1 O *multidistrict litigation* norte-americano

5.3.1.1 Panorama histórico

O procedimento do *multidistrict litigation* (MDL) é resultado da experiência das Cortes Federais Distritais norte-americanas (*Federal District Courts*) que, no início da década de 1960, foram acionadas para decidir milhares de demandas indenizatórias individuais, em virtude da prática ilegal de preços pelos fabricantes de equipamentos elétricos manufaturados em violação à lei federal de antitruste (*Sherman Act*)[76]. Aproximadamente 2.000 ações indenizatórias, envolvendo 25.000 *claims*, foram ajuizadas em 35 distritos judiciais federais.

O perfil dos demandantes era bem heterogêneo. Alguns eram companhias privadas encarregadas de gerar e distribuir energia; outros eram entidades municipais encarregas da mesma atividade e havia outros, ainda, que compunham um grande grupo de cooperativas para administração da eletricidade nas áreas rurais (*Rural Eletrification Administration cooperatives*). Um pequeno número de demandas foi ajuizado por outros tipos de companhias, alguns consumidores industriais e compradores estrangeiros de equipamentos elétricos[77].

A grande quantidade de litígios relativos ao mesmo caso desafiou a capacidade das Cortes Federais Distritais para administrá-los de maneira eficiente. Percebeu-se que, caso as demandas fossem processadas seguindo o procedimento tradicional padrão para condução dos litígios individuais, poderia haver uma interrupção no funcionamento regular das Cortes Distritais[78]. Tudo parecia indicar a necessidade de uma atuação conjunta e

---

76 HARVARD LAW REVIEW. The judicial panel and the conduct of multidistrict litigation. *Harvard Law Review*. v. 87. n. 5. 1974. p. 1001. Disponível em: http://www.jstor.org/stable/1340048 Data de acesso: 20/1/2019.

77 NEAL, Phil C.; GOLDBERG, Perry. The electrical equipment antitrust cases: novel judicial administration. *American Bar Association Journal*. v. 50. n. 7. Jul./ 1964. p. 621-628.

78 *"More over, there were only limited possibilities of simplifying the handling of the litigation by such devices as assignment of related cases to the same judge, consolidation or interdistrict transfer of*

coordenada entre os juízos federais na condução dos processos, sobretudo em suas fases inicial (*pretrial*) e probatória (*discovery*).

A partir da repercussão do caso *Electrical Equipment Antitrust Litigation*, criou-se um Comitê de Coordenação (*Coordinating Committee for Multiple Litigation*), responsável por desenvolver um programa para coordenar os procedimentos de *pretrial* e *discovery* nas ações indenizatórias envolvendo a indústria de equipamentos elétricos, a fim de evitar repetição e superposição dos procedimentos[79]. Os juízes distritais reuniram-se regularmente para trocar informações acerca do progresso dos casos pendentes nos respectivos distritos, bem como para compartilhar problemas comuns referentes aos casos.

Foram desenvolvidas medidas para controlar as fases inicial e probatória dos processos pendentes, que incluiu a "coordenação centralizada da produção de provas, a oitiva unificada e nacional de depoimentos por meio de um comitê de advogados escolhidos pelos autores e réus (*lead counsel*) e a definição de um centro para depósito dos documentos que permanecesse acessível a todas as partes"[80]. Em pouco tempo, as demandas foram eficientemente resolvidas.

É possível afirmar que grande parte do sucesso do programa de coordenação decorreu do fato de que as medidas de cooperação foram implementadas num estágio inicial, ainda pouco avançado, dos processos, o que permitiu fosse desenhado um procedimento para trabalhar os litígios em nível nacional.

Em virtude do sucesso na solução do caso *Electrical Equipment Antitrust Litigation*, o procedimento passou a ter previsão e regulamentação próprias na legislação federal estadunidense (28 U.S.C § 1407), recebendo a denominação de *multidistrict litigation (MDL)*.

Em termos gerais, o MDL pode ser definido como um procedimento que prevê a atuação coordenada das Cortes Federais Estadunidenses na

the cases." – trad. livre: "Além disso, existiam apenas possibilidades limitadas de simplificação do litígio por meio de instrumentos como a designação de casos relacionados para o mesmo juiz, consolidação ou transferência interdistrital de casos." (NEAL, Phil C.; GOLDBERG, Perry. The electrical equipment antitrust cases, cit. p. 622).

79 *"The absence of a provision in the statutes or rules to require a co-ordinated program was recognized at the outset, and it was agreed that all action should be directed toward obtaining the voluntary co-operation of the judges concerned."* – trad. livre: "Foi reconhecida a falta de previsão, nas regras e estatutos, para requerer um programa coordenado, e foi acordado que toda ação deveria ser direcionada no sentido de obter a cooperação voluntária dos juízes envolvidos."(NEAL, Phil C.; GOLDBERG, Perry. The electrical equipment antitrust cases, cit. p. 623).

80 ZARONI, Bruno Marullo. Multidistrict litigation: a experiência norte-americana na tutela dos interesses de massa. ***Revista Magister de Direito Civil e Processual Civil*. n. 55, jul.-ago./2013. p. 83.**

condução de litígios complexos, pendentes em diferentes distritos, e que envolvem uma ou mais questões comuns de fato[81].

5.3.1.2 Aspectos gerais do multidistrict litigation

O *multidistrict litigation* é um procedimento que permite a consolidação de demandas que tratem de uma ou mais questões comuns de fato, perante um único juízo, para condução unificada das fases postulatória e probatória dos processos. Inicialmente, pode-se identificar alguma semelhança com as ações coletivas (*class actions*), na medida em que, em ambos os casos, há o tratamento conjunto de uma grande quantidade de ações originadas a partir de um evento comum. Porém, a semelhança é apenas aparente.

A principal diferença está no fato de que, no caso do MDL, as demandas são agregadas e consolidadas num mesmo juízo, por razões de conveniência e eficiência[82]. As demandas, no MDL, são verdadeiras ações individuais que são consolidadas no intuito de facilitar a instrução, por meio da delimitação conjunta das questões e fatos controvertidos e das provas a serem produzidas para elucidação dos casos.

No MDL, os litígios decorrentes de fatos e eventos comuns afetam um grande número de pessoas e segmentos sociais, em intensidades e dimensões distintas, cujos interesses, comumente, são divergentes. Na tipologia dos litígios coletivos proposta por Edilson Vitorelli, esses tipos de litígios podem ser classificados como *litígios transindividuais de difusão irradiada,* caracterizados justamente por serem litígios mutáveis e multipolares.[83]

O procedimento do MDL prevê a figura do *Judicial Panel of Multidistrict Litigation,* que nada mais é do que um órgão ("Painel") composto por sete juízes designados, periodicamente, pelo Presidente da Suprema Corte[84].

O Painel tem a competência de determinar a transferência, de ofício ou a requerimento das partes, das ações cíveis federais que tratem de uma questão comum de fato para um único órgão jurisdicional, que pode ser um único juiz ou um grupo de juízes ("the transferee judge or judges"). O

81 § 1407 Multidistrict Litigation (a) When civil actions involving one or more common questions of fact are pending in different districts, such actions may be transferred to any district for coordinated or consolidated pretrial proceedings. (...)

82 SILVER, Charles; MILLER, Geoffrey P. The quasi-class action method of managing multidistrict litigations: problems and a proposal. *Vanderbilt Law Review*, v. 63, n. 1, fev./2010. p. 5.

83 VITORELLI, Edilson. *O devido processo legal coletivo*. São Paulo: Revista dos Tribunais, 2016. p. 85.

84 § 1407 Multidistrict Litigation (d) The judicial panel on multidistrict litigation shall consist of seven circuit and district judges designated from time to time by the Chief Justice of the United States, no two of whom shall be from the same circuit. The concurrence of four members shall be necessary to any action by the panel.

Painel tem a função de manter as informações sobre os processos pendentes, bem como divulgar suas decisões, a fim de garantir ampla publicidade aos interessados[85].

Se apenas um pequeno número de casos envolver apenas uma questão comum de fato, muito dificilmente haverá a determinação da transferência dos processos, pois o procedimento do MDL é adequado para condução de litígios complexos, de difusão irradiada.

O órgão transferido ("transferee judge"), por sua vez, ficará responsável por coordenar e consolidar os procedimentos de *pretrial*[86] e *discovery*. Essa consolidação permite que os casos sejam conduzidos de maneira uniforme, o que não ocorreria caso as questões comuns de fato fossem apreciadas por diferentes juízes. Evita-se, assim, o risco da prolação de decisões insconsistentes.

Conforme estabelece o § 1407, a transferência atenderá à conveniência das partes e testemunhas, devendo promover a *condução justa* e *eficiente* das ações[87], de modo a evitar a possibilidade de conflitos ou a prática de atos em duplicidade durante a instrução dos processos.

O estatuto do MDL não indica, previamente, o local onde ocorrerá a consolidação, de modo que qualquer órgão federal, *a priori*, pode potencialmente receber os casos consolidados, que podem ser reunidos, até mesmo, num juízo perante o qual não tramita qualquer ação pendente relativa ao litígio comum[88].

A escolha do juízo responsável pela condução dos procedimentos passa por um exame prévio da *competência adequada*, podendo obedecer a diversos fatores, como: (i) a disponibilidade de tempo e habilidade do juiz ou juízes para conduzir os procedimentos de maneira eficiente; (ii) o local onde se situam documentos e arquivos relevantes que provavelmente serão apreciados no procedimento; e (iii) a acessibilidade do juízo designado[89]. É possível, igualmente, incluir como critério de escolha (iv) a experiência do

85 ZARONI, Bruno Marullo. Multidistrict litigation: a experiência norte-americana na tutela dos interesses de massa, *cit.*, p. 87.

86 Um dos objetivos do pretrial é, justamente, facilitar e estimular a autocomposição do litígio - Federal Rules of Civil Procedure 16 (a)(5).

87 § 1407 Multidistrict Litigation (a) "(...) Such transfers shall be made by the judicial panel on multidistrict litigation authorized by this section upon its determination that transfers for such proceedings will be for the convenience of parties and witnesses and will promote the just and efficient conduct of such actions. (...)"

88 WILLIAMS, Margaret S.; GEORGE, Tracey E. *Between cases and classes: the decision to consolidate multidistrict litigation*. Ago./2009. Disponível em: https://ssrn.com/abstract=1443377 Data de acesso: 21/1/2019.

89 NYHAN, F. J. A Survey of Federal Multidistrict Litigation - 28 U.S.C. 1407. v. 15. n. 4. *Villanova Law Review*, 1970. p. 925-926.

juízo na condução de casos análogos[90], que, sem dúvidas, pode favorecer a delimitação das questões controvertidas.

A escolha do juízo transferido parte do pressuposto de que ele se coloca na melhor posição para conduzir os procedimentos, gerenciando os casos consolidados de maneira mais eficiente[91]. O juízo transferido teria, portanto, a competência adequada para instruir os processos.

Após a conclusão das fases inicial e probatória dos casos consolidados perante o órgão transferido, esse recomendará ao Painel que reencaminhe as demandas para os órgãos jurisdicionais originários ("transferor judges"), que deverão instruir as questões não comuns e julgar os casos, exceto se tiver havido prévio acordo[92].

É de se observar, portanto, que o *multidistrict litigation* enseja um *compartilhamento de competências* entre os juízos onde tramitam originariamente as ações e o juízo transferido, responsável pela consolidação dos casos. Há o exercício combinado da competências entre esses órgãos, como forma de garantir a celeridade e a eficiência na resolução de litígios complexos.

5.3.1.3 Requisitos para a consolidação de demandas no multidistrict litigation

Antes de consolidar, o Painel examina as circunstâncias dos casos, avaliando se a transferência das ações representará economia de tempo e esforços para as partes e para o próprio Judiciário. Por isso, é necessário haver a presença de alguns requisitos para haver a consolidação. O estatuto do MDL elenca *três* requisitos para consolidação, que estão a seguir descritos, sem prejuízo da existência de outros requisitos apontados pela doutrina como justificadores da consolidação. Atentaremo-nos, todavia, aos requisitos indicados no § 1407.

90 OAKLEY, Danielle. Is multidistrict litigation a just and efficient consolidation technique? Using diet drug litigation as a model to answer this question. *Nevada Law Journal*. v. 6, 2005-2006, p. 513.

91 *"This limitation gives MDL judges a limited time to prepare the case for trial or settlement and, like all time limits, can help to concentrate the parties attention on settlement."* – trad. livre: "Essa limitação confere ao juiz do MDL tempo limitado para preparar o caso para o julgamento ou para o acordo e, como todo tempo limita, pode ajudar a concentrar a atenção das partes no acordo." (SHERMAN, Edward F. The MDL model for resolving complex litigation if a class action is not possible. *Tulane University Law Review*, v. 82, n. 6, jun./2008. p. 11).

92 *§1407. Multidistrict litigation (a) "(...)* Each action so transferred shall be remanded by the panel at or before the conclusion of such pretrial proceedings to the district from which it was transferred unless it shall have been previously terminated: *Provided, however,* That the panel may separate any claim, cross-claim, counter-claim, or third-party claim and remand any of such claims before the remainder of the action is remanded. (...)"

- *Demandas pendentes que versem sobre uma ou mais questões comuns de fato*

Em primeiro lugar, as demandas devem tratar de uma ou mais questões comuns de fato. Não é necessário que a questão de fato seja idêntica, sendo suficiente que haja semelhança entre as questões[93]. Isso porque o estatuto não determina que as questões comuns de fato sejam predominantes ou, mesmo, decisivas para o litígio[94].

Poderá haver casos em que, muito embora as questões de fato sejam semelhantes, a consolidação não se mostra conveniente, como nos casos em que as demandas decorram de diferentes "fatos primários", pelo que se recomenda a separação dos casos em diferentes grupos[95]. Tal fato bem demonstra que o juízo acerca da consolidação parte de um exame prévio acerca das circunstâncias do caso concreto.

Para justificar a consolidação, é preciso que as demandas guardem certo grau de complexidade, seja em virtude da dimensão da lesão originária do litígio, seja em virtude da multiplicidade e multipolaridade dos interesses envolvidos e, até mesmo, em virtude da quantidade de litigantes. Nos Estados Unidos, por exemplo, o MDL é comumente utilizado na condução dos litígios que envolvem desastres aéreos, desastres ambientais, indenizações por produtos defeituosos, litígios envolvendo patentes e antitruste, etc.[96]

O juízo acerca da conveniência da consolidação deve, igualmente, considerar as consequências advindas da condução consolidada de um litígio específico, em comparação com as consequências advindas caso esse litígio seja decidido separadamente[97].

- *Conveniência para as partes e testemunhas*

A consolidação das demandas deve se mostrar conveniente para as partes e testemunhas. O juízo de conveniência da consolidação considera os litígios numa perspectiva global. Isto é, a consolidação acontecerá quando ensejar uma economia de tempo e de custos para todos envolvidos (partes, advogados, testemunhas, etc.), além do próprio Judiciário.

---

93 *"O JPML tem interpretado de forma extremamente ampla tal requisito, não exigindo que as questões fáticas sejam realmente idênticas, tampouco que estejam fundamentadas em semelhantes argumentos ou teorias jurídicas. É necessário, porém, que haja uma mínima sobreposição de fatos."* (ZARONI, Bruno Marullo. Multidistrict litigation: a experiência norte-americana na tutela dos interesses de massa, *cit.*, p. 88).

94 LEVY, Stanley J. Complex Multidistrict Litigation and the Federal Courts. *Fordham Law Review*. v. 40. n. 1, 1971. p. 46.

95 NYHAN, F. J. A Survey of Federal Multidistrict Litigation - 28 U.S.C. 1407. cit., p. 1006.

96 NYHAN, F. J. A Survey of Federal Multidistrict Litigation - 28 U.S.C. 1407. *cit.*, p. 919.

97 MARCUS, Richard L. Confronting the Consolidation Conundrum. *Brigham Young University Law Review*. v. 879, 1995. p. 911.

Eventuais inconvenientes enfrentados pelas partes, em virtude da transferência de seus processos para outro foro, são compensados pela (i) redução dos custos com representação de advogados (no MDL, as partes são representadas por um único advogado ou grupo de advogados - *lead counsel ou liaison counsel); (ii) redução dos custos com a produção probatória (não há repetição na produção das provas, que, uma vez produzidas, aproveitam a todos os processos) e (iii) celeridade na condução do procedimento, mediante a assunção de um plano de gerenciamento da atividade judiciária*[98].

É certo que as partes, durante o procedimento, têm a ingerência diminuída na condução de suas ações, contudo a consolidação dos casos não deve minar completamente o controle das partes sobre seus processos; elas devem permanecer livres para influenciar a condução dos processos na fase de julgamento perante o juízo originário[99].

- *Promoção da justa e eficiente condução dos processos*

A consolidação, no MDL, só se justifica se a medida ensejar um trâmite justo e eficiente dos processos, evitando-se, por exemplo, a prolação de decisões conflitantes, a produção probatória em duplicidade e a multiplicidade de recursos[100]. Porém, é de se indagar: *em se tratando de litígios complexos, que envolvem diferentes perfis de grupos lesados, como garantir a promoção da justa e eficiente condução desses processos?*

Nyhan responde a esse questionamento, afirmando a possibilidade de dividir os litígios em diferentes grupos por níveis de responsabilidade. Por exemplo, no caso norte-americano dos litígios com equipamentos elétricos, em que havia mais de uma linha de equipamentos. Naquele caso, foi possível dividir as demandas por linhas de produto. Assim, quando a instrução probatória sobre uma linha de produtos terminava, os processos a ela relacionados já poderiam ser encaminhados para julgamento, enquanto se daria início à fase probatória do grupo referente à outra linha de produtos[101].

Observa-se um ganho de economia no procedimento, na medida em que os processos relativos à primeira linha de produtos não precisarão aguardar o término da instrução dos processos da segunda linha, já podendo avançar no julgamento.

---

98 ZARONI, Bruno Marullo. Multidistrict litigation: a experiência norte-americana na tutela dos interesses de massa, *cit.*, p. 88-89.

99 MARCUS, Richard L. Confronting the Consolidation Conundrum. *cit.* p. 890.

100 LEVY, Stanley J. Complex Multidistrict Litigation and the Federal Courts. *Fordham Law Review*. v. 40. n. 1, 1971. p. 49.

101 NYHAN, F. J. A Survey of Federal Multidistrict Litigation - 28 U.S.C. 1407. *cit.*, 945.

5.3.1.4 Alguns inconvenientes do MDL

Em tese, a centralização de processos, no MDL, pode representar: (i) uma economia de custos, já que esses serão diluídos entre os litigantes; (ii) a aquisição mais eficiente de expertise pelos litigantes eventuais, que, a partir do compartilhamento de informações, equalizam suas forças em relação aos "repeat players", bem como (iii) a divisão eficiente de trabalho entre os sujeitos processuais[102]. Todavia, o *multidistrict litigation* não está infenso a críticas na doutrina estadunidense.

Desde sua implementação pelas Cortes Federais, o procedimento foi alvo de críticas das mais variadas matizes, que não serão esgotadas na presente oportunidade, o que – evidentemente - fugiria ao escopo do presente trabalho.

A consolidação das demandas mostrou-se ser bastante desafiadora. Como obseravado por Richard Marcus, a consolidação modifica a dinâmica do litígio de maneira tal que, em alguns casos, não é positiva[103]. O autor explica que, na consolidação, as Cortes tendem a focar sua atenção nos problemas centrais ao litígio, deixando as demais questões para serem tratadas posteriormente, o que pode privar as partes que não ocupam posição central no litígio do controle sobre seus próprios casos[104].

Há vozes na doutrina que criticam a consolidação dos processos, afirmando que, em alguns casos, a agregação das demandas pode beneficiar um polo do litígio em detrimento do outro. Haveria um favorecimento dos réus, que, na maioria dos casos são litigantes habituais (*repeat players*)[105], em detrimento dos autores. Aqueles seriam os maiores beneficiados por um acordo global. Argumenta-se que as partes e os *transferee judges* sofrem grande pressão para entabularem um acordo global, ainda durante a instrução, não sendo rara a participação ativa dos *transferee judges* na negociação, desempenhando, assim, um papel anômalo[106].

Argumenta-se que a tendência do MDL em terminar num acordo antes mesmo de o processo ser levado ao julgamento retira das Cortes Superiores a possibilidade de esclarecer o direito relativo ao objeto litigioso, de modo

---

102 OLSON, Susan M. Federal Multidistrict Litigation: its impacts on litigans. *The Justice System Journal*. v. 13. n. 3, 1988-1989. p. 342.

103 MARCUS, Richard L. Still Confronting the Consolidation Conundrum. *Notre Dame Law Review*. v. 88. 2012. p. 581.

104 Ibidem.

105 BURCH, Elizabeth. Monopolies in multidistrict litigation. *Vanderbilt Law Review*. v. 70. n. 1. 2017. p. 81.

106 REDISH, Martin H.; KARABA, Julie M. One size doesn't fit all: multidistrict litigation, due process and the dangers of procedural collectivism. *Boston University Law Review*. v. 95. n. 1, jan./2015. p. 128-129.

que os valores estipulados nos acordos seriam, comumente, inadequados, como resultado dessa incerteza[107]

Particularmente, nos casos de demandas indenizatórias, a doutrina aponta o fato de que a pressão para as partes entabularem um acordo pode levar à fixação desproporcional da indenização, muitas vezes arbitrada em valor muito menor, quando comparada à real dimensão da lesão sofrida. Disso resulta que também poderá haver uma compensação desproporcional entre os litigantes, havendo um excesso de compensação para o litigante, cujo direito é mais fraco, e uma subcompensação para o litigante, cujo direito era mais forte[108].

Em alguns casos, a consolidação poderia representar uma privação do exercício do *forum shopping* pelo autor, enquanto que, para o réu, poderia traduzir o inconveniente de ter de litigar num foro desconhecido, onde nunca litigou.[109]Afirma-se, igualmente, que a agregação de demandas, no MDL, representaria uma diminuição do controle das partes sobre seus próprios processos e sobre o curso do litígio. Para ilustrar a situação, Adam Brandt e Theodore Rave comparam a situação de um empresário, único dono de um pequeno negócio, e um acionista de uma grande corporação, para afirmar que um autor, no MDL, está mais para um acionista, do que para um empresário, "dono" de seu próprio processo[110].

Além disso, critica-se a disparidade dos honorários reservados aos advogados no procedimento. Isso porque, para compensar os advogados, os juízos transferidos criam "fundos para custos e taxas", ficando responsáveis pela alocação das verbas honorárias entre os advogados que atuam no procedimento. Esses fundos são compostos, entre outras cifras, pelos honorários que seriam pagos pelos demandantes aos seus advogados particulares. Como, no MDL, são indicados advogados que representarão cada grupo de litigantes, sendo indicado um *lead counsel*, o que ocorre, na prática, é que esses honorários são rateados desproporcionalmente, não sendo raro que o *lead counsel* receba mais que os demais. Ademais, a tendência é que os advogados que atuam nos processos, cuja instrução já tenha terminado, sejam remunerados antes dos advogados relacionados aos casos que ainda

107 POLLIS, Andrew. *The need for non-discretionary interlocutory appellate review in multidistrict litigation*. 2011. Disponível em: http://scholarlycommons.law.case.edu/faculty_publications/48 Data de acesso: 20/1/2019.

108 WINTER, Ralph K. *Comment aggregating litigation. Law* and *Contemporary Problems.* v. 54, 1991. Disponível em: https://scholarship.law.duke.edu/lcp/vol54/iss3/4 p.71.

109 LEVY, Stanley J. Complex Multidistrict Litigation and the Federal Courts. *Fordham Law Review*. v. 40. n. 1, 1971. p. 50.

110 BRANDT, Adam.; RAVE, Theodore. The information forcing-role of the judge in multidistrict litigation. *California Law Review*. v. 105, n. 5, oct./2017. p. 1266.

serão instruídos, de modo que o montante da verba honorária a ser rateado tenderá a ser menor para esses patronos.[111]

5.3.1.5 *As lições do* multidistrict litigation *e a possibilidade de agregação de demandas no processo civil brasileiro*

A despeito das críticas feitas ao MDL, é possível extrair lições válidas e que podem ser adaptadas ao processo civil brasileiro. Em primeiro lugar, fica claro, a partir das críticas levantadas contra o MDL, que nem sempre a consolidação de demandas que tratam de uma questão comum de fato representará um ganho de eficiência processual.

Não é possível realizar um juízo absoluto sobre a conveniência em consolidar os casos, prescindindo de qualquer análise prévia das circunstâncias do caso concreto. Na verdade, são as circunstâncias especiais que envolvem o litígio, que serão avaliadas antes de se decidir pela agregação das demandas.

Deve o juízo avaliar se a agregação das demandas, por meio da consolidação, mostrar-se-á eficiente no caso concreto, de modo a produzir resultados melhores do que produziriam caso as demandas fossem intentadas em separado (por exemplo, por meio da avaliação acerca da diminuição das despesas para as partes e para o juízo, em virtude da racionalização da instrução probatória).

A existência de procedimentos paralelos relativos a uma mesma questão, de direito ou de fato, pode ser dispendiosa, ao se considerarem os custos incorridos, tanto pelas partes quanto pelo juízo, na tramitação de procedimentos correlatos. As partes podem se ver obrigadas a submeter os mesmos argumentos e evidências, mais de uma vez, perante juízos distintos. Além disso, o processamento não coordenado dos processos pode levar à prolação de decisões inconsistentes ou conflitantes, aumentando o nível de insegurança jurídica e incerteza dos litigantes, o que desafia a coerência e a própria percepção de justiça do sistema processual.

Nesse sentido, Yuval Shany afirma que o tratamento não coordenado de múltiplos procedimentos pode resultar numa "batalha de liminares" contra-produtiva, complicando a situação dos litigantes, ao tempo em que se multiplicam os custos e retardos processuais[112]. Para o autor, a tramitação não coordenada de procedimentos semelhantes pode se mostrar ineficiente também numa perspectiva institucional, levando a uma utilização não-ótima dos escassos recursos judiciais.

---

111 REDISH, Martin H.; KARABA, Julie M. One size doesn't fit all: multidistrict litigation, due process and the dangers of procedural collectivism. *cit.*, p. 130-131.

112 SHANY, Yuval Regulating jurisdictional relations between national and international courts. New York: Oxford University Press, 2007. p. 17-18.

Não há como negar que a consolidação de demandas apresenta-se como importante mecanismo de redução dos custos da litigância para as partes, emprestando eficiência ao processo por meio da redução de procedimentos para condução de casos que apresentem questões comuns de fato[113].

A consolidação de demandas, igualmente, facilita a negociação das partes, tendentes a um acordo. No MDL, por exemplo, a despeito dos inconvenientes já citados, são minoria os casos que não terminam em acordo. Os réus são incentivados a transacionar, como forma de evitar maiores custos com o processo; por outro lado, os advogados dos autores são tentados a participar do acordo, a fim de evitar o risco de terem seus honorários diminuídos – ou até mesmo nada receberem –, por conta dos honorários alocados para fazer frente à negociação que não participaram[114].

Todavia, a agregação dos casos não poderá minar quaisquer direitos e garantias fundamentais das partes, daí por que a decisão pela consolidação deve ser devidamente fundamentada, de modo a justificar a adjudicação das demandas em conjunto[115]. Em suma, a consolidação justifica-se quando se mostrar preferível em relação ao ajuizamento individual dos casos, o que é feito a partir de uma comparação realizada caso a caso, considerando as circunstâncias de cada litígio[116].

O processo civil moderno tem evoluído para oferecer instrumentos aptos a resolver litígios cada vez mais complexos; entre esses instrumentos está a possibilidade de agregação de demandas. Como bem observa Richard Marcus, a agregação de demandas não se refere apenas à possibilidade de consolidar processos que versem sobre questões comuns (sejam elas de fato ou de direito[117]), mas abrange, igualmente, a possibilidade de o autor, ao ajuizar uma ação, cumular pedidos diferentes, que podem ser relativos a diferentes matérias e disciplinados por procedimentos diversos[118].

No processo civil brasileiro, por exemplo, é lícito ao autor cumular pedidos, em um único processo, se for em face de um mesmo réu. Todavia, para haver a cumulação, é necessário que sejam preenchidos os requisitos elencados no art. 327, § 1º, do CPC[119]. Caso os pedidos sejam submetidos a

---

113 WINTER, Ralph K. *Comment aggregating litigation. cit.*, p.70.

114 WINTER, Ralph K. *Comment aggregating litigation.* cit., p. 71.

115 MARCUS, Richard L. Confronting the Consolidation Conundrum. *cit.* p. 909.

116 Ibidem.

117 Adianta-se que, no sistema processual brasileiro, as questões repetitivas de direito acarretam o IRDR, inviabilizando a agregação de causas inviabilizando a agregação de causas ou a prática de atos concertados. Estes são cabíveis nos casos em que as questões repetitivas são de fato.

118 MARCUS, Richard. Cure-all for na era of dispersed litigation? Toward a maximalista use of the multidistrict litigation panel's transfer power. *Tulane Review*. v. 82, 2008. p. 2251.

119 Art. 327. É lícita a cumulação, em um único processo, contra o mesmo réu, de vários pedidos, ainda que entre eles não haja conexão.

procedimentos diversos, poderá o autor cumular os pedidos caso opte pelo procedimento comum, "sem prejuízo do emprego das técnicas processuais diferenciadas previstas nos procedimentos especiais a que se sujeitam um ou mais pedidos cumulados, que não forem incompatíveis com as disposições sobre o procedimento comum" (CPC, art. 327, § 2º).

A cumulação, no procedimento comum, de pedidos originariamente submetidos a procedimentos diversos não deixa de caracterizar uma agregação de demandas. Na verdade, se trata de uma agregação, num único processo, de demandas que originariamente estariam submetidas a procedimentos diversos, mas que, no procedimento comum, encontram terreno fértil para a adaptação processual[120].

É possível vislumbrar a agregação de demandas também nos casos de litisconsórcio facultativo, seja ele inicial ou ulterior. É que, nesses casos, as demandas relativas a questões afins ou conexas poderiam ser propostas, por cada litigante, de maneira autônoma, porém, por conveniência e opção estratégica das partes, opta-se pelo ajuizamento conjunto, formando-se o litisconsórcio (CPC, art. 113, *caput*).

O microssistema de gestão e julgamento de casos repetitivos, igualmente, vislumbra a possibilidade de agregação de demandas, por meio da centralização de processos repetitivos. A centralização, nesse caso, apresenta-se como instrumento adequado para gestão de causas repetitivas.

Nos termos do art. 928 do CPC, considera-se julgamento de casos repetitivos a decisão proferida em incidente de resolução de demandas repetitivas (IRDR) e recursos especial e extraordinário repetitivos[121]. Por sua vez, o julgamento de casos repetitivos tem por objeto *questão de direito* material ou processual (CPC, art. 928, parágrafo único).

---

§ 1º. São requisitos de admissibilidade da cumulação que:

I – os pedidos sejam compatíveis entre si;

II – seja competente para conhecer deles o mesmo juízo;

III – seja adequado para todos os pedidos o tipo de procedimento.

§ 2º. Quando, para cada pedido, corresponder tipo diverso de procedimento, será admitida a cumulação se o autor empregar o procedimento comum, sem prejuízo do emprego das técnicas processuais diferenciadas previstas nos procedimentos especiais a que se sujeitam um ou mais pedidos cumulados, que não forem incompatíveis com as disposições sobre o procedimento comum.

120 "O § 2º do art. 327 do CPC é, na verdade, uma cláusula de flexibilização procedimental. É possível importar para o procedimento comum técnicas especiais de tutela jurisdicional, mas também é possível a via inversa: importar para o procedimento especial regra do procedimento comum, a fim de se concretizarem normas fundamentais." (DIDIER JR., Fredie.; CABRAL, Antonio do Passo.; CUNHA, Leonardo Carneiro da. *Por uma nova teoria dos procedimentos especiais*. Salvador: JusPodivm, 2018. p. 73).

121 Também se inserem no microssistema de casos brasileiros, os recursos de revista repetitivos. Nesse sentido, dispõe o enunciado nº 346 do FPPC: "A Lei nº 13.015, de 21 de julho de 2014, compõe o microssistema de solução de casos repetitivos."

Diferentemente do procedimento do *multidistrict litigation* norte-americano, o microssistema de gestão e julgamento de casos repetitivos prevê o gerenciamento de *questões idênticas de direito* (CPC, art. 976, I e art. 1.036)[122], cabendo aos tribunais julgar os recursos e incidentes, decidindo as causas, para, então, fixar a tese jurídica a ser aplicada aos demais casos repetitivos[123]. Diante disso, poder-se-ia indagar se o CPC oferece subsídios para a gestão de casos repetitivos que versem sobre questão comum ou idêntica de fato.

A resposta é positiva quando se parte da perspectiva dos atos concertados. Os atos concertados podem desempenhar importante papel sistemático, apresentando-se como instrumento eficiente para gestão e resolução de casos que envolvam questões comuns *de fato* repetitivas, o que será melhor desenvolvido no tópico seguinte.

5.3.2 A utilização dos atos concertados como mecanismo de gestão da competência no sistema processual contemporâneo. Possibilidades de centralização e separação de demandas com fundamento na eficiência processual

No Brasil, não há a previsão de um procedimento específico, tal como o *multidistrict litigation*, para consolidação de demandas que tratem de uma questão comum de fato. Todavia, seria equivocado afirmar que, no sistema processual brasileiro, não há a possibilidade de serem consolidadas demandas que envolvam questões comuns de fato.

A previsão do art. 69, § 2º, VI, do CPC acomoda a possibilidade de centralização de processos repetitivos que versem sobre questões comuns de fato[124]. O dispositivo não limita as hipóteses de centralização, que dependerão do juízo de conveniência dos órgãos cooperantes ao concertarem atos para esse fim.

---

122 É possível que essa limitação à centralização, para abarcar apenas as questões idênticas de direito, se dê, também, em virtude da dupla função desempenhada pelo microssistema de julgamento e gestão de casos repetitivos. Esse microssistema, além de ter como função a gestão e julgamento de casos repetitivos, se destina, igualmente, a formar precedentes obrigatórios, que vinculam o próprio tribunal, seus órgãos e os juízos subordinados. (CUNHA, Leonardo Carneiro da.; DIDIER JR., Fredie. *Curso de direito processual civil*. v. 3. Salvador: JusPodivm, 2018. p. 689). Igualmente: CUNHA, Leonardo Carneiro da. *A Fazenda Pública em juízo*, cit., p. 212-214.

123 Entende-se que o CPC adotou o sistema da causa-piloto, e não da causa-modelo, para resolução de causas repetitivas. Todavia, há, no sistema processual brasileiro, uma hipótese de causa-modelo, que é, justamente, no caso de haver desistência ou abandono da causa-piloto, quando, então, o IRDR ou o recurso repetitivo poderão prosseguir para definição da tese jurídica. Nesse sentido: CUNHA, Leonardo Carneiro da.; DIDIER JR., Fredie. *Curso de direito processual civil*. v. 3. Salvador: JusPodivm, 2018. p. 692-697. CUNHA, Leonardo Carneiro da. A Fazenda Pública em juízo, cit., p. 216-218.

124 Entendendo que a técnica encontra paralelo no multidistrict litigation norte-americano: MARINONI, Luiz Guilherme; ARENHART, Sérgio Cruz; MITIDIERO, Daniel. *Curso de processo civil*. v. 2. cit., p. 31.

Portanto, é possível, nos termos do art. 69, § 2º, VI, do CPC, que os juízes cooperantes celebrem atos concertados, convencionando pela centralização de processos que, a despeito de não haver identidade de questões de direito, dizem respeito a questões de fato comuns, remetendo um pouco ao que ocorre no *multidistrict litigation*.

Os atos concertados encerram um ato de gestão da competência pelos juízos, diante de um caso concreto. Ao concertarem atos para esse fim, os juízes conformam as competências para melhor atender às finalidades do caso concreto. É por isso que Antonio do Passo Cabral afirma que a previsão do art. 69, § 2º, VI, do CPC "apresenta-se como uma *faculdade de gestão da competência para os juízes*, nos casos em que os métodos e as técnicas do microssistema de casos repetitivos não sejam aplicáveis, seja porque incabíveis, seja porque inconvenientes."[125]

Para nós, a conclusão não poderia ser diferente, exatamente porque a previsão dos atos concertados permite uma acomodação sistêmica, por meio da gestão da competência pelos órgãos jurisdicionais, quando os instrumentos de gestão oferecidos pelo sistema se mostrarem insuficientes ou inconvenientes diante de um caso concreto. Essa possibilidade de conformação e de gestão da competência, por meio dos atos concertados, só reforça sua natureza negocial, o que defendemos no presente trabalho.

É, igualmente, possível que os juízos concertem atos entre si, não para centralizar processos, mas sim para desagregar demandas. Muito embora a possibilidade de centralização esteja expressamente prevista no texto normativo, não se exclui a possibilidade de *desagregação de demandas*, quando sua reunião for ineficiente ou representar alguma violação a garantias fundamentais, obstando o acesso à justiça, por exemplo.

A desagregação de demandas não é nenhuma novidade no sistema processual brasileiro. Basta imaginar a hipótese de desmembramento do litisconsórcio multitudinário[126]. O próprio art. 113, § 1º, do CPC permite ao juiz limitar o litisconsórcio facultativo, "quando este comprometer a rápida solução do litígio ou dificultar a defesa ou o cumprimento da sentença".

Como visto em linhas anteriores, o rol do art. 69, § 2º, do CPC é exemplificativo, permitindo, assim, que os juízos adequem o procedimento

---

125 O autor aponta como exemplos de não cabimento das técnicas dos microssistemas de casos repetitivos, quando a questão comum for de natureza fática ou quando o risco à isonomia e à segurança jurídica for apenas potencial. Por outro lado, afirma que as técnicas, muito embora cabíveis, não seriam convenientes, nos casos que envolvam alguma questão urgente (quando a suspensão automática dos processos, própria do microssistema de casos repetitivos se mostraria prejudicial) ou quando a pretensão estivesse próxima de prescrever, por exemplo. (CABRAL, Antonio do Passo. *Juiz natural e eficiência processual. cit.* p. 682-684).

126 Enunciado nº 386 do FPPC: "A limitação do litisconsórcio facultativo multitudinário acarreta o desmembramento do processo."

atipicamente às circunstâncias do caso concreto, como forma de emprestar maior eficiência processual[127].

Assim, é possível que os juízes concertem atos para determinar a desagregação de demandas, outrora centralizadas, em virtude da inconveniência ou ineficiência da condução centralizada dos processos em determinado caso concreto. É possível ainda cogitar da reunião episódica e temporária de demandas.

A tônica que permeia a atividade de gestão da competência, por meio dos atos concertados, é, justamente, a eficiência processual. A eficiência processual é uma preocupação que há tempos está presente na jurisprudência dos tribunais, não sendo raro encontrar decisões determinando a reunião ou o desmembramento de processos (principalmente, em se tratando de processos penais[128]), sob a justificativa de que a medida confere maior celeridade e economia processuais[129]-[130].

Portanto, é possível que os juízos, atuando de forma discricionária (dentro dos limites traçados pelo ordenamento), gerenciem o exercício da competência, por meio dos atos concertados, podendo convencionar pela centralização ou separação das demandas, quando a medida se mostrar conveniente e adequada ao caso concreto. Serão as circunstâncias do caso concreto que ditarão a conveniência pela agregação ou não de demandas que comunguem de alguma questão comum.

É preciso avaliar, caso a caso, as vantagens e as desvantagens da centralização ou separação dos processos, sob pena de incidir em inconvenientes, tal como demonstrado no procedimento do *multidistrict litigation.*

---

127 Nesse sentido, importante ponderação de Leonardo Carneiro da Cunha acerca do devido processo legal no sistema processual civil contemporâneo: "*O devido processo legal não se cinge mais, no contexto contemporâneo, a um processo com fases detalhadamente descritas e com rígido procedimento, nem tampouco a um processo que se implemente na prática, ainda que de forma inadequada ou retardada. O devido processo legal, nesse contexto, há de ser capaz de flexibilizar-se, adaptar-se ou adequar-se às peculiaridades de cada situação concreta, prestando tutela jurisdicional diferenciada e sendo, enfim, eficiente. O devido processo legal conduz a um processo adequado e eficiente.*" (CUNHA, Leonardo Carneiro da. A previsão do princípio da eficiência no projeto do novo código civil brasileiro. *Revista de Processo*. São Paulo: Revista dos Tribunais. v. 233, jul./2014. p. 77-78).

128 "*Na forma de inúmeros precedentes da Suprema Corte, o elevado número de agentes e de condutas demandam complexa dilação probatória a justificar o desmembramento do feito requerido pelo Ministério Público Federal,ressaltando-se que apenas um dos vinte e três indiciados detém prerrogativa de foro por ser Deputado Federal (art. 80 do Código de Processo Penal).*" - STF, Inq 2706/BA AgR, Rel. Min.Menezes Direito, j.14/8/2008, DJe 26/9/2008; STF, AP 336-AgR/TO, Rel. Min. Carlos Velloso, j.1º/9/2004, DJ 10/12/2004.

129 TJSP, CC 1.583.420.900, Rel.Maria Olívia Alves, Câmara Especial, j.11/8/2008, DJ 27/8/2008; STJ, REsp. 1.315.619/RJ, Rel. Min. Campos Marques (convocado), 5ª Turma, j. 15/8/2013, DJe 30/8/2013; TJPR, AI 1.377.422-2, Rel. Cristiane Santos Leite, 4ª Câmara Cível, j. 10/11/2015, DJ 20/11/2015; STJ, AgInt no AREsp: 966.458/SP, Rel. Min. Regina Helena Costa, j. 21/3/2017, DJe 29/3/2017.

130 Não se desconhece que, atualmente, os princípios da celeridade e da economia processuais estão abrangidos pelo postulado do devido processo legal. Todavia, utilizamos esses termos nessa passagem, porque assim foram referenciados pelos precedentes citados acima.

5.3.2.1 Casuística

Um exemplo concreto da concertação de atos entre os juízos, para centralização de demandas aconteceu na Comarca de Araxá, Minas Gerais[131], em que os juízos de três varas cíveis concertaram atos entre si, para instrução de 517 casos que envolviam questões comuns de fato. Mais precisamente, as ações foram ajuizadas em face de duas empresas, para pleitear indenização, em virtude da contaminação de um poço que fornecia água aos moradores da região.

Nos processos, os moradores afirmavam sofrer problemas de saúde, em virtude da contaminação da água, que apresentava metais pesados. Em virtude da grande quantidade de processos tratando de uma mesma questão, os juízos resolveram elencar um processo condutor, no qual seriam concentrados todos os atos processuais, de modo que os demais processos ficariam suspensos até a decisão final. As partes e advogados concordaram com a iniciativa e todos os processos foram listados, sendo a listagem posteriormente homologada. Uma vez escolhido o processo condutor, os advogados foram cadastrados nos autos, podendo neles se manifestar, a fim de exercerem o contraditório e a ampla defesa.

Ao final, a sentença proferida foi aplicada aos demais processos. Um fato interessante é que, nos outros processos, apenas a síntese da sentença foi anexada, pois se constatou que, caso a íntegra da decisão fosse transladada para cada um dos 517 processos, seria necessário imprimir mais de 23.000 laudas, o que representaria um desperdício de recursos financeiros e naturais. Além disso, observou-se que, caso todas as ações fossem reunidas, o acesso e o manuseio do processo seria bastante difícil, já que, juntos, esses processos totalizariam cerca de 1.500 volumes.

Esse é um exemplo prático que bem demonstra as potencialidades do concerto de atos entre juízos e os benefícios que esses acordos representam para o processo em termos de eficiência, sem contar a economia para o Judiciário advinda pela redução dos custos com a litigância.

Por meio dos atos concertados, os juízos podem convencionar a organização procedimental. Podem, de comum acordo, determinar que a realização de dada perícia ocorra no juízo da Comarca mais próxima ao evento danoso, enquanto que a inquirição de testemunhas e colheita de depoimentos deva se dar no juízo mais próximo aos seus domicílios. Pode-se convencionar, por exemplo, pela criação de portal eletrônico destinado a concentrar cópias digitais de todos os documentos relativos a um caso

131 TJMG, processo nº 0843570-31.2009.8.13.0040, 3ª Vara Cível. Notícia: http://www.tjmg.jus.br/portal-tjmg/noticias/decisao-tomada-em-araxa-sera-replicada-em-517-processos.htm#.XDeLPM9Ki1s Data de acesso: 20/1/2019.

específico, facilitando o acesso das partes e advogados. Pode-se, igualmente, estabelecer que as audiências públicas relacionadas a determinado litígio acontecerão no juízo que se mostre mais acessível ou conveniente ao acesso das partes e advogados.

É possível que os juízos convencionem a reunião temporária de processos; basta pensar na possibilidade de reunião apenas para colheita de uma prova pericial comum.[132] Pode-se pensar, igualmente, na hipótese de os juízos convencionarem, por meio de um concerto de atos, a reunião de ações que digam respeito a relações jurídicas complexas; imagine-se a hipótese de contratos coligados celebrados entre as partes, que deram origem a diversas demandas distribuídas em juízos distintos. Tendo em vista a própria natureza dos contratos coligados, não seria difícil imaginar a possibilidade de os juízos convencionarem a reunião das demandas, como forma de melhor interpretar a controvérsia e preservarem a vontade inicial das partes ao coligarem seus contratos.

Os juízos podem, de comum acordo, designar determinado juízo para cuidar de demandas que envolvam matérias específicas, servindo de interlocutor entre os demais juízos e partes. A Justiça Federal do Rio Grande do Norte[133], por exemplo, criou, por meio de uma portaria do Diretor do Foro, a figura do "juiz de ligação", responsável por atuar nas demandas envolvendo questões de saúde. O juiz de ligação serve de "ponto de contato" entre os juízos e os demais sujeitos processuais (autores, réus, Ministério Público, gestores de saúde, agências reguladoras etc).

Na Justiça Federal Potiguar, a magistrada de ligação designada atua em conjunto com a coordenação do Centro de Conciliação e com o Juiz de Cooperação, o que demonstra que a medida visa a incentivar soluções consensuais dos conflitos. O objetivo desse procedimento, igualmente, visa a garantir a celeridade necessária que as demandas de saúde requerem. Além disso, a previsão de um juiz de ligação possibilita um incremento da *expertise* do juízo para tratar desses tipos específicos de demanda.

Como se observa a partir dos exemplos citados, os atos concertados apresentam-se como importante mecanismo de adequação procedimental pelos juízos, pelo que são realizados por meio de um compartilhamento de competências, a fim de emprestar solução ótima ao litígio.

---

132 CÂMARA, Alexandre Freitas. O novo processo civil brasileiro. cit., p. 59.

133 Notícia: http://jurinews.com.br/jfrn-define-magistrado-de-ligacao-para-agilizar-demandas-de-saude Data de acesso: 20/1/2019.

5.3.3 *Standards* para uma adequada compreensão dos atos concertados

A possibilidade de os juízes estabelecerem ou ajustarem procedimentos, por meio dos atos concertados, não configura uma "carta branca" para que alterem a dinâmica processual quando lhes aprouver ou de maneira desmedida. Os atos concertados, como verdadeiras convenções processuais, devem orientar-se a objetivos específicos e comuns, de forma a adaptar o procedimento da maneira mais eficiente possível.

Daí ser necessário investigar critérios ou padrões que permitam distinguir a boa gestão da competência da administração nefasta.

Os atos concertados endossam a exigência por uma abordagem atual do processo civil, que "exige que ele seja considerado por uma perspectiva mais ou menos prática (justiça, eficiência, celeridade e baixo custo), combinada com as funções que ele deve desempenhar modernamente."[134] Portanto, a prática dos atos concertados, numa perspectiva atual do processo civil, não prescinde de uma análise casuística, de modo a considerar as particularidades de cada caso.

É por isso que apresentamos alguns *standards*, para uma adequada compreensão dos atos concertados.

- Validade *prima facie* do ato concertado

O CPC confere aos juízos um espaço para, cooperativamente, conformarem o procedimento de maneira a adequá-lo às circunstâncias do caso. Conforme defendemos, os atos concertados inserem-se na tipologia da teoria dos fatos processuais como verdadeiros negócios processuais celebrados entre os órgãos jurisdicionais para consecução de finalidades comuns ao processo.

Nesse sentido, há de se considerar a validade *prima facie* dos atos concertados como instrumento que, ao menos em tese, propicia eficiência ao processo. Apenas as circunstâncias do caso concreto poderão justificar o acerto ou desacerto do ato.

- Desnecessidade do consentimento das partes

O consentimento das partes é desnecessário para perfectibilização do ato concertado, exatamente porque as partes do processo não são parte do ato concertado, o que não significa dizer que elas não poderão contra eles se insurgir.

---

134 "A modern approach to civil procedure requires one to consider it from a more or less practical perspective (fairness, efficiency, speed and low cost), in combination with the functions it should fullfil in our modern age." (RHEE, C.H. Van. Case Management in Europe: a modern approach to civil litigation. *International Journal of Procedure Law*. v. 8. n. 1. 2018. p. 72).

Os atos concertados têm natureza negocial. É convencionado pelos juízos, independentemente da concordância das partes. Todavia, deve-se sempre perquirir, concretamente, se o ato concertado implicou prejuízos, tanto na perspectiva das partes, quanto dos interessados e, igualmente, da própria administração da justiça. Quanto a esse último aspecto, não há como considerar válido um ato concertado que implique custos desproporcionais ao Judiciário. Basta pensar, por exemplo, num concerto de ato para determinar que, numa determinada localidade, as intimações serão realizadas por meio de drones.

Em suma, a desnecessidade de consentimento das partes para perfectibilização do ato concertado não implica a impossibilidade de sua manifestação, que sempre deverá ser assegurada.

- <u>Observância aos padrões de eficiência</u>

O concerto de atos processuais pode servir como eficiente instrumento para implementação do *case management judicial*. Ao concertarem atos, os juízos podem desenvolver técnicas de racionalização do exercício da atividade jurisdicional, permitindo adequar e flexibilizar o procedimento, seguindo padrões de eficiência.

Por meio dos atos concertados, os juízes racionalizam a distribuição de trabalhos entre si, conforme parâmetros de eficiência processual, o que lhes permite gerenciar as trocas e os fluxos de informações, facilitar a colheita de provas a serem comumente aproveitadas, coordenar o julgamento de casos que envolvam questões comuns, dentre inúmeras outras medidas. Além de conferir funcionalidade e adaptabilidade ao processo, os atos concertados permitem, igualmente, a gestão da competência pelos juízes.

- <u>Observância ao princípio da cooperação</u>

Os atos concertados inserem-se no modelo de processo cooperativo, que tem no princípio da cooperação sua pedra angular (CPC, art. 6º). O fato de os atos concertados encerrarem um negócio processual entre juízes não retira a possibilidade de as partes e demais sujeitos processuais participarem ativamente da gestão dos processos, principalmente nos casos em que os atos são concertados para conformarem procedimento tendente a gerir litígios de grande complexidade em matéria de fato ou de direito. Nesse sentido, deverá ser designada audiência para que o saneamento dos processos seja feito em cooperação com as partes (CPC, art. 357, § 3º).

As partes podem – e devem – participar da gestão do procedimento, por exemplo, convencionando calendário processual com os juízes (CPC, art. 191), em que se estabeleçam os prazos para apresentação de documentos, prolação da decisão etc.

- Equalização dos direitos e garantias fundamentais envolvidos

Os atos concertados podem funcionar como um excelente mecanismo de gestão processual. Isso não significa, todavia, que os juízes poderão flexibilizar o procedimento como bem entenderem, o que poderia acarretar um desequilíbrio entre a atuação judicial e os direitos e garantias das partes[135].

O concerto de atos entre os juízos não pode prejudicar direitos essenciais das partes, dificultando o acesso à justiça ou privando o exercício de garantias processuais como o contraditório e a ampla defesa.

Na verdade, os atos concertados poderão funcionar como mecanismo de incremento ao exercício de garantias processuais, equalizando a eficiência processual e os direitos fundamentais dos litigantes. Os juízes podem, por exemplo, concertar atos, a fim de ajustar o procedimento, dilatando os prazos processuais e alterando a ordem de produção dos meios de prova (CPC, art. 139, IV); podem inclusive, determinar que as audiências sejam realizadas numa localidade mais acessível a determinada parte, garantindo igualdade de tratamento aos litigantes.

São inválidos os atos concertados que se revelem incapazes de assegurar às partes, terceiros e interessados o exercício dos direitos básicos que resultam do postulado do devido processo legal.

- Respeito à finalidade do ato concertado

Não é ocioso reiterar que o ato concertado deve se voltar a uma finalidade específica, o que garante às partes e interessados previsibilidade e segurança jurídica no desempenho de suas funções no processo. Disso resulta que o ato concertado não pode ser livremente alterado. Sua finalidade não pode ser livre e discricionariamente desviada, sob pena de se caracterizar uma decisão surpresa.

Pode-se imaginar como exemplo um concerto de ato para a oitiva de testemunhas que instruirá um determinado processo. Eventual utilização dessa prova em outro processo, que não aquele vinculado ao objeto da concertação, sem dúvidas caracterizaria um desvio de finalidade, representando grave afronta às garantias processuais fundamentais.

5.4 CONCLUSÃO PARCIAL

No presente capítulo, foi possível realizar uma análise sistemática dos atos concertados, inserindo-os na tipologia dos fatos jurídicos processuais. Verificou-se que os atos concertados possuem natureza negocial, confor-

135 OLIVEIRA, Carlos Alberto Alvaro. *Do formalismo no processo civil*. São Paulo: Saraiva, 1997. p. 7-8.

mando verdadeiras convenções processuais judiciais, e que prescindem da anuência das partes para sua perfectibilização.

O concerto de atos processuais pode ensejar o exercício compartilhado da competências pelos órgãos jurisdicionais. Viu-se, ademais, que os atos concertados funcionam como instrumento de gestão da competência, de modo que, nessa atividade, poderá haver a centralização ou separação de processos, com fundamento na eficiência processual.

Nessa perspectiva, consideramos oportuno apresentar um panorama geral do procedimento do *multidistrict litigation* estadunidense, seus inconvenientes e pontos positivos, cujas lições puderam servir de parâmetro para uma compreensão dos atos concertados dentro da dinâmica do sistema processual brasileiro. Por fim, consideramos que a conveniência ou não quanto à prática dos atos concertados não deverá prescindir de uma análise prévia do caso concreto.

CONCLUSÃO

Ao final deste trabalho, é possível afirmar que foram confirmadas as hipóteses inicialmente levantadas. Em primeiro lugar, confirmou-se que o sistema de competências há de ser pensado holisticamente.

Viu-se que, no paradigma da cooperação nacional, o estudo do sistema de competências não obedece a uma visão maniqueísta de tudo ou nada (competente x incompetente). E o princípio da competência adequada foi fundamental para essa constatação, pois não é possível determinar aprioristicamente o órgão adequadamente competente. Muito pelo contrário, a definição da competência adequada dependerá sempre das circunstâncias fáticas e jurídicas do caso concreto. O exame da competência adequada dá-se caso a caso, conforme padrões de eficiência.

Daí ser possível concluir que o sistema de competências contemporâneo estrutura-se em bases dialógicas, finalísticas e de cooperação recíproca entre os juízos, tendo como características a flexibilidade e adaptabilidade.

Esses atributos permitem o exercício compartilhado de competências pelos juízos. O compartilhamento de competências pressupõe a distribuição e a atribuição de competências seguindo padrões de eficiência (gestão da competência).

O exercício compartilhado de competências ganha ainda mais relevância quando vislumbrado sob a perspectiva dos atos concertados.

Muito embora o artigo 69 do CPC não apresente uma definição do que sejam os atos concertados, comprovamos – partindo de uma interpretação sistêmica – que os atos concertados possuem natureza negocial, apresentando-se como verdadeiras convenções processuais judiciais. Por meio desse negócio jurídico processual, os órgãos jurisdicionais *conformam*, *combinam* suas competências – consensualmente – para a prática de atos processuais, que podem consistir em atos de comunicação processual, de organização e instrução do processo e de efetivação das decisões.

Foi possível demonstrar, igualmente, que os atos concertados constituem instrumento de gestão processual (*case management*), permitindo que os órgãos jurisdicionais, de comum acordo, flexibilizem e adaptem o procedimento, de modo a garantir eficiência. Todavia, esse gerenciamento judicial deve considerar, sempre, as circunstâncias do caso concreto, de modo a compatibilizar os reclamos da eficiência processual com as garantias processuais das partes.

Na verdade, os atos concertados mudam o paradigma do sistema de competências tal qual foi sendo estruturado ao longo dos anos.

Em resumo, pode-se afirmar que, a partir da previsão de que os juízos podem concertar atos processuais, compartilhando competências, o sistema passa a se preocupar mais em investigar como as competências combinam e interagem entre si. Interessa ao sistema estabelecer uma combinação prática de competências a garantir a eficiência do seu exercício.

BIBLIOGRAFIA

AHDIEH, Robert B. Between dialogue and decree. *New York University Law Review*, v. 79, dec./2004.

ALVES DA SILVA, Paulo Eduardo. *Gerenciamento de processos judiciais*. São Paulo: Saraiva, 2010.

ALVES, Tatiana Machado. *O gerenciamento processual no novo CPC* – mecanismos para gestão cooperativa da instrução. Salvador: JusPodivm, 2019.

ANDOLINA, Italo. Giurisdizionalità originaria e giurisdizionalità indotta dei procedimenti. *Rivista di diritto processuale*, v. XLV, II Serie. Padova: CEDAM, 1990.

ARABI, Abhner Youssif Mota. *Direito e tecnologia: relação cada vez mais necessária* (3/1/2017). Disponível em: https://www.jota.info/paywall?redirect_to=//www.jota.info/opiniao-e-analise/artigos/direito-e-tecnologia-relacao cada-vez-mais-necessaria-03012017

ARAGÃO, Egas Moniz de. *Comentários ao código de processo civil, Lei nº 5.869, de 11 de janeiro de 1973*. v. 2. arts. 154-269. 9ª ed. Rio de Janeiro: Forense, 1998.

ARAGÃO, Nilsiton Rodrigues de Andrade. Potencialidades e limites da cooperação judiciária nacional. *Civil Procedure Review*, v. 11, n. 1: jan.-abr. 2020.

ARENHART, Sérgio Cruz; OSNA, Gustavo. Complexity, proportionality and the 'pan-procedural approach': some basis of contemporary civil litigation. International Journal of Procedural Law, v. 4, 2014. Disponível em: https://ssrn.com/abstract=2779681

__________; ROCHA, Marcelo Hugo da. Medidas estruturantes: origem em Brown v. Board of Education. In: ARENHART, Sérgio Cruz.; JOBIM, Marco Félix. (Orgs.). *Processos estruturais*. Salvador: Juspodivm, 2017.

ARGUELHES, Diogo Werneck; LEAL, Fernando. O argumento das "capacidades institucionais" entre a banalidade, a redundância e o absurdo. *Direito, Estado e Sociedade*, n. 38, jan.-jun. 2011.

ARMELIN, Donaldo. *Legitimidade para agir no direito processual civil brasileiro*. São Paulo: Revista dos Tribunais, 1979.

ARZANDEH, Ardavan. The origins of the Scottish forum non conveniens doctrine. *Journal of Private International Law*, v. 13, n. 1, 2017.

ASPRELLA, Cristina. *La translatio iudicii*. transferimento del giudizio nel nuovo processo civile (l. n. 69/2009). Milano: Giuffrè, 2010.

AUILO, Rafael Stefanini. *O modelo cooperativo de processo civil no novo cpc*. Salvador: JusPodivm, 2017.

AVELINO, Murilo Teixeira.; A posição do magistrado em face dos negócios jurídicos processuais. In: CABRAL, Antonio do Passo; e NOGUEIRA, Pedro Henrique (Coord.). *Negócios processuais*. 2. ed. Salvador: JusPodivm, 2016.

__________. Comentários aos arts. 67 a 69. In. STRECK, Lenio Luiz; NUNES, Dierle; CUNHA, Leonardo (orgs.). *Comentários ao Código de Processo Civil*. São Paulo: Saraiva, 2016.

ÁVILA, Humberto. *Competências tributárias*: um ensaio sobre a sua compatibilidade com as noções de tipo e conceito. São Paulo: Malheiros, 2018.

AZEVEDO NETO, João Luiz Lessa de. *Arbitragem e Poder Judiciário*: a definição da competência do árbitro. Salvador: JusPodivm, 2016.

AZEVEDO, Gustavo. *Reclamação constitucional no direito processual civil*. Rio de Janeiro: Forense, 2018.

BADARÓ, Gustavo Henrique. *Juiz natural no processo penal*. São Paulo: Revista dos Tribunais, 2014.

BARBI, Celso Agrícola. *Comentários ao código de processo civil*. v. 1. Rio de Janeiro: Forense, 1998.

BARREIROS, Lorena Miranda Santos. *Fundamentos constitucionais do princípio da cooperação processual*. Salvador: JusPodivm, 2013.

__________. Lorena Miranda Santos. *Convenções processuais e poder público*. Salvador: JusPodivm, 2017.

BEDAQUE, José Roberto dos Santos. Efetividade do processo e técnica processual. São Paulo: Malheiros, 2006.

__________. *Poderes instrutórios do juiz*. São Paulo: Revista dos Tribunais, 2011.

BEZERRA FILHO, Manoel Justino. *Lei de recuperação de empresas e falência comentada*. São Paulo: Revista dos Tribunais, 2008.

BLACKBY, Nigel; PARTASIDES, Constantine *et al. Redfern and Hunter on International Arbitration*. 6th edition. © Kluwer Law International. Oxford University Press, 2015.

BOCHENEK, Antônio César; [et al.]. *Manual luso-brasileiro de gestão judicial*. São Paulo: Almedina, 2018.

BRAGA, Paula Sarno. Competência adequada. *Revista de Processo*. São Paulo: Revista dos Tribunais, n. 219, 2013.

BRAND, Ronald A. *Challenges to forum non conveniens*. Legal studies research paper series (July, 2013). University of Pittsburg. Disponível em: http://ssrn.com/abstract=2288697

___________; JABLONSKI, Scott. *Forum non conveniens: history, global practice, and future under The Hague Convention on choice of court agreements*. New York: Oxford University Press, 2007.

___________; RAVE, Theodore. The information forcing-role of the judge in multidistrict litigation. *California Law Review*. v. 105, n. 5, oct./2017.

BUENO, Cassio Scarpinella. *Novo código de processo civil anotado*. São Paulo: Saraiva, 2017.

BURCH, Elizabeth. Monopolies in multidistrict litigation. *Vanderbilt Law Review*. v. 70. n. 1. 2017.

CABRAL, Antonio do Passo. *Nulidades no processo civil moderno*: contraditório, proteção da confiança e validade *prima facie* dos atos processuais. Rio de Janeiro: Forense, 2010.

___________. *Convenções processuais*. Salvador: JusPodivm, 2016.

___________. *Juiz natural e eficiência processual*: flexibilização, delegação e coordenação de competências no processo civil. Universidade do Estado do Rio de Janeiro: Tese apresentada no concurso de provas e títulos para provimento do cargo de professor titular, 2017.

___________. *New trends and perspectives on case management: proposals on contract procedure and case assignment management*. Disponível em: https://www.academia.edu/35022288/New_trends_and_perspectives_on_case_management_proposals_on_contract_procedure_and_case_assignment_management

CADIET, Löic. Case management judiciaire et deformalisation de la procedure. *Revue française d'administration publique*, n. 125, 2008. Disponível em: https://www.cairn.info/revue-francaise-d-administrationpublique-2008-1-page-133.htm

__________. Los acuerdos procesales en derecho francés: situación actual de la contractualización del proceso y de la justicia en Francia. *Civil Procedure Review*, v.3, n.3: 3-35, aug.-dec., 2012.

CAHALI, Cláudia Elizabete Schwerz. *O gerenciamento de processos judiais*: em busca da efetividade da prestação jurisdicional. Brasília: Gazeta Jurídica, 2013.

CALAMANDREI, Piero. La sentenza soggetivamente complessa. In. *Estudios sobre el proceso civil*. Trad. Santiago Sentís Melendo. Buenos Aires: EJEA, 1961.

__________. *Instituciones de derecho procesal civil*. v. 1. Trad. Santiago Sentís Melendo. Buenos Aires: EJEA, 1973.

CÂMARA, Alexandre Freitas. *Lições de direito processual civil*. v.2. São Paulo: Atlas, 2014.

__________. *O novo processo civil brasileiro*. São Paulo: Atlas, 2018.

CAMPOS, Eduardo Luiz Cavalcanti. *O princípio da eficiência no processo civil brasileiro*. Rio de Janeiro: Forense, 2018.

CANOTILHO, José Joaquim Gomes. *Direito constitucional e teoria da constituição*. Lisboa: Almedina, 2002.

CAPONI, Remo. Rigità e flessibilità del processo civile. *Rivista di diritto processuale*. CEDAM, anno LXXI n. 6, nov.- dic. 2016.

CARNEIRO, Athos Gusmão. *Jurisdição e competência*. São Paulo: Saraiva, 2010.

CARNELUTTI, Francesco. *Sistema di diritto processuale civile*. v. 1. Padova: CEDAM, 1936.

__________. *Diritto e processo*. Nápoles: Morano, 1958.

CARVALHO FILHO, José dos Santos. *Manual de direito administrativo*. São Paulo: Atlas, 2017.

CHIOVENDA, Giuseppe. Sulla "perpetuation iurisdictionis". In: *Saggi di diritto processuale civile*, I, Roma, 1930.

__________. *Instituições de direito processual civil*. v. 2. São Paulo: Saraiva, 1969.

COELHO, Nuno.; LOPES, José Mouraz.; MATOS, José Igreja.; MENDES, Luís de Azevedo. *Manual de gestão judicial*. Coimba: Almedina, 2015.

CONSOLO, De Cristofaro. Evoluzioni processuali tra translatio iudicii e riduzione della proliferazione dei riti e dei ritualismi. *Corriere giuridico*, nº 6, 2007.

COSTA, Marília Siqueira da. *Convenções processuais sobre intervenção de terceiros*. Salvador: JusPodivm, 2018.

COUTURE, Eduardo. *Fundamentos del derecho procesal civil*. Buenos Aires: Roque Depalma, 1958.

CUNHA, Leonardo Carneiro da. *A atendibilidade dos fatos supervenientes no processo civil*. Coimbra: Almedina, 2012.

___________. A *translatio iudicii* no projeto do novo Código de Processo Civil brasileiro. *Revista de Processo*, v. 208, 2012.

___________. *Jurisdição e competência*. São Paulo: Revista dos Tribunais, 2013.

___________. A previsão do princípio da eficiência no projeto do novo código civil brasileiro. *Revista de Processo*. São Paulo: Revista dos Tribunais. v. 233, jul./2014.

___________. *A Fazenda Pública em juízo*.Rio de Janeiro: Forense, 2017.

___________. *Comentários ao Código de Processo Civil: artigos 188 ao 293*. São Paulo: Revista dos Tribunais, 2016.

___________. *Direito intertemporal e o novo código de processo civil*. Rio de Janeiro: Forense, 2016.

___________; DIDIER JR., Fredie. *Curso de direito processual civil*. v. 3. Salvador: JusPodivm, 2018.

DAMASKA, Mirjan R. *The faces of justice*. New Haven: Yale University Press, 1986.

DENTI, Vittorio. Crisi della giustizia e crisi della società. *Rivista di diritto processuale*, v. XXXVIII, II Serie. Padova: CEDAM, 1983.

DIDIER JR., Fredie. *Competência para execução de título executivo judicial*. Disponível em: http://www.frediedidier.com.br/wp-content/uploads/2012/02/competencia-para-a-execucao-de-titulo-executivo--judicial.pdf

___________. O princípio da cooperação: uma apresentação. *Revista de processo*. São Paulo, n. 127, set./2005.

___________. *Fundamentos do princípio da cooperação no processo civil português*. Coimbra: Coimbra, 2010.

___________. Os três modelos de direito processual: inquisitivo, dispositivo e cooperativo. *Revista de Processo*. v. 198. ago./2011 (versão digital).

___________; NOGUEIRA, Pedro Henrique Pedrosa. *Teoria dos fatos jurídicos processuais*. Salvador: JusPodivm, 2011.

__________. *Sobre dois importantes, e esquecidos, princípios do processo: adequação e adaptabilidade do procedimento*. Disponível em: http://www.abdpc.org.br/abdpc/artigos/fredie%20didier_3_-%20 formatado.pdf

__________; ZANETI JR, Hermes. *Curso de Direito Processual Civil*. v. 4. Salvador: JusPodivm, 2016.

__________.; ZANETI, Hermes.; OLIVEIRA, Rafael Alexandria de. Notas sobre as decisões estruturantes. *Civil Procedure Review*, v.8, n.1: 46-64, jan.-apr., 2017.

__________; ZANETI JR., HERMES. *Justiça multiportas e tutela constitucional adequada: autocomposição em direitos coletivos*. Estudos de derecho procesal: en homenaje a Eduardo J. Couture, Tomo II, Constitución y processo: principios y garantías. Monevideo, 2017.

__________; CABRAL, Antonio do Passo.; CUNHA, Leonardo Carneiro da. *Por uma nova teoria dos procedimentos especiais*. Salvador: JusPodivm, 2018.

__________. *Cooperação judiciária nacional* – esboço de uma teoria para o direito brasileiro. Salvador: JusPodivm, 2020.

DINAMARCO, Cândido Rangel. *A instrumentalidade do processo*. São Paulo: Malheiros, 1987.

__________. *Instituições de direito processual civil*. v.1. São Paulo: Malheiros, 2016.

DONATl, Donato. *Principii di diritto amministrativo e scienza dell'amministrazione*. Padova: CEDAM, 1932.

ENGISCH, Karl. *La idea de concreción en el derecho y en las ciencias jurídicas actuales*. 2. ed. Pamplona: [s.n.]. 1968.

FABRI, Marco; LONGBROEK, Philip M. *Is there a right judge for each case? A comparative study of case assignment in six European countries*. European Journal of Legal Studies, v.1, n. 2 (January, 2007).

FAGUNDES, Miguel Seabra. *O controle dos atos administrativos pelo Poder Judiciário*. Rio de Janeiro: Forense.

FALECK, Diego. *Manual de design de sistemas de disputas*: criação de estratégias e processos eficazes para tratar conflitos. Rio de Janeiro: Lumen Juris, 2018.

FERRAZ JR., Tercio Sampaio. *Função social da dogmática jurídica*. 2ª ed. São Paulo: Atlas, 2015.

FISS, Owen M.; RESNIK, Judith. *Adjudication and its alternatives*: an introduction to procedure. New York: Foundation Press, 2003.

GAJARDONI, Fernando da Fonseca. *Flexibilização procedimental* - um novo enfoque para o estudo do procedimento em matéria processual. São Paulo: Atlas, 2008.

GALINDO, Andrian. *Contributo para uma teoria geral da adequação formal judicial.* 172f. Dissertação de mestrado - Faculdade de Direito da Universidade de Lisboa, 2016.

GOMES, Orlando. *Introdução ao Direito Civil.* Rio de Janeiro: Forense, 1992.

___________. *Contratos.* Rio de Janeiro: Forense, 2008.

GOUVEIA, Lúcio Grassi. A função legitimadora da cooperação intersubjetiva no processo civil brasileiro. *Revista de processo*, v. 172, ano 34, jun. 2009.

GRASSO, Eduardo. La collaborazione nel processo civile. *Revista di diritto processuale.* v. XXI. Pádova: CEDAM, 1966.

GRECO, Leonardo. Os atos de disposição processual - primeiras reflexões. *Revista eletrônica de direito processual.* Out./Dez. 2007.

___________. *Translatio iudicii* e a reassunção do processo. *Revista de processo,* nº 166, dez. 2008.

GRECO, Leonardo. *Instituições de processo civil.* v.1. Rio de Janeiro: Forense, 2015.

GRINOVER, Ada Pellegrini; CINTRA, Antônio Carlos de Araújo; DINAMARCO, Cândido Rangel. *Teoria geral do processo.* São Paulo: Malheiros, 2010.

HARTMANN, Guilherme Kronemberg. *Controle da competência adequada no processo civil.* Tese (Doutorado) Universidade do Estado do Rio de Janeiro, Rio de Janeiro, 2018.

HARVARD LAW REVIEW. The judicial panel and the conduct of multidistrict litigation. *Harvard Law Review*. v. 87. n. 5. 1974.

JEULAND, Emmanuel. *Towards a new court management?* General report. Université Paris 1 – Panthéon Sorbonne, 2018.

___________. Le droit au juge naturel et l'organisation judiciaire. In: *Revue française d'administration publique.* v. 125. nº 1, 2008. p. 33-42.

JOBIM, Marco Félix. *Medidas estruturantes*: da Suprema Corte estadunidense ao Supremo Tribunal Federal. Porto Alegre: Livraria do advogado, 2013.

JOLOWICZ, J. A. *On civil procedure.* New York: Cambridge University Press, 2000.

JOLY-COZ, Gwenola. La fin des questions de compétence? Point de vue d'une cheffe de juridiction. In: FLISE, Laurence. LAGARDE, Xavier (dir.). *La fin des questions de competence?*, actes des 9èmes rencontres de procédure civile. Tome 102. Institut de recherche juridique de la Sorbonne -IRJS, 2019. p. 127-138.

JUENGER, Friedrich K. *Forum Shopping, domestic and international*, 63 Tulane Law Review 553 (1988-1989). Disponível em: https://heinonline.org/HOL/LandingPage?collection=journals&handle=hein.journals/tulr63&div=25&id=&page

KELSEN, Hans. *General theory of law and state.* 3. ed. Translated by Anders Wedberg. Harvard University Press, 1949.

LACERDA, Galeno. Processo e cultura. *Revista de direito processual civil.* São Paulo, 1962.

___________. *Despacho saneador.* Porto Alegre: Fabris, 1985.

___________. *Teoria geral do processo.* Rio de Janeiro: Forense, 2006.

LACOPPOLA, Vito. *La competenza civile nella pratica e nella giurisprudenza.* 4. ed. Milano: Giuffrè, 1998.

LEVY, Stanley J. Complex Multidistrict Litigation and the Federal Courts. *Fordham Law Review.* v. 40. n. 1, 1971.

L'HEUREUX-DUBE, Claire. The Importance of Dialogue: Globalization and the International Impact of the Rehnquist Court. *Tulsa Law Journal*, v. 34, nº 15, 1998.

MACÊDO, Lucas Buril de. *Precedentes judiciais e o direito processual civil.* 2. ed. Salvador: JusPodivm, 2017.

MALOY, Richard. *Forum shopping? What's wrong with that?* 24 QLR 25 (2005-2006). Disponível em:https://heinonline.org/HOL/LandingPage?handle=hein.journals/qlr24&div=10&id=&page

MAK, Elaine. Balancing territoriality and functionality: specialisation as a tool for Reforming Jurisdiction in the Netherlands, France and Germany. *International Journal for Court Administration*, v. 1, nº 2, oct./2008.

___________. The European Judicial Organisation in a New Paradigm: The Influence of Principles of 'New Public Management' on the Organisation of the European Courts. *In. European Law Journal*, v. 14, nº 6, nov./2008.

MANCUSO, Rodolfo de Camargo. *Interesses difusos: conceito e legitimação para agir.* 6.º ed., São Paulo: Revista dos Tribunais, 2004.

MARCUS, Richard. Confronting the Consolidation Conundrum. *Brigham Young University Law Review.* v. 879, 1995.

__________. Cure-all for na era of dispersed litigation? Toward a maximalista use of the multidistrict litigation panel's transfer power. *Tulane Review.* v. 82, 2008.

__________. Still Confronting the Consolidation Conundrum. *Notre Dame Law Review.* v. 88. 2012.

MARINONI, Luiz Guilherme; ARENHART, Sérgio Cruz; MITIDIERO, Daniel. *Curso de processo civil.* v. 2. São Paulo: Revista dos Tribunais, 2017.

MARQUES, José Frederico. Manual de direito processual civil. v. 1. São Paulo: Saraiva, 1974.

MARTINS-COSTA, Judith. *A boa fé no direito privado.* São Paulo: Revista dos Tribunais, 2000.

McGOVERN, Francis E. Rethinking cooperation among judges in mass tort litigation. *UCLA Law Review*, v. 44, 1997.

MEDINA, José Miguel Garcia. *Direito processual civil moderno* (livro eletrônico). São Paulo: Revista dos Tribunais, 2017.

MEIRELES, Edilton. Cooperação Judicial e poderes do juiz na execução conforme o CPC de 2015. *In. Revista Jurídica Luso-brasileira*, Ano 4 (2018), nº 1.

MEIRELLES, Hely Lopes. et. al. *Direito administrativo brasileiro.* São Paulo: Malheiros, 2011.

MELLO, Cláudio Ari. Interpretação jurídica e dever de fundamentação das decisões judiciais no Novo Código de Processo Civil. *Revista de Processo.* v. 255.

MELLO, Marcos Bernardes de. *Teoria do fato jurídico:* plano da eficácia. São Paulo: Saraiva, 2003.

__________. *Teoria do fato jurídico:* plano da existência. São Paulo: Saraiva, 2003.

MENEZES CORDEIRO, António Manuel da Rocha e. *Da boa fé no direito civil.* Coimbra: Almedina, 2011.

MIRANDA, Daniel Gomes de. Sobre o afastamento negocial da perpetuatio jurisdictionis, ou sobre a a convenção de eleição de foro incidental. In: CABRAL, Antonio do Passo;

MIRANDA, Francisco Cavalcanti Pontes de. *Comentários ao código de processo civil*. Tomo 1. Rio de Janeiro: Forense, 1973.

___________. *Comentários ao código de processo civil*. Tomo 2. Rio de Janeiro: Forense, 1973.

___________. *Comentários ao código de processo civil de 1973*. Tomo 3. Rio de Janeiro: Forense, 1974.

___________. *Tratado de direito privado*. Tomo 2. São Paulo: Revista dos Tribunais, 1983.

___________. *Tratado de direito privado*. Tomo 1. Campinas: Bookseller, 1999.

MITIDIERO, Daniel. Comentários ao Código de Processo Civil. tomo 1. São Paulo: Memória Jurídica Editora, 2004.

___________. *Colaboração no processo civil*: pressupostos sociais, lógicos e éticos. São Paulo: Revista dos Tribunais, 2015.

MONTELEONE, Girolamo. *Diritto processuale civile*. v. 1. Padova: CEDAM, 2018.

MONTESQUIEU. *Do Espírito das Leis*. São Paulo: Martin Claret, 2002.

MORAIS, José Luis Bolzan. *As crises do Estado e da Constituição e a transformação espacial dos direitos humanos*. Porto Alegre: Livraria do Advogado, 2002.

MOREIRA, José Carlos Barbosa. Convenções das partes sobre matéria processual. *Temas de direito processual – Terceira série*. São Paulo: Saraiva, 1984.

___________. Aspectos processuais civis na nova Constituição. In: *Revista de Direito da Procuradoria-Geral de Justiça do Estado do Rio de Janeiro*. Rio de Janeiro, ano XV, v. 29, p. 56-66, jan.-jun. 1989.

___________. *Temas de direito processual – Quinta série*. Rio de Janeiro: Saraiva, 1994.

___________. *Temas de direito processual – Sétima série*. São Paulo: Saraiva, 2001.

___________. O neoprivatismo no processo civil. *Temas de direito processual – Nona série*. São Paulo: Saraiva, 2007.

MÜLLER, Friedrich. *Teoria estruturante do direito*. São Paulo: Revista dos Tribunais, 2008.

NEAL, Phil C.; GOLDBERG, Perry. The electrical equipment antitrust cases: novel judicial administration. *American Bar Association Journal*. v. 50. n. 7. Jul./ 1964.

NERY JR., Nelson e NERY, Rosa. *Código de Processo Civil Comentado e legislação processual civil extravagante.* São Paulo: Revista dos Tribunais, 2010.

NEVES, Daniel Amorim Assumpção. Competência jurisdicional para o cumprimento da sentença. *in* NEVES, Daniel Amorim Assumpção. (Coord.). *Reforma do CPC*: leis 11.187/2005, 11.232/2005, 11.276/2006, 11.277/2006 e 11.280/2006. São Paulo: Revista dos tribunais.

__________. *Competência no processo civil.* São Paulo: Método, 2005.

__________. *Manual de direito processual civil.* Salvador: JusPodivm, 2016.

NOGUEIRA, Sobre os acordos de procedimento no processo civil brasileiro. *In*: CABRAL, Antonio do Passo; e NOGUEIRA, Pedro Henrique (Coord.). *Negócios processuais.* 2. ed. Salvador: JusPodivm, 2016.

__________. Negócios processuais no processo civil brasileiro. In: CABRAL, Antonio do Passo; NOGUEIRA, Pedro Henrique (Coord.). *Negócios processuais.* 2. ed. Salvador: JusPodivm, 2016.

__________. *Negócios jurídicos processuais.* Salvador: JusPodivm, 2018.

NYHAN, F. J. A Survey of Federal Multidistrict Litigation - 28 U.S.C. 1407. v. 15. n. 4. *Villanova Law Review*, 1970.

OAKLEY, Danielle. Is multidistrict litigation a just and efficient consolidation technique? Using diet drug litigation as a model to answer this question. *Nevada Law Journal.* v. 6, 2005-2006.

OLIVEIRA, Carlos Alberto Alvaro de. *Do formalismo no processo civil.* São Paulo: Saraiva, 1997.

__________. Poderes do juiz e visão cooperativa do processo. *Revista da Ajuris.* Porto Alegre, ano 30, n. 90, 2003.

OLIVEIRA, Henrique Portela. *O tratamento do crédito tributário no processo de recuperação judicial.* Monografia de conclusão do curso de direito da UFPE, 22/10/2015.

OLSON, Susan M. Federal Multidistrict Litigation: its impacts on litigans. *The Justice System Journal.* v. 13. n. 3, 1988-1989.

OST, François. Júpiter, Hércules y Hermes: tres modelos de juez. *Doxa: Cuadernos de filosofia del derecho.* n. 14, 1993, p. 169-194. Disponível em: http://www.cervantesvirtual.com/nd/ark:/59851/bmcsj1v8

PAJIC, N. Avenues for enforcement and execution of judgments. In. VAN RHEE, C.H.; UZELAC, Alan (ed.). *Enforcement and enforceability. Tradition and reform.* Antwerp, 2010.

PASSOS, José Joaquim Calmon de. *Esboço de uma teoria das nulidades aplicadas às nulidades processuais*. Rio de Janeiro: Forense, 2005.

PICARDI, Nicola. *Jurisdição e processo*. Rio de Janeiro: Forense, 2008.

PICARDI. Nicola. Le juge naturel – principe fondamental en Europe. In: *Revue internationale de droit comparé*. v. 62. n°1, 2010. pp. 27-73.

PIETRO, Maria Sylvia Zanella Di. *Direito administrativo*. Rio de Janeiro Forense, 2018.

PINHO, José Cândido. *Breve ensaio sobre a competência hierárquica*. Coimbra: Almedina, 2000.

PISANI, Andrea Proto. *Lezioni di diritto processuale civile*. Napoli: Jovene editore, 2010.

PIZZOL, Patricia Miranda. *A competência no processo civil*. São Paulo: Revista dos Tribunais, 2003.

PODETTI, J. Ramiro. *Tratado de la competencia*. Buenos Aires: Ediar, 1954.

POLIDO, Fabrício Bertini Pasquot. *Direito processual internacional e o contencioso internacional privado*. Curitiba: Juruá, 2013.

POLLIS, Andrew. *The need for non-discretionary interlocutory appellate review in multidistrict litigation*. 2011.

PUGA, Mariela. La litis estructural em el caso Brown v. Board of Education. In: ARENHART, Sérgio Cruz.; JOBIM, Marco Félix. (Orgs.). *Processos estruturais*. Salvador: Juspodivm, 2017.

RAGONE, Álvaro Pérez. El modelo orgánico de la ejecución civil desjudicializada desde el punto de vista del derecho comparado. Mitos y realidades de la desjudicialización. *Revista de Derecho de la Pontificia Universidad Católica de Valparaíso*, XXXVIII. Valparaíso, Chile, 2012.

REDENTI, Enrico; VELLANI, Mario. *Diritto Processuale Civile*. Milano: Giuffrè Editore, 2011.

REDISH, Martin H.; KARABA, Julie M. One size doesn't fit all: multidistrict litigation, due process and the dangers of procedural collectivism. *Boston University Law Review*. v. 95. n. 1, jan./2015.

REDONDO, Bruno Garcia. *Adequação do procedimento pelo juiz*. Salvador: JusPodivm, 2017.

RESNIK, Judith. Managerial judges. *Harvard Law Review*, v. 96, nº 2, dec./1982.

REUS, Alexander. *Judicial discretion*: a comparative view of the doctrine of forum non conveniens in the United States, the United Kingdom and

Germany, 16 Loy. L. A. Int'l & Comp. L. Rev. 455 (1994). Disponível em: http://digitalcommons.lmu.edu/ilr/vol16/iss2/10

RIBEIRO, Diógenes V. Hassan. *A revisão do princípio da separação dos poderes: por uma teoria da comunicação.* Rio de Janeiro: Lumen Juris, 2016.

RIBEIRO, Flávia Pereira. *Desjudicialização da execução civil.* Tese para obtenção do título de Doutora em Direito Processual Civil na PUC/SP, 2012. Disponível em: https://sapientia.pucsp.br/bitstream/handle/5910/1/Flavia%20Pereira%20Ribeiro.pdf .

SANTOS, Ernane Fidélis dos. *Manual de direito processual civil.* v. 1. São Paulo: Saraiva, 2017.

SANTOS, Moacyr Amaral. *Primeiras linhas de direito processual civil.* v.1. São Paulo: Saraiva, 2007.

SARLET, Info Wolfgang. *A eficácia dos direitos fundamentais.* Porto Alegre: Livraria do Advogado, 1998.

SCHENK, Leonardo Faria. Comentários aos arts. 64 a 69 do CPC. In. WAMBIER, Teresa Arruda Alvim; DIDIER JR., Fredie; TALAMINI, Eduardo; DANTAS, Bruno. *Breves comentários ao novo Código de Processo Civil.* São Paulo: Revista dos Tribunais, 2016.

SEGNI, Antonio. Giurisdizione (parte generale). In. *Novissimo digesto italiano.* v. 7. Turim: VTET, 1961.

SHANY, Yuval Regulating jurisdictional relations between national and international courts. New York: Oxford University Press, 2007.

SHERMAN, Edward F. The MDL model for resolving complex litigation if a class action is not possible. *Tulane University Law Review*, v. 82, n. 6, jun./2008.

SICA, Heitor Vitor Mendonça. Velhos e novos institutos fundamentais do direito processual civil. In: *40 anos da teoria geral do processo no Brasil: passado, presente e futuro*[S.l: s.n.] 2013.

__________. *Comentários ao código de processo civil:* da comunicação dos atos processuais até o valor da causa. v. 5. arts. 236 a 293. São Paulo: Saraiva, 2019.

SILVA, Clóvis V. do Couto e. *A obrigação como um processo.* Rio de Janeiro: FGV, 2006.

SILVA, Ovídio A. Baptista da. *Comentários ao Código de Processo Civil.* v. 1. São Paulo: Revista dos Tribunais, 2000.

__________. *Processo e ideologia*: o paradigma racionalista. Rio de Janeiro: Forense, 2004.

SILVA, Paula Costa e. *Acto e processo*. Coimbra: Coimbra Editora, 2013.

SILVA, Paulo Eduardo Alves da. *Condução planejada dos processos judiciais*: a racionalidade do exercício jurisdicional entre o tempo e a forma do processo. 2006. Tese (Doutorado) - Faculdade de Direito, Universidade de São Paulo, São Paulo, 2006.

__________. *Gerenciamento de processos judiciais*. São Paulo: Saraiva, 2010.

SILVER, Charles; MILLER, Geoffrey P. The quasi-class action method of managing multidistrict litigations: problems and a proposal. *Vanderbilt Law Review*, v. 63, n. 1, fev./2010.

SLAUGHTER, Anne-Marie. A Typology of Transjudicial Communication. *University of Richmond Law Review*. v. 29, 1994.

__________. Court to court. *The American Journal of International Law*, v. 92, nº 4, oct./1998.

__________. A global community of courts. *Harvard International Law Journal*, v. 44. 2003.

__________. *A new world order*. (Ebook). New Jersey: Princeton University Press, 2004.

TALAMINI, Eduardo. *Um processo para chamar de seu*: *nota sobre os negócios jurídicos processuais*. Disponível em: https://www.migalhas.com.br/dePeso/16,MI228734,61044Um+processo+pra+chamar+de+seu+nota+sobre+os+negocios+juridicos.

TARTUCE, Flávio. *Manual de direito civil*. Rio de Janeiro: Forense, 2014.

TARUFFO, Michele. Abuso de direitos processuais: padrões comparativos de lealdade processual (relatório geral). *Revista de Processo (online)*. v. 177. São Paulo: Revista dos Tribunais, nov./2009.

TEIXEIRA, Sálvio de Figueiredo. Procedimento sumaríssimo: necessidade de sua reformulação. *Revista da Faculdade de Direito*, Curitiba, n. 21, 1983-1984. Disponível em: https://revistas.ufpr.br/direito/article/view/8877/6188

TESHEINER, José Maria Rosa. Prefácio. In: ARENHART, Sérgio Cruz.; JOBIM, Marco Félix. (Orgs.). *Processos estruturais*. Salvador: Juspodivm, 2017.

THEODORO JR., Humberto; NUNES, Dierle; BAHIA, Alexandre. Breves considerações sobre a politização do judiciário e sobre o panorama de aplicação no direito brasileiro – Análise da convergência entre o *civil law* e o *common law* e dos problemas da padronização decisória. *Revista de Processo*. v. 189. nov./2010.

THEODORO JÚNIOR, Humberto. *Curso de direito processual civil*. v. 1. Rio de Janeiro: Forense, 2017.

VALENÇA Filho, Clávio de Melo; LEE, João Bosco. O árbitro, o juiz e a distribuição da tutela de urgência. In. MELO, Leonardo de Campos; BENEDUZI, Renato Resende (Coord.). *A reforma da lei de arbitragem*. Forense: Rio de Janeiro, 2016.

VAN RHEE, C.H. *European Traditions in Civil Procedure*. Antwerp/Oxford: Intersentia, 2005.

__________. Case Management in Europe: a modern approach to civil litigation. *International Journal of Procedure Law*. v. 8. n. 1. 2018.

VELLOSO, Adolfo Alvarado. Jurisdiccion y competência. *Revista del Intituto Colombiano de Derecho Procesal*. v. 3. (versión virtual). ISSN 2346-3473, 1985.

VERHEUL, J. P. The forum (non) conveniens in English and Dutch Law and under some international conventions. *The International and Comparative Law Quarterly*, v. 35, n. 2 (1986).

VERGUEIRO, Luiz Fabricio Thaumaturgo. Cooperação jurídica internacional vertical - civil e criminal. São Paulo: Quartier Latin, 2016.

VITORELLI, Edilson. *O devido processo legal coletivo*. São Paulo: Revista dos Tribunais, 2016.

__________. Tipologia dos litígios transindividuais: um novo ponto de partida para a tutela coletiva. In: ZANETI JR., Hermes (Coord.). *Repercussões do novo CPC - processo coletivo*. Salvador: JusPodivm, 2015.

VITÓRIA, Flávio Machado. *O STJ e o conflito entre recuperação judicial e execução fiscal federal*. Conteúdo Jurídico, Brasília-DF: 9 de julho de 2014. Disponível em: http://www.conteudojuridico.com.br/artigo,o-stj-e-o-conflito-entre-recuperacao-judicial-e-execucao-fiscal-federal,48964.html.

WATANABE, Kazuo. Cultura da sentença e cultura da pacificação. In: YARSHELL, Flávio Luiz; MORAES, Maurício Zanoide de. (coord). *Estudos em homenagem à professora Ada Pellegrini Grinover*. São Paulo: DPJ, 2005.

WHYTOCK, Christopher A. *The evolving forum shopping system*. Forthcoming, Cornell Law Review, v. 96 (2010-2011).

WILLIAMS, Margaret S.; GEORGE, Tracey E. *Between cases and classes: the decision to consolidate multidistrict litigation*. Ago./2009.

WINTER, Ralph K. *Comment aggregating litigation. Law* and *Contemporary Problems.* v. 54, 1991.

YARSHELL, Flávio Luiz. *Curso de direito processual civil.* São Paulo: Marcial Pons, 2014.

ZANETI JR.., Hermes. O princípio da cooperação e o código de processo civil: cooperação para o processo. *In.* MARX NETO, Edgard Audomar *et. al.* (Coord.). *Processo civil contemporâneo. Homenagem aos 80 anos do professor Humberto Theodoro Júnior.* Rio de Janeiro: Forense, 2018.

ZARONI, Bruno Marullo. Multidistrict litigation: a experiência norte-americana na tutela dos interesses de massa. ***Revista Magister de Direito Civil e Processual Civil.*** **n. 55, jul.-ago./2013.**

EDITORA
JusPODIVM
www.editorajuspodivm.com.br